전쟁에 반대한다

옮긴이 유강은

서울대학교 종교학과를 졸업했으며, 책을 읽거나 번역하는 일을 하고 있다. 옮긴 책으로『달리는 기차 위에 중립은 없다』(이후 2002),『21세기 십자군 전쟁』(미토 2002),『하워드 진의 미국사』(이후/근간) 등이 있다. [전자우편 inter@jinbo.net]

ON WAR by Howard Zinn

Copyright ⓒ 2001 by Howard Zinn

Originally published by Seven Stories Press, New York, U. S. A., 2001

Korean translation copyright ⓒ 2003 by E-Who publishing House

This Korean language edition was published by arrangement with Seven Stories Press, New York through Best Literary & Rights Agency, Seoul.

All rights reserved

전쟁에 반대한다

지은이 하워드 진
옮긴이 유강은
펴낸이 이일규
펴낸곳 도서출판 이후
편 집 이재원 김정한
디자인 AGI
마케팅 김현종

첫번째 찍은 날 2003년 2월 19일

등 록 1998. 2. 18(제13-828호)
주 소 121-816 서울시 마포구 동교동 176-1 (2층)
전 화 02-3143-0905 (영업) 02-3143-0915 (편집) 02-3143-0906 (팩스)
홈페이지 www.e-who.co.kr
ISBN 89-88105-60-5 03300 / 값 13,000원

전쟁에 반대한다

우리 시대에 고하는 하워드 진의 반전 메시지

하워드 진 / 유강은 옮김

E
2003

차례

I
기 억

1
학살된 역사

이 글은 유명한 보스턴 대학살만큼이나, 아니 그보다 더 기억해야 할 대학살들이 미국 역사에 존재한다는 사실을 상기시키는 데에서 그치지 않는다. 이 글은 중요한, 종종 당혹스러운 —— 즉, 이 나라의 기록이 깨끗하게 보존되어야 한다고, 미국 예외주의(American exceptionalism)라는 신화가 계속 유지되어야 한다고, 우리는 다른 나라와 다르고 더 좋다고 주장하는 이들에게는 당혹스러운 —— 에피소드들을 생략함으로써 역사 자체가 어떻게 '대학살'됐는지에 관한 설명이기도 하다.

올 봄, 나는 보스턴의 역사적인 장소 패뉴얼홀(한 노예상인의 이름을 따서 명명됐지만 수많은 노예제 폐지 집회의 장소가 된 곳)에서 열린 어느 심포지엄에 초대를 받았다. 심포지엄의 주제는 보스턴 대학살이었다. 나는 잠시 머뭇거리다가, 그래요, 발언을 하죠, 하지만 미국 역사에서 있었던 다른 대학살들에 관해서도 말을 해야겠습니다, 라고 대답했다.

　　내가 보기에 1770년 3월 5일 영국 군대가 다섯 명의 식민지 이주민들을 살해한 보스턴 대학살은 많이 기억된, 사실 너무나 많이 기억된 사건임이 분명하다. '대학살'이라는 단어조차 약간 과장이다. 웹스터 사전에 따르면 이 단어는 '대규모 살육'을 가리킨다.

그렇지만, 걸핏하면 총질을 해대는 경찰의 전통적인 주장——군중이 "제멋대로 날뛰었다"(틀림없이 그랬다)——을 근거 삼아 군중에게 발포한 군대의 추악함을 부인할 수는 없는 노릇이다. 영국 군인들의 변호사로 무죄 방면을 확보한 존 애덤스는 군중을 "불손한 젊은이들, 검둥이와 흑백혼혈, 아일랜드 촌뜨기와 시골구석의 선원들로 이뤄진 잡다한 폭도들"이라고 묘사했다.

희생자들의 인종과 계급(사망자 가운데 한 명인 크리스퍼스 애턱스는 흑백혼혈이었다)이 그들 생명의 가치를 떨어뜨린다는 생각을 애덤스는 이보다 더 분명하게 표현할 수 없었을 것이다. 이것은 건국의 아버지들이 혁명적 열정을 부유한 계급들의 통제 아래로 억누르려는 욕망을 보여준 수많은 사례 중 하나에 불과했다.

(전체 인구 1만6천 명 가운데) 1만 명의 보스턴 주민들이 대학살 희생자들을 위해 장송 행렬을 벌였다. 영국인들은 주민들의 분노가 확대되기를 원치 않아서 군대를 보스턴에서 철수시켰다. 틀림없이 이 사건은 독립을 향한 분위기를 구축하는 데 일조했다.

그렇지만 나는 다른 대학살들에 관해 논하고자 했다. 보스턴 대학살에 관심을 집중하게 되면 애국적 열정을 손쉽게 연습하는 일이 될 것이기 때문이었다. 우리 자신이 혼연일체가 되어 미국혁명과 (군중을 향해 발포하는 병사들을 그린 폴 리비어의 적나라한 동판화 같은) 그것의 모든 상징들을 지지하는 것보다 미국 역사에서 인종과 계급의 깊은 분할을 확실히 은폐할 수 있는 길도 없다.

나는 상기해 마땅한, 잊혀지거나 어렴풋이 기억되는 다른 대학살들이 존재한다고 패뉴얼홀(사방의 벽에는 건국의 아버지들과 이 나라의 영웅적 군인들의 초상화가 가득 차 있었다)에 모인 사람들에게 지적했다. 이 무시당한 에피소드들은 인종차별적 히스테리와 계급 투쟁에 관해, 우리의 대륙과 해외 식민지에서 있었던 부끄러운 순간들에 관해 많은 이야기를 해주며, 그 결과 우리가 스스로를 좀더 투명하고 정직하게 바라볼 수 있도록 해준다.

예컨대 '타이노 대학살'['타이노'는 콜럼버스를 맞이한 원주민의 부족 이름이다]이라 지칭할 수 있는 사건, 즉 콜럼버스와 그의 동료 정복자들이 이스파뇰라의 원주민들을 절멸시킨 사건(1550년에 이르면 그 섬——지금의 아이티와 도미니카공화국——에 살던 수백만 명의 원주민 가운데 5만 명 정도만 살아 남게 됐다)을 다루는 심포지엄은 왜 하나도 열리지 않았는가?

존 메이슨 선장이 이끈 원정에서 우리의 청교도 선조들(나는 지금 내 족보를 약간 억지 해석하고 있다[1])이 롱아일랜드 해협의 코네티컷 주 쪽 해안에 있는 피쿼트 인디언들의 마을을 불태워버린 1636년의 '피쿼트 대학살'은 어떤가?

당대의 인물인 윌리엄 브래드포드는 그의 저서 『플리머스 이민의 역사』에서 이렇게 말했다. "불길을 피한 이들은 칼부림을 당했고 일부는 몸이 동강났다. [……] 도망친 자는 극소수에 불과했다." 청교도 신학자 코튼 매더의 묘사를 들어 보자. "6백여 피쿼트족의 영혼이 그 날 지옥으로 보내졌을 것이다." 매더는 영혼들의 행선지에 관한 한 전문가에 속했다.

미국 군대의 인디언 대학살——몇 가지만 예를 들자면 1864년 콜로라도, 1870년 몬태나, 1890년 사우스다코타——은 대학살이라는

---

1. 원래 하워드 진은 유태계 이민의 자손이다.

단어의 뜻 그대로 수백 명의 남성, 여성, 어린이들을 대규모로 살육한 사건이었다. 이런 사건들은 셀 수조차 없으며, 바로 그 때문에 집중적인 조사 주제가 되어야 한다.

이런 사건들에 관한 조사 결과는 보스턴 대학살 이야기가 고무적인 만큼이나 미국 젊은이들에게 냉정을 되찾아 줄 것이다. 그리고 다가오는 세기에 우리가 세계에서 어떤 역할을 할 것인가 숙고하고 있는 지금, 우리 국가의 죄악(매더 박사의 용어를 사용해서 유감이다)을 냉정하게 인식하는 것은 큰 교훈을 가져다 줄 것이다.

공식적 행위이든 백인 폭도들에 의한 것이든, 정부 관료들과의 협력 아래 이뤄진 아프리카계 미국인 대학살의 경우는 어떤가? 많은 사례 가운데 두 가지만 언급하겠다.

미국이 제2차 세계대전에 개입한 지 몇 달 지나지 않아, W. E. B. 뒤보아와 마사 그루닝이 쓴 「이스트세인트루이스의 대학살」이라는 글이 <전국유색인지위향상협회>(NAACP)의 간행물 『위기 *Crisis*』에 실렸다. 일리노이 주의 이 가난한 도시에서는 아프리카계 미국인들이 백인의 자리를 대신하기 위해 고용되어 있었는데, 그 탓에 히스테리가 뿌리를 내렸다(1885년에 와이오밍 주 록스프링에서 백인들이 중국인 광부들을 습격해 25명을 살해한 경우처럼, 군중 폭력의 공통된 요인은 필사적인 일자리 경쟁이었다). 이스트세인트루이스의 흑인 지역은 백인 폭도들의 공격 목표가 되어 6천 명이 집을 잃고, 대략 2백 명의 흑인이 사망했으며, 미시시피강에서는 토막 살해된 시체들이 떠내려가는 모습이 목격됐다. 세인트루이스 태생의 연예인으로 이 나라에서 살 수 없다고 결심한 조세핀 베이커는 당시 이렇게 밝혔다. "미국에 관해 생각하는 것만으로도 온몸이 부들부들

떨리고 악몽을 꾸게 된다." 7월에는 북소리에 맞춰 5번가를 가로질러 침묵 행진을 벌이던 수천 명의 아프리카계 미국인들이 윌슨 대통령에게 호소하는 피켓을 치켜들었다. "대통령 귀하, 왜 민주주의를 위해 미국을 안전한 곳으로 만들지 않습니까?"

1921년 오클라호마 주 털사에서는 36개 블록으로 이뤄진 흑인 상업지구에 비행기들이 니트로글리세린을 떨어뜨려 수백 개의 점포와 가옥 천여 채, 스무 곳의 교회, 병원 한 곳, 도서관, 학교 등을 파괴했다. 어떤 이들은 살해된 흑인의 수가 수백 명이라 하고, 또 어떤 이들은 수천 명이라고도 했다. 시신들은 공동묘지에 묻히지 않으면 광산 수갱 竪坑에 쑤셔 넣어지거나 강물에 던져졌다.

우리의 역사책들은 경찰과 군대가 살해한 노동자들에게도 주목하지 않는다. 나는 이런 사건을 많이 알고 있다고 생각했지만, 지금도 더 많은 것들을 알아가고 있다. 최근까지도 나는 1886년 5월 5일 (시카고의 헤이마킷 폭탄 사건 다음날이다) 벌어진 밀워키의 베이뷰 대학살을 알지 못했다. 그 날, 한 무리의 군대가 파업을 벌인 뒤 밀워키의 베이뷰 지역에 있는 어느 공장을 향해 행진하던 철강노동자들을 가로막고 정면에서 발포해 일곱 명의 노동자를 살해했다.

1년 뒤인 1887년 가을, 펜실베이니아에서는 탄광 파업이 있었다. 오스트리아계, 헝가리계, 이탈리아계, 독일계 이민자들이 파업을 깨뜨리기 위해 투입됐다. 그런데 얼마 지나지 않아서 이 파업 파괴자들이 스스로를 조직해 파업을 벌였다. 래티머 광산을 향해 행진하던 그들은 해산 명령에 따르지 않았다. 그래서 보안관과 그의 조수들은 일제히 사격을 개시해 열아홉 명을 죽였다. 그것도 대부분 등뒤에서 총을 쏘아 죽인 것이었다.

아바나 항구에서 전함 메인 호가 의문의 침몰을 당한 사건[1898
년]을 둘러싸고 언론들이 전국적으로 흥분의 도가니를 만들어가기
시작한 이듬해, 기계공들이 발간하는 한 잡지는 래티머 대학살을 거
론하면서 노동자들의 죽음에 대해서는 그런 야단법석이 일어난 적
이 없었다고 지적했다. 잡지의 말을 들어보자. "산업 부문에서 매일,
매달, 매년 대학살의 광란이 벌어지고 수천의 귀중한 생명이 해마다
탐욕의 신전에 바쳐지고 있는데도……복수와 배상을 요구하는 외침
은 어디에서도 들리지 않는다."

그나마 알려지긴 했지만 주류 역사책에서는 아직도 찾아볼 수
없는 사건을 들자면 1914년의 러들로우 대학살이 있겠다. 콜로라도
연료·강철회사를 소유한 록펠러 재벌에게서 급료를 받은 주 방위군
2개 중대가 천여 명의 남자, 여자, 어린이들이 살고 있던 광부들의
천막촌에 군사 공격을 감행했다. 주 방위군은 천막들에 기관총 세례
를 퍼붓고는 그것도 모자라 불태워버렸다. 이 대화재로 열한 명의
아이와 여자 둘이 죽었다.

1937년 시카고의 리퍼블릭 철강에 맞선 파업은 대공황 시기의
수많은 파업들 가운데 하나다. 경찰은 파업 보호선²⁾에 사격을 개시
했고 노동자들이 도망가는데도 총격을 계속해 열 명을 살해했는데,
이 사건은 훗날 전몰장병 기념일 대학살이라 알려지게 됐다.

---

2. Picket Line. 노동조합 등에서 쟁의 행위를 할 때 파업 파괴자(대체 노동인력)를 감시하거나,
   이들이 파업 중에 불법적으로 조업을 하고자 작업장에 몰래 들어가는 것을 막으려 설치하
   는 것이다. 우리나라에서는 '파업'하면, 보통 공장 한 귀퉁이에서 집회를 하거나, 그조차도
   경찰에 진압되어 공장 바깥의 대학교나 거리를 전전하며 파업의 대의를 선전하는 장면이
   연상되는 데 반해, 서구에서는 파업 보호선을 설치하는 것이 당연한 권리이자 필수적인
   행동으로 인식되고 있다.

미국이 해외에서 저지르는 잔학행위들은 역사책에 실릴 가능성
이 더욱 적다. 고등학교와 대학교의 역사책들은 3개월만에 끝난 스
페인-미국 전쟁을 장황하게 다루는데, 미국이 쿠바를 스페인 지배에
서 해방시켰다고 묘사하거나, '의용 기병대원'과 시어도어 루스벨트
의 업적을 찬양하는 식이다. 그러나 여러 면에서 베트남전쟁과 유사
한 유혈 사건, 즉 필리핀을 정복하기 위해 벌인 8년 전쟁에는 거의
눈길을 주지 않는다(미국은 이 전쟁에서 수십만 명의 필리핀인을 살
해했지만, 미국측 사상자 수는 5천 명이 채 되지 않았다.)

1906년에는 어느 미군 파견대가 남부 제도 한 섬의 산악 분지에
살고 있는 필리핀 회교도들('모로')의 마을을 공격했다. 6백 명의 남
자, 여자, 어린이가 모두 살해됐다. 이것이 마크 트웨인을 비롯한 미
국의 반제국주의자들을 분노케 한 '모로 대학살'이다.

트웨인은 <반제국주의동맹>의 부의장 자격으로 다음과 같이
지적했다. "우리는 수천 명의 섬사람들을 진압하고, 그들을 매장하
고, 그들의 땅을 파괴하고, 그들의 촌락을 불태우고, 그들의 미망인
과 고아들을 길거리로 내몰았으며, 비위에 거슬리는 수십 명의 애국
자들에게는 유랑의 비통함을 안겼고 나머지 천만 명은 우호적인 동
화 정책으로 굴복시켰다."

베트남전쟁 당시 성년이었던 우리는, 어느 미군 중대가 비무장
촌락민들에게 자동소총 사격을 퍼부어 대부분 여성과 어린이인 이
들 5백 명을 살해한 1968년의 미라이 대학살을 기억하고 있다. 지난
가을, 나는 역사 성적이 우수한 백 명의 고등학생들을 대상으로 강
연을 하면서 미라이 대학살을 아는 학생이 있느냐고 질문했다. 그러
나 어느 누구 하나 손을 들지 않았다.

미라이 대학살이 유일한 사건이 아니었다. 미라이 대학살을 은폐했다는 혐의로 기소된 한 육군 대령은 기자들에게 이렇게 말했다. "여단 규모의 모든 부대는 어딘가에서 자신들이 저지른 미라이 사건을 숨기고 있다."

그런데 만약 '대학살'이라는 단어가 무고한 사람들을 무차별적으로 대량 살육한다는 것을 뜻한다면, 히로시마와 나가사키 원폭투하, 그 외에도 도쿄 소이탄 공습과 드레스덴을 비롯한 독일 도시에 대한 파괴도 '대학살'이라 부르는 게 합당하지 않을까?

파시즘 치하의 이탈리아 농민들을 그린 이그나치오 실로네의 소설 『폰타마라 *Fontamara*』[3]를 보면, 저항 운동가들이 그동안 은폐되어 왔던 정보를 드러내며 간단한 질문을 던지는 리플렛을 배포하는 장면이 나온다. "무엇을 할 것인가 *Che fare*?"("그들이 베라르도 비올라를 죽였다. 무엇을 할 것인가? 그들이 우리의 물을 뺏어갔다. 무엇을 할 것인가? 그들이 법의 이름으로 우리의 여성들을 능욕했다. 무엇을 할 것인가?").

우리의 정부, 우리의 언론, 우리의 학교가 몇몇 사건들은 기억할 만한 것으로 선별하고 나머지는 무시할 때, 우리는 누락된 정보를 제공할 책임이 있다. 알려지지 않은 진실들을 말하는 것만으로도 강력한 효과를 낼 수 있다. 일반적인 상식을 가진 사람이라면 자기 자신과 다른 사람들에게 이렇게 질문을 던질 것이기 때문이다. "무엇을 할 것인가?"

---

3. 이탈리아의 농민문학 작가 실로네(Ignazio Silone, 1900~1978)가 1930년에 발표한 장편소설.
   [국역: 유혜자 옮김, 『폰타마라』, 아래아, 1999.]

2
재향군인의 날

11월 11일 재향군인의 날이 재향군인들에게 경의를 표하는 것만이 아니라 또 다시 전쟁에 경의를 표하는 날로 뒤바뀌는 것을 보면서 쓰게 된 이 칼럼은 코네티컷 주 그리니치의 『타임스』와 캘리포니아 주 롱비치의 『프레스 텔레그램』, 『마이애미 헤럴드』, 『애리조나 데일리 스타』 등을 비롯한 여러 신문에 실렸다.

재향군인의 날이 생긴 기원으로 거슬러 올라가 보자. 이 날은 원래 종전기념일이었는데, 1918년 11번째 달의 11번째 날 11시에 제1차 세계대전이 끝났기 때문이다.

이런 모순을 잊어서는 안 된다. 이것은 전쟁의 본질, 모든 전쟁의 본질을 드러낸다. 그 주장이 아무리 '정당'하거나 '인도적'일지라도, 모든 전쟁의 변치 않는 고갱이는 국가 지도자들의 거짓말을 동반한 무고한 이들에 대한 계획적인 살육이기 때문이다. 제1차 세계대전은 그 축도였던 바, 장성들과 정치인들은 참호 속의 젊은이들을 내몰아 착검을 하게 하고 몇 마일, 아니 심지어 몇 야드를 얻기 위해 끔찍한 대가를 치르게 했다.

1916년 7월 영국의 더글라스 헤이그 대장은 영국군 11개 사단에게 참호를 나와 독일군 방어선을 향해 진격하라고 명령했다. 독일군 6개 사단이 기관총 사격을 개시했다. 공세에 나선 11만 명 가운데 절반 이상이 죽거나 부상당했다. 이들의 시체들이 양쪽 군대가 대치하고 있는 참호 사이에 유령의 땅처럼 놓여 있던 무인지대를 뒤덮었다. 이런 시나리오는 몇 년이고 계속됐다. 마른에서 벌어진 첫 전투에서는 양편 각각 50만 명씩, 백만 명의 사상자가 발생했다.

병사들은 반란을 일으키기 시작했는데, 이는 언제나 그들이 할 수 있는 가장 영웅적인 행동이며 훈장을 받아 마땅한 일이다. 프랑스 군대의 경우 112개 사단 가운데 68개 사단에서 항명 사건이 있었다. 50명의 병사가 총살형을 받았다.

그 처형자 중 세 명이 스탠리 큐브릭의 걸작 반전영화 『영광의 길 *Paths of Glory*』(1957)의 토대가 됐다. 이 영화에서 거드름 피우는 장군은 퇴각한 병사들을 징계하면서 '애국심'에 관해 일장연설을 해 댄다. 자신의 병사들을 옹호하는 중령역의 커크 더글라스는 새뮤얼 존슨의 유명한 구절을 인용해서 장군을 격분케 한다. "애국심은 불한당의 마지막 도피처이다."

이 전쟁을 도덕적으로 정당화시킨 가정(사악한 독일제국 황제, 벨기에의 갓난아기들)은 온 세계가 프랑스의 진흙 구덩이에서 천만 명이 목숨을 잃었다는 사실을 갑작스럽게 인식하게 되고, 독가스에 중독되거나 탄환충격증[shell shock. 폭탄으로 인한 기억력, 시각 상실증]에 걸리고 팔다리를 잃은 참전군인들을 직면하게 되면서 종전 후 신속하게 붕괴됐다("총을 들고 갈 때 달리던 네 다리는 어디 있니. 오 네가 춤추던 시절은 이제 끝났구나……자니야, 난 널 잘 알지 못했단다……"[1]).

---

1. 아일랜드의 구전 가요 「자니야, 난 널 잘 알지 못했단다 Johnny I Hardly Knew Ye」의 가사 일부. 이 가요는 전쟁이 야기하는 인간적 고통을 그린 가사를 담고 있어 남북전쟁 당시

우리가 제2차 세계대전 이래로 벌어진 모든 전쟁들을 전혀 오점이 없거나, 적어도 받아들일 만한 전쟁이었다고 기억하게 만든 이런 식의 도덕적 정당성 때문에 이 전쟁의 추악함은 훨씬 더 이해하기 어렵게 됐다. 베트남전쟁만이 완전히 예외였다. 그러나 우리의 국가 지도자들은 심지어 여기에서조차, 그 전쟁의 막바지에 우리가 배운 교훈들——우리의 지도자들은 신뢰할 수 없다는 사실, 현대의 전쟁은 어쩔 수 없이 민간인, 특히 어린이들을 대상으로 하는 전쟁이라는 사실, 오직 굳은 결의를 지닌 시민들만이 대규모 살인을 저지르려는 정부를 저지할 수 있다는 사실——을 우리가 잊게 만들고자 이른바 '베트남 증후군'을 덮어버리려 애썼다.

참전군인들의 시련에 감사하고 싶은 우리의 고상한 행동은 이 전쟁을 통해서 한 줌도 안 되는 권력자들이 이득을 챙겼다는 사실을 고발하기는커녕, 참전군인들이 아무런 대의도 없이 죽고 불구가 됐다는 사실을 가리는 데 이용되어 왔다. 재향군인의 날이 전쟁을 고발하는 계기가 되기는커녕, 위선의 악취를 내뿜는 깃발과 제복, 군악, 애국적 연설 등이 활개치는 날로 되어버린 것이다. 이 날을 국경일로 지정한 이들은 참전군인들을 향한 우리의 진심 어린 감정을 이용해 먹으며, 공포로부터의 해방을 경축하는 날을 군사주의를 기념하는 날로 바꿔버렸다.

파시즘에 맞선 '좋은 전쟁'의 전투에 몸소 참가한 참전군인으로서, 나는 내가 이 전쟁에 복무한 사실이 이 전쟁을 찬미하는 구실로 사용되기를 원치 않는다. 5천만 명이 목숨을 잃은 이 전쟁이 끝나던

남군 사이에서 널리 불렸고, 훗날 반전가요의 대명사가 됐다. 1970~80년대 우리나라 대학생 사이에서 널리 불린 「홀라송」은 이 노래를 번안한 것이다.

날, 전 세계 사람들은 "이제 그만!"이라고 외쳤어야 했다. 우리는 그 순간부터 결연하게 전쟁을 고발했어야 했다. 그랬다면 한국전쟁도, 베트남전쟁도, 파나마전쟁도, 그레나다전쟁도, 걸프전도, 발칸전쟁도 없었을 것이다.

이런 결단이 필요한 이유는 우리 시대에 있어 전쟁은 우리의 정치 지도자들이 그 어떤 '인도주의적' 동기를 주장할지언정, 언제나 어린이들에 대한 전쟁이라는 점에 있다. 유고슬라비아에 대한 우리의 폭격으로 팔다리를 잃은 아이들, 전쟁 뒤에도 계속된 제재의 결과 죽어 간 수십만의 이라크 어린이들을 보라. 재향군인의 날은 국가적 맹세의 날이 되어야 한다. 상대편에는 더 이상의 전쟁 희생자들이 양산되게 하지 않을 것이라고, 우리측에는 더 이상의 참전군인들을 양산하지 않겠다고 맹세하는 그런 날이.

II
코소보와 유고슬라비아

3

저들의 잔학행위, 우리의 잔학행위

우리는 대중을 기만하는 정치·군사 지도자들의 말장난에 익숙해져 있다. 이들에게는 그나마 끔찍한 행위들을 정당화기 위해 이런 행위들을 기만적인 어휘들로 휘감아 위장시킨다는 것이 보통사람들의 인류애를 기리는 일인 듯하다. 이 칼럼은 유고슬라비아 폭격 당시 『보스턴글로브』를 비롯한 전국 곳곳의 신문들에 실렸다. 기술적인 측면에서 보자면 폭격을 수행한 주체는 북대서양조약기구(나토)였지만, 현실(또 다른 혼미함)을 보면 미국이었다.

최근, 내가 사는 도시에서 발간되는 『보스턴글로브』에는 "국방부, 촌락에 대한 **공습 옹호**. 미국, **코소보인들**은 '인간 방패'라고 단언"이라는 머릿기사가 실렸다.

　　이 기사는 가장 추악한 기억을 떠올리게 만들었다. "베트남 갓난아이들은 수류탄을 숨기고 있다"는 식의 언급으로 정당화된 미라이 대학살을 비롯한 베트남에서의 대량학살을. [유엔평화유지군 소속의] 파키스탄 군대가 소말리아 시민들에게 발포한 뒤 당시 미 국무장관이었던 매들린 올브라이트가 보인 반응도 떠올랐다. "그들은 민간인을 방패로 사용하고 있다."

　　말하자면 이런 식이다. 밀로셰비치는 잔학행위를 저질렀다, 따라서 우리도 잔학행위를 해도 괜찮다. 그는 코소보의 알바니아계를 공포의 도가니로 밀어 넣고 있다, 따라서 우리도 유고슬라비아의 도시와 촌락을 공포의 도가니로 밀어 넣을 수 있다 등등.

(공습이 시작되기 전) 베오그라드 거리에서 밀로셰비치에 반대해 시위를 벌였던 유고 사람들이 쉴 새 없는 폭격에 놀라 아이들이 밤에 잠을 이루지 못한다고 내게 전자우편을 보내고 있다. 그들은 전깃불과 수도가 나가고, 보통사람들이 삶을 영위하는 데 필요한 기본 자원이 파괴되고 있다고 말한다.

『뉴욕타임스』의 피에 굶주린 칼럼니스트 토머스 프리드먼이 보기에, 세르비아인들은 모두 가차없이 징벌해야 할 대상에 불과하다. 자신의 지도자들이 저지른 행위를 "암묵적으로 용인"한 것이 바로 그들이기 때문이라는 것이다. 이것은 전쟁범죄에 관한 새로운 정의다. 이제 우리는 8년 동안의 경제제재로 야기된 수십만 이라크인들의 죽음을 우리 미국인들이 모두 "암묵적으로 용인"했다는 이유로 어느 이라크 언론인이 미국 전역의 슈퍼마켓을 폭격하자고 호소하는 걸 생각할 수 있게 된 것인가.

해외에서 벌어지든 자국에서 벌어지든, 제트 폭격기로든 경찰에 의해서든, 모든 공식적 테러리즘은 여느 테러리스트들과는 달리 항상 언론에 자신을 설명할 기회를 갖는다. 당시 주지사 넬슨 록펠러의 명령으로 31명의 죄수가 학살되고 9명의 간수들이 죽은 애티카 폭동,[1] 28명에 달하는 MOVE[2]의 여성들과 어린이들이 필라델피아

---

1. 1971년 9월 뉴욕 주 애티카 감옥의 수감자들이 부당한 처우에 항의해 일으킨 폭동으로서, 닷새 동안 인종차별 없는 해방구를 형성했으나 곧 진압됐다. 진압 후 교도소 당국은 죄수들이 인질로 잡혔던 간수들의 목을 베었다고 발표했으나, 검증 결과 군의 총격으로 사망했음이 밝혀졌다. 2000년 1월 연방법원은 뉴욕 주에게 군의 과잉진압으로 정신적·물질적 피해를 본 1,281명의 수감자에게 8백만 달러의 손해배상금을 지불하라고 판결했다.

경찰에 의해 집이 폭파되어 불길에 휩싸인 채 죽어 간 사건, 클린턴 행정부가 명령한 공격으로 웨이코에서 86명의 남성, 여성, 어린이들이 죽어 간 사건,3) 뉴욕에서 한 무리의 경찰관들이 어느 아프리카계 이민자를 살해한 사건4) 등은 모두 '설명'됐으며, 아무리 불합리하다 하더라도 충직한 언론들에게서 시간과 공간을 할애받았다.

이런 설명들은 상대적 수치에서 위안을 찾기도 한다. 일구이언하는 데 있어서 클린턴과 쌍벽을 이루는 나토 대변인 제이미 셰이는 우리가 세르비아인들을 죽인 것보다, 세르비아 보안대가 더 많은 알바니아계를 죽였다고 말하면서(하지만 공습이 증가함에 따라 그 차

---

2. MOVE. 존 아프리카(John Africa, 1931~1985)가 1973년경에 결성한 흑인들의 생태혁명주의·생태무정부주의 그룹. 1978년 8월 8일 필라델피아 경찰과 특별기동대가 파워튼 빌리지의 MOVE 사무실 건물을 공격하는 과정에서 경찰관 한 명이 총격으로 사망했다. 당시 거거된 'MOVE의 9인'은 살인죄로 30년에서 100년형을 선고받고 현재도 복역 중이다. 한편 1985년 5월 13일 필라델피아 경찰국은 MOVE 본부를 폭파시켜 안에 있던 MOVE 성원 11명을 살해하고 인근 61채의 가옥을 불태웠다. 옥중에 있는 성원들, 1978년 당시 사건을 심층보도하던 언론인으로 자신 역시 또 다른 경찰관 살해죄로 구속·수감된 무미아 아부-자말(Mumia Abu-Jamal, 1954~), 그리고 영국에서 결성된 단체 <MOVE의 친구들> 등은 지금까지도 법적 투쟁을 계속하고 있으며 소책자 발간, 언론 기고, 집회 등을 통해 결백을 주장하고 있다.

3. 1993년 2월 FBI와 재무부 총기단속반 등이 텍사스 주 웨이코에 있는 종말론 교단 <다윗파Branch Davidians>의 집단주거 건물을 과잉진압하는 과정에서 화재가 발생, 건물 안에 있던 사람들이 거의 대부분 사망한 사건이다. FBI는 사건 직후 다윗파 교도들이 집단자살했다고 발표했으나, 6년 뒤 FBI가 가연성 최루탄을 쏜 것이 화재의 원인이라는 주장 등 여러 가지 의혹이 제기되어 법무부에서 재수사에 들어갔다.

4. 1999년 2월 뉴욕 시에서 성폭행 용의자를 찾고 있던 백인 경찰관 네 명이 기니 출신의 노점상인 아마두 디알로에게 총격을 가해 사망케 했다. 디알로가 지갑을 꺼내는 것을 총을 뽑는 것으로 오인, 41발의 총탄을 발사한 경찰관들은 2급 살인죄로 기소됐으나 이듬해 법원에서 무죄판결을 받았다. 2001년 뉴욕 시 경찰국도 자체 조사를 실시했으나 경찰수칙을 준수한 것으로 결론짓고 징계를 내리지 않았다.

이는 점점 줄어들고 있다) 유고 민간인들에 대한 폭격을 얼렁뚱땅 넘겨버렸다. 그들이 우리보다 더 많은 수를 죽였으니 세르비아계만이 아니라 알바니아계 난민들까지, 성인만이 아니라 아이들까지 죽여도, 코소보 병원들이 전례 없는 절단 수술을 실행할 수밖에 없도록 만든 집속탄5)을 사용해도 전혀 문제될 게 없다는 식이다.

유태인 대학살을 언급하면서 1945년의 드레스덴 불기둥 폭격(10만이 죽었나? 확실히 알 수는 없다)을 옹호한 사람들도 있었다. 잔학행위를 저지르면 잔학행위를 당해도 좋다는 듯이 말이다. 그러나 어떤 경우에도 잔학행위로 잔학행위를 막을 수는 없었다(우리의 폭격이 코소보에서 대혼란을 멈추게 하기는커녕 오히려 확대하는 결과를 낳았듯이). 나는 히로시마와 나가사키 원폭투하로 수십만 명의 일본 시민이 죽은 사실을 일본군이 그 전쟁에서 벌인 끔찍한 행위로 정당화시키는 것을 들은 적도 있다.

만약 우리가 지난 50년 동안 온갖 전쟁을 일으켜 수백만 명의 사상자들을 낳은 각국 지도자들을 그 국민들이 '암묵적으로' 용인했다고 생각한다면, 우연히 토머스 프리드먼의 글을 읽은 정의로운 하느님은 당연히 인류를 절멸시킬 게다.

물론 결코 무시되어선 안 되지만, 알바니아계 난민들의 비통한 사진으로 화면을 가득 채우고 있는 텔레비전 방송사들은 우리의 폭격으로 야기된 인간적 고난의 전체적인 모습은 제대로 보여주는 법이 결코 없다.

---

5. Cluster Bomb. 모탄母彈의 파열과 함께 주먹만한 알갱이탄이 사방으로 뿌려져 발견과 회수에 어려움이 따르는 치명적인 인명살상용 전문폭탄. 특히 어린아이들이 알록달록한 알갱이탄을 장난감 삼아 만지작거리다가 사고를 많이 당한다.

니슈 대학의 언어학 교수이자 의미론 교수인 조르제 비다노비치는 내게 전자우편을 보내 왔다. "제 고향에서 20마일 떨어진 작은 마을 알렉시나치가 지난 밤 대대적인 공습을 받았습니다. 병원도 폭격을 받았고 거리 전체가 완전히 사라져 버렸습니다. 제가 확실히 아는 건 민간인 여섯 명이 죽고 50명 이상이 중상을 입었다는 사실뿐입니다. 군사 목표물이라곤 어떤 것도 없는 곳이었습니다."

그건 '사고'였다. 중국 대사관 오폭 사건도 마찬가지다. 남 南모라바 강의 다리를 건너던 민간 열차가 폭격을 받은 것도, 코소보 남부의 한 도로에서 알바니아계 난민들이 폭격을 받은 것도, 민간인 버스가 전파되어 네 명의 아이를 포함해 24명이 죽은 것도 '사고'였듯이 말이다(『로스앤젤레스타임스』의 폴 왓슨이 이 소름끼치는 사건을 보도한 것은 매우 드문 경우이다).

나토의 선전에 지나친 관심을 보이는 행태가 CNN을 비롯한 방송망들에 뿌리깊게 퍼져 있지만, 몇몇 이야기들이 흘러나오고 있다(한편 뻔뻔스러운 제이미 셰이는 선전 방송을 내보낸다는 이유로 베오그라드의 방송국을 폭격했다고 발표했다). 『뉴욕타임스』는 메르다레에서 인명살상용 폭탄으로 가옥 네 채가 파괴되고, "서른 살의 보지나 토소비치와 11개월 된 그의 딸 보야나를 비롯해 다섯 명이 죽었다. 임신 6개월인 그의 부인은 병원에 있다"고 보도했다.

『뉴욕타임스』의 또 다른 기자인 스티븐 얼랜저는 세르비아 남부의 소읍인 수르둘리차의 주거 지역에 나토의 미사일이 날아들어 적어도 열한 명의 사람이 죽었다고 보도했다. 그는 "지난 화요일 서른일곱 살의 알렉산다르 밀리치가 죽은 즈마이 요비나 거리에 가득 쌓인 파편"의 모습을 자세히 묘사했다. "밀리치 씨의 부인인 서른다섯 살의 베스나도 죽었다. 그의 어머니와 열다섯 살의 밀랴나, 열한 살인 블라디미르 등 두 자식도 죽었다. 나토의 오폭탄 한 발이 그들이 몸을 숨기고 있던 새 집과 지하실을 완전히 가루로 만든 정오경에 이들이 전부 죽어버린 것이다."

나토와 미국의 관리들이 진지하게 확언하는 것처럼, 이 모든 게 '사고'일까?

1945년의 어느 날, 나는 프랑스의 한 마을에 네이팜탄을 투하했다. 마을 사람이 얼마나 죽었는지는 모르겠지만, 내가 그들을 죽이려고 했던 건 아니다. 그걸 '사고'라고 부른다고 해서 내가 한 일에 면죄부가 쥐어질 수 있을까? 공중폭격은 민간인 살상을 피할 수 없다. 그렇지만 희생자가 누가 될지 자세히 예측할 수는 없을지언정, 그 결과는 충분히 예견 가능하다.

'사고'라는 단어는 극악무도한 행위에 무죄를 언도해 주는 데 사용된다. 내가 아이들이 가득 찬 거리를 시속 80마일로 질주해서 열 명의 아이를 죽인다면, 그걸 '사고'라고 부를 수 있을까? 유고 공습으로 야기된 인명피해는 사고가 아니라 이 나라 국민들에게 가한 의도적이고 잔인한 군사작전이 낳은 불가피한 결과일 뿐이다.

수주 전 유고슬라비아에 집속탄이 사용되고 있다는 기사를 읽으면서 나는 특별한 공포를 느끼지 않을 수 없었다. 이 폭탄은 유산탄 같은 수백 개의 금속 파편을 흩뿌리며, 그것이 인체에 박힐 경우 제거가 힘들고 견딜 수 없는 고통을 유발한다. 불발탄을 집어든 세르비아 어린이들은 결국 폭발로 인해 팔이나 다리를 절단할 수밖에 없었다. 1968년 하노이의 어느 병원을 방문했을 때 이와 유사한 무기의 희생자인 아이들이 극심한 고통에 몸부림치는 모습을 본 기억이

난다. 그들의 몸은 작은 알갱이탄으로 가득 차 있었다.

　우리의 잔학행위와 그들의 잔학행위, 이 두 가지의 잔학행위(두 종류의 테러리즘)은 둘 다 마땅히 비난받아야 한다. 그러나 이를 위해서는 둘 다 그 존재가 밝혀져야 한다. 만약 한쪽은 집중적으로 극악한 관심을 받는 반면에, 공식적 설명으로 얼렁뚱땅 넘어가 버리는 또 다른 한쪽은 정중할 만한 대접을 받는다면, 균형 잡힌 도덕적 판단을 내리는 게 힘들어진다.

　『뉴욕타임스』의 팀 웨이너 특파원은 베오그라드의 광경과 나토 정상회담이 진행되던 워싱턴의 모습을 대조적으로 보여 줬다. "베오그라드에서……서른세 살의 여성 고르다나 리스티치는 아파트 건물 지하에 딸린 방공호에서 또 하루의 밤을 보낼 준비를 하고 있다. '지난밤은 너무나도 끔찍했어요. 새벽 두 시부터 몇 분마다 폭발음이 들려왔습니다……당신네 지도자들이 도무지 역사를 읽으려 하지 않아 유감입니다.'"

　"한 기자가 그녀에게 클린턴의 정상회담 연설 내용을 읽어 줬다. 그녀는 분노해 소리를 치기도 하고 흐느끼기도 하며 어쩔 줄을 몰라 했다. '여기는 문명이, 전 문명을 믿어요, 문명이 가라앉은 밑바닥이에요. 클린턴은 오페라에서 노래를 하는 역할을 하고 있네요. 절 죽이고 있어요.' 그녀가 잠든 시간, 나토 지도자들은 백악관 이스트룸[6]에서 무른 껍질의 게 요리와 새끼양 요리로 만찬을 즐겼다. 디저트는 작은 지구 모양의 초콜릿이었다. 제시 노먼[미국의 소프라노 성악가]이 아리아를 불렀다. 자정이 가까워 마지막 리무진이 백악관을

---

6. East Room. 백악관에서 가장 큰 리셉션 룸. 대통령 기자회견이나 조약 조인 등의 공식 행사가 자주 열린다.

떠난 시간에, 베오그라드에서는 토요일 아침의 공습경보해제 사이렌이 울려 퍼지고 있었다."

그렇다. 밀로셰비치는 전쟁범죄에 대한 책임을 지고 피고석에 서야만 한다. 클린턴, 올브라이트, 코언[당시 미 국방장관], 클라크[당시 나토 연합군 사령관]도 그와 함께 서야 한다.

양쪽 모두의 잔학행위를 마주할 때 우리 미국인들이 고려해야만 하는 또 다른 요소가 있다. 우리에게 어떤 상황에 어느 정도 영향을 미칠 수 있는 능력이 있는 한, 우리는 그 상황에 도덕적 책임을 져야 한다는 것이다. 밀로셰비치가 코소보인들을 상대로 벌인 잔학행위의 경우, 전면적인 지상전에 착수하지 않는다면 어차피 우리의 개입 능력은 매우 제한적일 수밖에 없고(오히려 폭격으로 돌진하기 전의 초기 단계에서 개입 능력이 더 컸을지도 모른다), 전면적인 지상전을 벌였다면 이미 벌어진 비극보다 훨씬 더 끔찍한 대혼란만을 일으켰을 것이다. 그러나 우리 미국인들은 우리 정부가 유고의 무고한 시민들에 가하고 있는 잔인한 행위에 직접적인 책임이 있다.

자유주의자들과 심지어 일부 급진주의자들조차 과거에 자신들이 언론 통제를 격렬하게 비판했다는 사실을 망각한 채, 코소보인들이 겪는 참사를 둘러싸고 쏟아지는 정보에 압도당하고 있다. 이런 정보들은 그 맥락, 그러니까 우리의 공습이 낳은 인간적 결과, 미국 정부가 세계 곳곳의 '인종청소'를 무시하고 때로는 부추기기까지 했다는 사실, 미국과 나토가 상대방의 합리적이고 융통성 있는 제안을 거부하는 태도를 취했다는 맥락과 거의 동떨어져 있다. 그 결과 좀 더 분별력을 가져야 할 이들이 폭력적 해결책을 지지하는 쪽으로 이끌리게 된 것이다.

격렬한 언론 폭로자 조지 셀즈, 그리고 『매춘 전표 *The Brass Check*』
에서 신문의 타락을 다룬 업튼 싱클레어 모두 제1차 세계대전 당시
연합국의 선전에 푹 빠져 균형감각을 잃었으며, 천만 명의 죽음으로
끝난 어리석기 그지없는 군사적 대파괴를 지지하고 말았다. 셀즈는
나중에 회고하기를(셀즈의 끈덕진 팬인 켄 매카시가 알려준 내용이
다), "전쟁 초기에 관해서라면 이런 말밖에 할 수 없다. 나는 뉴욕과
유럽에서 나오는 뉴스들을 사실로 받아들여 완전히 바보가 되어 버
렸다. 엄청난 양의 뉴스가 반복되는 통에 내가 그나마 갖고 있던 객
관적 사고력은 무참하게 압도당했다." 세르비아 군대가 코소보에서
알바니아계를 죽이고 내쫓고 있다면, "우리가 뭔가 해야 한다"고 말
하는 게 합당한 반응이다. 그러나 우리가 오로지 그런 정보만을 들
을 경우 "폭격을 해야 한다"거나 "침공해야 한다"고 앞뒤를 가리지
않은 채 섣불리 비약을 하게 된다. 양쪽 모두에서 폭력을 영속화하
지 않으려면, 우리 지도자들에게 마초 같은 오만("우리는 승리할 것
이다!" "밀로셰비치는 패배할 것이다!" "우리는 초강대국이다!" "우
리의 신뢰성이 경각에 달려 있다![7]")을 버리라고, 폭격을 중단하고
대화를 시작하라고 요구해야 할 것이다.

어느 시점에서는 유고의 폭력이 협상으로 중단될 것이다. 하지만
그 사이에 양쪽에서 얼마나 많은 사람들이 불필요하고 끔찍스럽게
죽어 갈까? 그건 우리 미국인들이 얼마만큼 신속히 우리 정부의 행
동에 반대해 강력한 항의의 목소리를 높이는가에 달려 있다.

---

7. 이른바 '신뢰성 위기 credibility crisis'란 지역 분쟁으로 인해 야기된 불안정 상태가 장기화될
   경우 세계경찰로서의 미국과 나토의 신뢰성이 추락하게 됨을 뜻하는 것으로, 냉전 이후
   유고 공습을 비롯한 분쟁 개입의 주된 이데올로기 가운데 하나이다.

4
외교적 해결책

베트남전쟁과 걸프전에 한 목소리로 반대했던 미국 좌파들은 유고슬라비아의 밀로세비치 정권이 독립을 원하는 코소보인들을 공격해 잔학행위를 저지르고, 그들을 고향에서 몰아내는 시점에서는 무엇을 할 것인가를 둘러싸고 분열됐다. 클린턴 행정부는 공습으로 대응했고, 나는 이 글에서 도덕적 쟁점들을 가려내려고 했다.

한 친구가 편지를 보내 코소보에 관한 내 의견을 물어 왔다. 많은 사람들이 그에게 답을 구하고 있지만 무슨 말을 해야 할지 몰라 내게 묻는다는 것이었다(그는 내가 옳건 그르건 항상 뭔가 할 말이 있다고 생각했던 것 같다).

몇 가지는 분명해 보이지만, 명쾌한 해결책을 가리키는 방향으로 쉽게 짜맞춰지지는 않는다.

밀로세비치와 그의 세르비아 군대는 잔학행위를 저지르고 있다.

그러나 폭격은 도움이 되지 못한다. 폭격은 사태를 악화시킬 뿐이며 이미 실제로 그렇게 드러나고 있다. 양쪽 모두에서 더욱 많은 희생자를 낳고 있는 것이다.

<코소보해방군>은 코소보 사람들의 기대를 대표하지 못할 수도 있다. <코소보해방군>은 독립을 얻기 위해 무장투쟁에 의지하

면서, 오랜 비폭력 저항운동이 이미 진행되고 있고, 계속됐어야 했을 시점에서 가차없이 동포들을 위험에 빠뜨렸다.

남아프리카 공화국이 생각난다. 전면적인 무장투쟁을 벌이기로 결정했다면 대부분이 흑인일 엄청난 사상자를 낳는 유혈 내전으로 귀결됐을 남아프리카 공화국 말이다. <아프리카민족회의>는 그 대신 아파르트헤이트를 좀더 참아내기로 결정했으며, 파업과 사보타지, 경제제재, 국제적 압력 등으로 장기적인 지구전에 착수했다. 그리고 결국 성공을 거뒀다.

미국은 현 상황에 대해 인도주의적 목적을 갖고 있지 않다. 미국의 대외정책은 한 번도 이런 목적으로 좌우된 적이 없으며, 오로지 정치적 힘과 경제적 이해, 때로는 좀더 모호한 동기 ── '사내다움 machismo' ── 에 이끌렸다(베트남전쟁 이래로 역대 모든 대통령이 되풀이해 말한 것처럼, 우리는 전 세계에 우리가 '넘버원'임을 보여주고자 한다).

클린턴 행정부의 위선은 최근 역사를 일별만 해도 분명히 드러난다. 지금 코소보가 유고에게서 독립을 원하는 것과 똑같이 체첸이 독립을 요구하며 봉기했을 때, 러시아 군은 체첸으로 진격해 그들에게 가혹한 짓을 저질렀다. 클린턴은 여기에 반대하지 않았다. 사실 그는 한 기자의 질문을 재치 있게 받아넘기면서, 링컨이 남부연방의 탈퇴를 허용치 않은 남북전쟁과 체첸 상황을 비교했다.

인종청소에 사리에 맞는 군사적 해결책이란 없다. 인종청소는 오직 대규모 지상군 투입으로만 막을 수 있는데 이것은 전면전을 의미하며, 결국 진행 중인 폭력을 더욱 거대하게 증폭시킬 뿐이다.

현재 코소보인들이 겪고 있는 고통은 가슴아픈 일이다. 내 생각

에 유일한 해결책은 외교적 방식, 즉 미국이 세르비아에 강요하려
했던 협정을 잊어버리는 것이다. 여기에는 새로운 협정이, 그러니까
코소보인들이 일정한 형태의 자치를 얻지만 독립은 보장되지 않는
협정이 필요할 것이다. 이것은 평화를 얻기 위한 일종의 타협이다.
이런 외교적 해결이 이뤄질 가장 가능성 있는 방식은 러시아가 세르
비아에 영향력을 행사해 중재하는 길이다.

미국은 유엔헌장을 위반하고 있다. 그러나 국제법에 아무리 호소
하더라도 괜찮은 결과를 낳기는 힘들어 보인다. 미국이 지난 50년
동안 국제법을 아무짝에도 쓸모 없는 것으로 간주해 왔기 때문이다.
폭격은 사전 선전포고를 규정하고 있는 미국 헌법에도 위배되는 것
이지만 우리는 이미 전쟁을 벌이고 있다.

미국과 나토(미국의 피조물로 미국의 분부대로 행하고 있다)는
허우적대며 빠져들고 있고, 그 과정에서 인류에게 막대한 피해를 입
히고 있다. 이런 상황은 나토의 각 소속국, 특히 미국의 시민들이 현
재 사태에 대해 항의의 목소리를 높이고 외교적 해결을 요구하도록
만들 것이다. 한 나라가 최후통첩을 선포하면 타협의 여지는 사라지
고, 결국 전쟁은 계속되기 마련이다.

우리는 지도자들의 무자비함과 '전문가'들의 어리석음에 대해
시민들의 용기와 양식, 끈기로 맞서야 한다는 베트남의 교훈을 가슴
속에 간직하고 있다.

III
이라크

5
어느 이라크인의 이야기

1998년 12월 클린턴 행정부의 이라크 폭격에 대한 내 글이 인터넷을 통해 퍼져나갔는데, 나는 그 사실을 런던에 살고 있는 한 이라크 출신 의사가 전자우편을 보내왔을 때에야 알게 됐다. 그의 편지는 폭격의 추상성을 헤치고 한 가족에게 무슨 일이 벌어졌는지를 생생하게 보여주는 것이었다. 이 글이 발표된 뒤 많은 미국인들이 알오바이디 박사와 서신교환을 하게 됐다.

12월 20일, 빌 클린턴과 토니 블레어가 이라크를 폭격하고 있는 와중에 나는 영국에서 전자우편을 한 통 받았다.

진 교수님께,
저는 사담 후세인 정권의 만행 때문에 이곳 영국으로 피신한 이라크 시민입니다. 사담 정권은 2년도 안 되는 기간에 아무 죄 없는 나이든 제 아버지를 죽였고, 막내 남동생을 앗아갔습니다. 제수씨와 세 조카를 남겨둔 채 말입니다……
이 편지를 쓰는 이유는 이라크 공습 이튿날에 크루즈미사일 한 기가 바그다드 교외에 있는 제 부모님의 집을 강타했다는 사실을 당신께 알려드리기 위해서입니다. 어머니와 제수씨(이미 고인이 된 막내 남동생의 부인), 그리고 그녀의 세 아이가 모두 순식간에 목숨을 잃었습니다.

너무나 충격적인 비극에 저는 눈물마저 말라버렸습니다. 저는 지금 마른 울음을 삼키고 있습니다. 미국과 영국의 모든 시민들에게 제 두 눈을 보여주고, 이 가혹하고 가슴아픈 고통을 표현하고 싶은 심정입니다. 미국 행정부와 유엔, 다우닝가 10번지[영국 총리관저]에 앉아 있는 사람들에게 제 이야기를 들려주고 싶습니다. 모니카 르윈스키와 클린턴을 위해 제 가족이 이처럼 값비싼 대가를 치러야 하는 것이겠지요. 그 누군들 제가 잃어버린 것을 보상해 줄까요? 지금 당장이라도 이라크로 달려가서 어머니의 무덤에 눈물 몇 방울이라도 떨구고픈 심정입니다. 죽기 전에 한 번이라도 제 얼굴을 보고 싶어하셨던 어머니의 무덤에…….

부디 두 눈으로 진실을 볼 수 있고 두 귀로 이 비극적인 이야기를 들을 수 있는 모든 이들에게 제 이야기를 전해주십시오.

안녕히 계십시오.

모하메드 알오바이디 박사.

내가 보기에 그의 사연은 사담 후세인과 우리 정부의 지도자들이 많은 공통점을 갖고 있다는 사실을 소름끼치도록 명료하게 보여주고 있다. 그들은 모두 이라크인들에게 죽음과 고통을 가져다 주고 있는 것이다.

사담 후세인이 '대량살상무기'를 보유하고 있을 가능성, 그리고 이에 덧붙여 그가 장래에 이 무기들을 사용할지도 모른다는 가능성에 대한 반응으로, 미국은 지금 현재 자신이 대량살상무기 —— 크루즈미사일, B-52 폭격기, 그리고 무엇보다도 수십만 이라크 어린이들

의 목숨을 앗아간 경제제재 —— 를 사용하고 있다는 것에 조금도 양
심의 가책을 느끼지 않고 있다.

12월의 폭격에서 빌 클린턴은 모하메드 알오바이디의 가족 다섯
명을 비롯해 수많은 이라크인들을 기꺼이 죽일 태세가 되어 있었다.
왜 그랬을까? "메시지를 보내기 위해서"라는 게 그의 행정부가 들려
준 말이었다.

미국은 "메시지를 보내기 위해서" 그와 비슷한 수만큼 미국인들
의 생명을 앗아갈 태세가 되어 있을까? 이라크인들의 생명은 우리보
다 가치가 없는 것일까? 그들의 아이들은 우리 아이들만큼 무고하지
않은 것일까?

클린턴 대통령은 사담 후세인이 세계 평화에 대한 "명백하고도
현존하는 위험"을 제기한다고 말했다. 사담 후세인이 장래에 어떤
위험을 야기하든 간에, 그가 세계 평화에 대한 명백하고도 현존하는
위험은 아니다. 반면 우리는 그렇다. 대통령이 이 남용된 표현을 사
용하고 있는 데 주목하라. 미국 대법원은 미국의 제1차 세계대전 개
입에 항의해 리플렛을 배포하던 사람들에 대한 투옥을 정당화하기
위해 이 표현을 만들어냈다. 냉전의 전사들은 매카시즘과 핵무기 경
쟁을 정당화하기 위해 이 표현을 사용했다. 이제 클린턴 대통령은
앞서와 마찬가지로 평판이 좋지 못한 목적을 위해 이 표현을 다시
끄집어내고 있다.

클린턴 대통령은 또한 이라크 외에 다른 나라들도 대량살상무기
를 갖고 있지만 이라크만이 이것을 사용해 왔다고 지적했다. 세계
어떤 나라도 우리보다 더 많이 대량살상무기를 보유하고 있지 않으
며, 세계 어떤 나라도 우리보다 자주, 또는 우리보다 많이 민간인의

생명을 앗아가는 데 이것을 사용하지는 않았다. 히로시마와 나가사키에서는 미국이 원폭을 투하해 십만 명 이상의 민간인이 죽었다. 미국이 한반도와 베트남에 '재래식' 무기를 떨어뜨린 후 수백만이 목숨을 잃었다. 그렇다면 도대체 우리 자신이 대량살상무기 사용을 억제하고 있다고 누구에게 자랑할 수 있는가?

미국은 폭격을 선호함으로써 인도적 위기 —— 이라크만이 아니다 —— 에 초점을 맞출 수 있는 우리 정부의 능력을 깡그리 없애고 있다. 허리케인 '미치 Mitch'가 중앙아메리카를 덮쳐 수만 명의 사망자와 백만 이상의 이재민을 발생시켰을 때, 사람들을 안전한 곳으로 이동시키고 식량과 의약품을 전달하기 위해 헬리콥터가 절실히 필요했다. 멕시코는 온두라스에 열여섯 대의 헬기를 지원했다. 미국은 열두 대를 지원했다. 같은 시간, 국방부는 중동에 헬기, 수송기, B-52 등 거대 비행단을 파견했다.

이라크 폭격에 사용된 크루즈미사일은 모두 한 기당 가격이 백만 달러에 달하는 것이었는데, 국방부는 약 2백50기를 사용했다. 크루즈미사일에만 2억5천만 달러가 들어간 것이다. 이와 동시에, <나이트리더 Knight-Ridder> 통신사의 보도에 따르면, 국방부는 겨울을 코앞에 둔 시점에서 전국 곳곳의 홈리스 지원 프로그램에 수백만 장의 담요를 지원하는 일을 중단했다고 한다. 상원 군사위원회에서 이런 전용을 승인하지 않은 것이었다. <나이트리더> 통신사에 따르면, "이 의회 위원회는 담요 지원 프로그램의 비용이 군비에서 전용되고 있는 것이라고 말했다."

그리하여 우리의 무기가 해외에서 사람을 죽이고 있는 동안에 이 나라에서는 집 없는 사람들이 얼어죽고 있다. 우리의 도덕적 우선순위가 우스꽝스럽게 뒤틀려 있는 건 아닐까?

알오바이디 박사한테서 편지를 받고 난 뒤 나는 전국 각지의 수많은 라디오방송 인터뷰에서 그 편지의 구절들을 들려주는 것으로 그의 요청에 답하려 애썼다. 그에게 답장을 써 이 사실을 알렸다. 물론 그 어떤 것으로도 그의 가족을 되살릴 수는 없다. 우리가 할 수 있는 일이라곤 우리 정부가 정치적·경제적 이득을 위해 계속 폭력을 행사함으로써 야기되는 인간적 결과를 미국 대중에게 전달하려 노력하는 것뿐이다. 우리와 마찬가지인 사람들, 가족들, 어린이들에게 지금 벌어지고 있는 일들을 미국인 가운데 많은 사람들이 보고 느끼게 될 때, 우리는 이 나라에서 군사주의와 전쟁에 반대하는 새로운 운동의 출발을 보게 될지도 모른다.

6
이라크 폭격

바야흐로 미국이 이라크에 폭격기를 보내려고 하고 있던 1998년 2월, 세 명의 지도적 정부 선전가들 —— 국무장관 매들린 올브라이트, 국방장관 윌리엄 코언, 국가안보 자문역 새뮤얼 버거 —— 이 오하이오 주 컬럼버스의 한 공회당에서 미국이 왜이라크를 폭격해야만 하는지 연설을 했다. 그러나 어느 폭격 반대론자가 매들린 올브라이트에게 질문을 하려고 자리에서 일어나는 순간, 강연 주최측이 통제를 위해안간힘을 썼던 질의응답 시간은 난장판이 되고 말았다. 그는 다른 나라들, 특히 미국의 동맹국들 역시 대량살상무기를 보유하고 있음에도 아무런 제재를 당하지 않는데, 왜 이라크만을 폭격 대상으로 끄집어냈어야 했느냐고 물었다. 올브라이트는 말을 더듬거리며 조리 있는 답변을 하지 못했고, 이 장면은 텔레비전을 통해 전국 곳곳에 방영됐다. 이 사건으로 폭격 계획이 일시적으로 중단됐음이 분명했다. 그러나10개월 뒤 활동을 재개한 폭격기들은 나로 하여금 이 칼럼을 쓰게 자극했고, 이 글은 전국 곳곳의 신문에 게재됐다.

중동에서 이성을 잃고 폭력으로 돌진한 우리 정부, 그 행동에 놀라고만 있던 우리는 이제 의회의 광기에 맞서 홀로 목소리를 높인 한인물의 용기로 인해 모두 정신을 차릴 수 있게 됐다. 그 목소리의 주인공은 조지아 주 출신의 하원의원 신시아 맥키니로서, 그녀는 지난주 『짐 레러의 뉴스아워 *Newshour with Jim Lehrer*』에 출연한 자리에서,

더듬더듬 웅얼거리며 이라크에 대한 공격 행동을 옹호하려 헛되이
애쓴 세 명의 동료 의원들을 사실과 논리, 열정을 가지고 논박했다.

이라크 폭격이 비논리적이고 부도덕하다는 사실은 아주 간단하
게 단언할 수 있다. 사담 후세인의 '대량살상무기' 사용 잠재력을 파
괴한다는 공언된 목적이 달성되리라는 아무런 확실성도 없이, 무고
한 사람들(티모시 맥베이가 오클라호마에서 죽인 것보다 훨씬 많은
수의 사람들)을 죽음으로 몰아갈 게 분명한 것이다.

심지어 이라크에 그런 무기가 존재한다는 확실한 증거도 없으며,
설령 있더라도 그 위치를 확실히 알지도 못한다. 퇴역 해병대 장성
버나드 트레이너는 최근 『보스턴글로브』를 통해 다음과 같은 의문
을 제기했다.

> 첫째 의문점은 사담이 대량살상무기, 특히 생물무기를 보유하고 있
> 고 지금도 제조하고 있다는 우리의 정보가 얼마나 정확한가 하는
> 것이다. 만약 그것이 사실이라 할지라도, 매들린 올브라이트 국무장
> 관이 주장하는 것처럼, 대량살상무기의 보유만으로도 국제사회에
> 대한 "명백하고도 현존하는 위험"이 되는 것인가? [……] 우리는 그
> 런 주장을 뒷받침할 만한 구체적인 증거를 보지 못했다.

이라크 무기 사찰 업무를 부여받은 유엔특별위원회는 이라크가
화학무기나 생물무기를 탑재할 수 있는 미사일 역량을 갖고 있지 않
다고 말한 바 있다. 이스라엘 군의 한 인사도 최근 이와 같은 견해를
되풀이했다. 걸프전 당시 공군을 총지휘했던 찰스 A. 호너 장군은
최근 『뉴욕타임스』에서 다음과 같이 지적했다.

궁극적으로 보면, 공중전도 지상군 침공도 대량살상무기를 둘러싼 갈등을 해결하지 못할 것이다. [……] 생물 종자는 쉽게 숨길 수 있는 실험실에서 배양할 수 있다. 화학무기 또한 가장 원시적인 형태의 시설에서 제조할 수 있다. [……] 설상가상으로, 무기 제조시설에 대한 공격은 생물학적·화학적 독소로 가득한 연기 기둥을 대기 중으로 분출시켜 피해를 더욱 가중시킬 수 있다.

달리 말해 보자면, 만약 "명백하고도 현존하는 위험"이 존재한다면, 그것은 사담 후세인에게서 연유하는 게 아니라, 엄청난 수의 이라크 민간인들을 죽이려 하고 있는, 그 결과를 예측할 수조차 없는 폭력의 고삐를 풀어헤치려 하고 있는 우리 자신의 정부에게서 연유하는 것이다.

미국 대중들은 우리의 이름으로 엄청난 부도덕 행위가 자행되는 것을 받아들일 수 있을까? 우리는 전에도 이런 일을 겪어보지 않았던가? 우리 지도자들이 "공산주의의 위협"을 봉쇄하기 위한 행동이라고 확신시킨 결과, 마치 여섯 살짜리 아이나 여든이 된 할머니가 우리의 적이라도 되는 듯이 베트남에서 남자, 여자, 어린이들을 죽이고 불구로 만들고 네이팜탄을 퍼부었다는 사실을 깨닫기까지 우리는 수년이 걸리지 않았던가? 폭탄이 떨어지기 전인 지금 목소리를 높여야 하지 않을까?

클린턴, 코언, 올브라이트, 그리고 양떼처럼 나란히 그들의 뒤를 따라가는 의회의 공화당원과 민주당원들이 모두 한데 어울려 워싱턴에서 구역질나는 위선을 저지르고 있다. 내가 말하고자 하는 것은, 전 세계에는 대량살상무기를 보유한 나라가 많이 있다는 사실이다.

사담 후세인 같은 폭군이 이끄는 나라들 —— 터키, 사우디아라비아, 인도네시아, 파키스탄, 중국 —— 도 대량살상무기를 보유하고 있지만, 우리의 군사 동맹국이든 수익성 좋은 시장이든 그들이 '친구들'이라는 이유로 우리는 그 사실을 언급하지 않는다.

더한 위선도 있다. 이 대량살상무기들을 전 세계 곳곳의 포악한 정부들에 공급한 것은 다름 아닌 우리 자신의 정부이다. 그렇다. 사담 후세인은 자기 국민을 억압하는 폭군이다. 그러나 미국은 인도네시아에 거대한 양의 무기를 제공해, 이 나라가 지금까지 사담 후세인이 했던 규모를 훨씬 뛰어넘는 테러로 동티모르인들을 집단학살할 수 있게 만들었다.

우리가 유엔의 정책을 수행하고 있다는 말은 전혀 사실무근이다. 유엔은 사찰을 수행할 권한을 부여받았다. 유엔은 일방적인 공습을 할 권한이 없다. 그런 공습은 자위를 위한 명백한 경우에만 폭격 같은 공격행위를 허용하는 유엔헌장을 사실상 위반하는 짓이다. 지금은 그런 경우가 아니다.

공습은 우리가 이미 제재 정책으로 이라크에 자행한 끔찍한 참사를 더욱 악화시킬 것이다. 유엔의 추산에 따르면, 이번 제재로 야기된 식량과 의약품의 부족으로 말미암아 이라크에서 약 백만 명이 사망했으며 그 가운데 절반이 어린이라고 한다.

우리가 민주주의 국가라고 아무리 주장을 내세워도 전쟁으로 돌진함으로써 모두 산산이 부서지고 있다(공습은 명백한 전쟁 행위다). 의회의 선전포고를 규정하는 헌법상의 요건을 무시하는 것 —— 한반도, 베트남, 그레나다, 파나마 등을 통해 이미 우리는 이런 무시에 익숙해져 있다 —— 은 제쳐두고라도, 우리는 소수의 정치 지도자들이 실질적으로 아무런 국가적 논쟁도 없이, 충분히 쟁점을 공표하지도 않은 채 미국인들을 전쟁으로 몰아넣게 놔두고 있다. 그 이유는 명백하다. 만약 미국인들이 사실을 충분히 접하고, 다양한 시각에 귀기울이고, 합리적인 판단을 내릴 수 있는 시간을 갖게 된다면, 폭력을 갈망하는 우리 지도자들을 가로막을 것이기 때문이다.

IV

리비아

7
트리폴리에 대한 테러

1986년 4월 서베를린의 한 디스코텍에서 폭탄이 터져 미군 병사 한 명을 포함해 두 명이 목숨을 잃었다. 그것은 의문의 여지가 없는 테러행위였다. 리비아의 포악한 지도자 무아마르 카다피는 테러행위에 관여한 기록이 있었지만, 이번 경우에는 책임 소재를 보여주는 분명한 증거가 없는 듯 보였다. 그런데도 불구하고 레이건 대통령은 리비아의 수도 트리폴리 상공으로 폭격기를 보내라고 명령해 거의 대부분 민간인인 백여 명의 목숨을 앗아갔다. 나는 보복의 원칙에 대해 논박하기 위해 이 글을 썼지만 언론에 발표되지는 않았다. 나는 정치적 목적을 위해 무고한 사람들을 죽이는 것에 대해서는 언제나 격분하지만, 테러리즘의 정의를 확장시켜 혁명주의나 민족주의 집단들보다 훨씬 더 자주, 그리고 무한정 더 대규모적으로 테러를 저지르는 정부들까지 그 정의에 포함시키고자 했다. 이 글은 1993년 카먼커리지프레스에서 출간된 논설집 『멈추게 하지 못하여 *Failure to Quit*』에 수록됐다.

"실로, 하느님이 정의로우시다는 사실을 곱씹을 때면, 나는 내 조국에 관해 근심하곤 한다." 토머스 제퍼슨은 『버지니아로부터의 단신 *Notes from Virginia*』에서 이렇게 적었다.

트리폴리를 공습했다는 우리 정부의 발표를 들으면서 이 말이 머릿속에 떠올랐다.

우리는 한 종류의 테러리즘과 또 다른 테러리즘 사이에 도덕적 선택을 내리도록 요구받는 세계 속에 살고 있다. 정부, 언론, 정치인들은 로널드 레이건의 테러리즘이 무아마르 카다피의 테러리즘보다 도덕적으로 우월하다고 우리를 확신시키려 애쓰고 있다.

물론 우리는 우리의 행동을 그렇게 지칭하지는 않지만, 테러리즘이 어떤 정치적 목적을 이루기 위해 무고한 사람들을 의도적으로 죽이는 것이라면, 베를린의 혼잡한 디스코텍에 폭탄을 터뜨리는 것 —— 누가 했든 간에 —— 과 마찬가지로 우리가 리비아의 북적거리는 도시를 폭격한 것도 그 정의에 정확하게 일치한다.

아마 의도적이라는 단어가 차이를 보여주는 듯하다. 디스코텍에 폭탄을 설치하는 경우에는 무관한 사람들의 죽음을 의도하는 것이다. 반면 도시에 폭탄을 떨어뜨리는 경우에는 우발적이다. 우리는 그런 식으로 우리의 양심을 달랠 수 있지만, 그러려면 스스로를 속여야만 한다. 공중에서 도시에 폭탄을 떨어뜨릴 경우 여러분도 분명 알다시피, 무고한 사람들이 죽게 될 것이기 때문이다.

이것이야말로 와인버거 국방장관이 도덕성을 얻으려 애쓰면서 (그의 위치를 감안한다면 이런 노력은 결코 성공할 수 없는 것이다) 민간인 사상자 수를 '최소화'하는 방식으로 공습을 진행하고 있다고 떠들어대는 이유이다. 이것은 민간인 사상자 발생이 불가피할 것임을 의미한다. 디스코텍의 테러리스트들이 자신들의 목적을 이루기 위해 민간인 사상자 발생을 기꺼이 반겼던 것처럼 와인버거, 슐츠, 레이건도 자신들의 목적을 위해 역시 그런 결과를 바랬다.

이 경우에 있어 '최소화한다'라는 말은 갓난아이와 어린이들, 고향집을 방문한 열여덟 살의 여대생, 그리고 그 수를 헤아릴 수 없는 노인들을 비롯해 약 백여 명이라는 사망자 수(트리폴리에 있는 외국 외교관들의 추정치)를 의미할 뿐이다. 디스코텍에 있던 사람들 가운데 단 한 사람도 리비아인들이나 팔레스타인인들이 느끼는 그 어떤 불만에 대해서 책임이 없었듯이, 트리폴리에서 죽은 백여 명 중 어느 누구도 테러리스트가 아니었다.

우리가 만약 디스코텍 폭탄사건의 배후에 카다피가 있다고(이를 입증하는 증거는 하나도 없다), 그리고 트리폴리 공습의 배후에 레이건이 있다고(이를 입증하는 증거는 완벽하다) 가정한다손 치더라도, 둘 모두 테러리스트이지만 레이건은 카다피에 비해 훨씬 더 많은 사람을 죽일 능력이 있다. 그리고 그는 그렇게 했다.

레이건, 와인버거, 슐츠 국무장관, 그리고 언론과 의회에 있는 그들의 추종자들은 세계 최고의 중무장 국가가 리비아 같은 3류 국가를 무사히(미군 비행사 두 명이 목숨을 잃었지만 이는 심리적 만족을 위해 치러야 할 작은 대가였다) 공습할 수 있다는 사실을 자축하고 있다.

현대의 테크놀로지는 성서를 훨씬 앞지른다. "눈에는 눈"은 눈 하나에는 백 개의 눈, 아이 한 명에는 백 명의 아이라는 식으로 바뀌었다. 이를 옹호하는 터프가이 칼럼니스트들과 익명의 논설위원들(소수의 용기 있는 예외들이 존재했다)은 그들의 벌거벗은 도덕을 미국 국기로 감싸려 애썼다. 그러나 한 대학생의 죽음이나 요람에서 잠자고 있던 아이의 죽음을 두고 성조기를 자랑스레 흔들어대는 것은 국기에 대한 모독일 따름이다.

이룰 수 없는 목적을 위해 무고한 사람들을 죽이는 부끄러운 짓을 감출 만큼 커다란 깃발은 어디에도 없다. 그 목적이 테러리즘을 저지하는 것이라면, 공습을 지지하는 이들조차 성공하기 힘들 것이라고 말하고 있다. 또 그 목적이 미국에 대한 존경심을 얻는 것이라면, 결과는 그 반대일 뿐이다. 온 세계에 레이건의 지각없고 무의미하며 무자비한 폭력에 대한 분노와 비분이 퍼졌다. 우리에게는 레이건과 똑같이 폭력적인 대통령들이 있었다. 그러나 '생명의 권리'에 그처럼 위선으로 가득 찬 경건함을 내보인 대통령은 없었다.

이와 같은 끝없는 테러행위의 교차 속에서 양측은 자신이 '보복'하고 있는 것이라고 주장했다. 우리는 디스코텍 폭파사건에 대한 보복으로 트리폴리를 폭격했다. 아마 디스코텍이 폭탄공격을 받은 이유는 우리가 시드라 만(Gulf of Sidra)의 초계정에 타고 있던 리비아 수병 35명 —— 당시 우리와 마찬가지로 그들도 공해상에 있었다 —— 을 죽인 것에 대한 보복이었을 것이다.

우리가 시드라 만에 간 이유는 아마도 리비아에게 테러리즘에 관여해서는 안 된다는 점을 보여주기 위해서였을 것이다. 그리고 리비아는 말하기를 —— 이 경우에 리비아는 진실을 말하고 있는데 —— 칠레, 과테말라, 엘살바도르의 테러리스트 정부들에 보조금을 지급해 왔고, 바로 이 순간에도 니카라과에서 농민과 그들의 부인, 어린이들에게 자행되는 콘트라 반군의 테러행위를 계속 지원하고 있는 미국이야말로 노련한 테러 전문가라고 한다.

서방의 민주주의는 중동의 독재보다 무고한 사람들을 죽일 권리가 더 많단 말인가? 설령 우리가 완벽한 민주주의 국가라 하더라도, 우리에게 그런 면허장이 주어지는 것은 아니다. 하물며 폭탄이 떨어지고 깃발이 펄럭이며, [이른바 진보적이라는 민주당 상원의원] 테드 케네디가 그랬던 것처럼, 모든 사람이 '우리 사령관'의 발걸음에 처지지나 않을까 종종걸음을 내달리고 있는 지금 같은 순간에, 우리 민주주의의 가장 소중한 요소들(다원화된 반대 의견들, 서로 경쟁하는 이념들)은 실종되고 있는 것처럼 보인다. 우리는 도덕적 지도자들을 기다려 왔다. 그러나 게리 하트, 존 케리, 마이클 듀카키스, 팁 오닐[모두 당시 민주당의 지도급 정치인들이었다] 등은 모두 공습을 지지한다고 어물거리며 털어놓았다. 민주당이 그렇게 애처로운 모양새를 하고 있는 것도 놀랄 일은 아니다.

이 나라의 전국 정치판에는 베트남 통킹 만 사건 시기에 용감하게 목소리를 높인 두 인물 —— 베트남에서의 10년간의 치욕을 열어제친 그 첫 번째 대규모 군사공격 때, 상원에서 외롭게 '우리 사령관'의 뒤를 좇기를 거부한 웨인 모스와 어니스트 그루닝 —— 을 뒤따를 정치인들이 없단 말인가?

우리의 자랑스런 '자유 언론'은 어디에 있었는가? 공습 이후 희색이 만면한 슐츠가 알랑거리는 일군의 기자들을 위해 워싱턴에서 기자회견을 열었는데, 이 자리에서 기자들은 그에게 갖은 아첨을 하면서 그의 옆구리를 핥아대고는 우리 행동의 도덕성에 관해, 트리폴리에서 우리의 폭탄에 목숨을 잃은 민간인들에 관해서는 단 하나의 질문도 던지지 않았다. 자신의 자그마한 회보를 통해 그토록 오랫동안 미국의 그 어떤 거대 일간지도 하려 하지 않은 일(어려운 질문을 던지는 일)을 했던 I. F. 스톤[1] 같은 언론인은 어디에 있는가? 왜 이따금씩 그런 질문을 던졌던 [『뉴욕타임스』의] 앤서니 루이스와 탐 위커는 사라져 버렸는가?

1. I. F. Stone(1907~1989)은 미국의 독립 언론인으로 17세에 언론계에 뛰어들어 1953년 부인과 함께 자기 집 부엌에서 『I.F. 스톤의 주간신문 *I.F. Stone's Weekly*』을 창간했다. 이 네 쪽짜리 신문은 정부 문서와 의회 의사록 등에서 스톤이 직접 간추리고 정리한 내용을 담았는데, 얼마 지나지 않아 신뢰성 있는 정확한 사실을 제공하는 것으로 유명해졌다. 1968년 건강상의 이유로 신문을 종간할 당시 전 세계적으로 7만 명의 독자가 있었다.

이제 테러리즘은 전 세계적으로 두 개의 이름을 갖게 됐다. 하나는 카다피다. 다른 하나는 레이건이다. 사실 이것은 조잡한 단순화에 불과하다. 카다피가 사라지더라도, 레이건이 사라지더라도, 테러리즘은 계속될 것이다. 테러리즘이란 그것이 지하의 비밀 본부에서 작동되건, 초강대국 국회의사당의 화려한 사무실에서 작동되건 간에 관계없이 광신자들의 매우 오래된 무기이기 때문이다.

카다피의 어린 딸이 죽은 것은 유감이라고 한 칼럼니스트는 썼다. 그는 말하기를, 매우 유감이기는 하지만 그것이 전쟁의 규칙이라는 것이었다. 글쎄, 그런 게 규칙이라면 그따위 것에서 벗어나 버리자. 그런 규칙은 우리를 도덕적으로 중독시킬 뿐만 아니라, 어떤 문제도 해결하지 못하게 만들기 때문이다. 만약 우리가 그런 습관을 걷어 차버리지 못한다면, 머지 않아 끝없는 보복의 악순환이 계속되고 확대되어 우리를 모두 죽음으로 몰아넣을 것이다.

지금 세대가 오늘날의 정치인, 언론인, 나대는 애국자들과 광신자들이 그 방향을 바꾸지 못하더라도, 우리의 어리석음을 몸소 보아 온 다음 세대의 어린이들은 훨씬 현명할 것이라는 희망을 갖자. 아마 그들은 전 세계에서 길길이 날뛰는 폭력을 그보다 더한 폭력으로 막을 수 없음을, 우리가 보복을 멈춘다면 테러의 악순환이 여기서 멈출 것이라고 누군가는 말해야 함을 알게 될 것이다.

V
베트남

8
전쟁 기억하기

이 칼럼은 전국 각지의 신문들에 정치적으로 이단적인 기명 칼럼을 배포한다는 귀중한 목적을 수행하는 <진보미디어프로젝트 Progressive Media Project>가 내게 집필을 제안한 것이다. 이 글은 『애틀랜타 컨스티튜션 Atlanta Constitution』을 비롯 대여섯 개의 신문에 실렸다. 나는 이 부도덕한 전쟁에 관해 사람들에게 상기시키는 게 중요하다고 생각했다. 고위직을 차지한 인사들이 다시 한번 미국 대중들이 전쟁을 우호적으로 받아들이게 하려고 분투하고 있기 때문이다. 부시 대통령은 중동에 군대를 파견하면서 '베트남 증후군'(그가 이 표현으로 지칭하는 것은 베트남의 경험으로 인해 야기된 전쟁을 둘러싼 혐오감이다)이 "아라비아반도의 사막에 묻혀버렸다"고 선포했다. 그렇게 되지 않기를 희망해 보자.

예수회 신부이자 코넬대학에서 강의하던 시인인 대니얼 베리건과 한때 항공대 폭격수였고 이제는 보스턴대학에서 강의하는 역사가였던 내가 (불법적으로) 하노이를 방문한 것은 30년 전(1968년 1월 30일)의 일이었다. 우리의 임무는 북베트남 정부가 석방할 예정인 세 명의 미군 조종사 포로를 고국으로 데려오는 것이었다.

　당시는 구정 공세 시기였고, 우리는 포위된 사이공 공항을 빠져나오기 위해 사이공을 출발, 프놈펜과 비엔티안을 거쳐 하노이까지 한 달에 여섯 번 비행하는 제2차 세계대전 당시의 삐걱거리는 비행기를 기다리며 라오스에서 한 주를 보냈다. 그리고는 일주일 동안 북베트남을 집중적으로 관찰한 뒤 세 명의 조종사와 비엔티안으로 되돌아 왔다. 그들은 공군으로 복귀했다. 우리는 반전운동으로 복귀해, 베리건 신부는 일련의 시민불복종 행위로 감옥에 수감됐고 나도 일정이 꽉 짜인 반전 토론회와 시위 현장으로 되돌아갔다.

30년이 지난 지금이야말로, 우리가 치렀던 것 중 가장 오래 걸린 전쟁이자 전쟁 반대론자와 전쟁을 선포한 정부 지도자들(가장 최근의 생생한 사례로는 [당시 국방장관] 로버트 맥나마라를 들 수 있다)에게서 모두 우리나라 역사상 가장 수치스러운 에피소드라는 합의를 이끌어낸 전쟁인 베트남전쟁에서 우리가 무엇을 배울 수 있는가에 관해 성찰하기에 적절한 시간인 듯하다.

나로서는 주요한 주장들을 모두 널리 읽고 주의 깊게 경청하긴 했지만, 냉정하면서도 거리를 두는 논평가 행세를 하지는 않겠다. 내가 보기에는 어떤 이들(맥나마라도 그 중 한 명이다)이 말했듯이 베트남전쟁이 승리를 거두지 못해서 재난인 것은 아니다. 어느 작은 나라에 거대한 군대를 파견한 것, 적의 영토뿐만 아니라 '우호적인' 지역까지 가차없이 폭격한 것, 3백만에 달하는 사람을 죽이고 아름다운 땅을 파괴한 것, 미라이를 비롯한 여러 곳에서 야만적인 대량학살을 저지른 것 등은 전쟁에서 승리했건 패배했건 도덕적으로 변명의 여지가 없는 짓이었다.

우리의 행동을 설명하기 위해 제시된 '이유들' —— 공산주의 확산 저지, 동맹국 방어, '조약상의 의무' 이행 —— 가운데 그 어떤 것도 조금만 자세히 들여다 보면 그 허구성이 폭로된다. 그리고 설령 그런 설명 가운데 어떤 요소가 사실이라 하더라도(아마도 남베트남에 공산주의 독재 대신 부패한 반공주의적 정부가 세워질 수도 있었을 것이다) 눈멀고 사지가 불구가 되고 마비된 양측 국민들은 제쳐두고라도, 그것이 아시아 농민의 대규모 살육과 미국인 5만8천 명의 죽음을 정당화할 수 있는가?

대다수 미국인들은 이런 사실을 이해하기에 이르렀다. 무슨 일이 벌어지고 있는지 알게 되면서 그들의 기본적인 도덕심이 움직이기 시작했다. 커트 보네것은 폭력이 근본적인 '인간 본성'이라는 오랜 주장에 대해 원죄뿐만 아니라 원초적인 덕 같은 것도 존재한다고 응수한 바 있다. 여론조사를 보면, 이 나라 모든 부문에서 베트남전쟁에 대한 반대 여론이 꾸준히 성장했음을 알 수 있다. 1965년 8월에는 국민의 61퍼센트가 미국의 베트남 개입에 찬성했다. 1971년 5월에 이르면 그 비율이 정확히 역전되어 이제는 61퍼센트가 우리의 개입이 잘못이라고 생각하고 있었다.

이런 변화를 보여주는 가장 극적인 증거는 아마 베트남에서 돌아온 참전군인들이 전쟁에 반대하기 위해 조직된 사실일 것이다(한 가지 예로, 전쟁터에서 불구가 된 론 코빅은 『7월 4일생 *Born on the Fourth of July*』을 썼다).

그때 우리가 얻은 교훈이 오늘날의 세계에서 도움이 될까? 다음과 같은 교훈을 출발점으로 제시하고자 한다.

현대 군사 테크놀로지의 무차별적 성격(결국 드러나겠지만 '스마트폭탄'[1] 같은 것은 없다)으로 인해 모든 전쟁은 민간인에 대한 전

---

1. Smart Bomb. 적의 대공포화의 사정거리 밖에서 투하되고, 투하된 다음 정밀유도장치에 의해서 표적에 명중하도록 설계된 폭탄으로서, 아군의 피해 없이 군사 목표물만을 정확하게 파괴한다는 정밀유도병기의 속칭이다.

쟁일 수밖에 없으며, 따라서 본질적으로 부도덕하다. 폭군에 맞서, 침략자에 맞서 빼앗긴 국경선을 바로잡으려고 수행되는 것이어서 어떤 전쟁이 '정당한' 것으로 간주될 때조차 이것은 사실이다(유엔 보고서들에 따르면, 사담 후세인에 맞선 '좋은 전쟁'은 수십만 명의 이라크 어린이들을 죽이는 데에만 성공했다).

우월한 지식과 전문기술을 갖고 있다고 자부하며 자국 국민을 전쟁으로 몰아가는 전 세계 정치 지도자들을 신뢰해서는 안 된다. 북베트남 지도자들은 '사회주의'를 위해 자국 국민들을 희생시켰지만, 곧 그 이념의 원칙을 배반했다. 최근 공개된 케네디, 존슨, 닉슨의 테이프들은 모두 이들을 묶어주는 끔찍한 끈을 보여준다. 그들은 베트남에서 철수함으로써 대규모 죽음을 막는 것이 자신들의 재선에 어떤 효과를 미칠까 계산하면서, 군인과 민간인들이 죽어 가는 것을 기꺼이 지켜보고만 있었다.

9
CIA, 록펠러, 동아리 친구들

지금에야 널리 알려졌지만, CIA는 도덕적 행동의 규범을 거듭 위반해 온 기나긴 더러운 기록, 즉 각국 정부를 전복시켜 군사독재를 수립하고, 외국 지도자들의 암살을 계획하고, 미국 시민들을 비밀리에 감시하고, 외국의 선거에 간섭하고, 수많은 무고한 사람들의 목숨을 빼앗은 기록을 갖고 있다. 베트남전쟁의 끝무렵인 1975년 CIA의 활동 일부가 세상의 이목을 끌기 시작했고, 조사 확대를 무마하기 위해 [부통령] 넬슨 록펠러를 수장으로 하는 조사위원회가 세워졌다. 조사위원회가 보고서를 발표했을 때, 나는 『보스턴글로브』에 이 칼럼(1975년 6월 7일)을 기고했다.

"록펠러 조사위원회, CIA의 주요 위반을 밝혀내다"라고 『뉴욕타임스』의 헤드라인은 적고 있다. 이제 우리는 안심할 수 있다. "록펠러에 대한 의혹은 누가 풀 것인가?"라는 좀 성가신 질문 하나를 제쳐둔다면 말이다.

이 친구들은 돌아가면서 서로의 의혹을 풀어주고 있다. 오로지 정부 최고위급들만이 범죄자들은 자기 친구들로 구성된 배심원단에 의해 재판받아야 한다는 원칙에 진지한 관심을 보이고 있는 것처럼 보인다. "보스턴의 교살범, 캠브리지의 강도 범죄를 밝혀내다"라는 헤드라인을 본다면 대중들이 어떤 반응을 보일까? "애티카 대량학살의 수장, 암살 음모자들의 범죄를 밝혀내다"라는 헤드라인보다 더 충격적일까?

CIA를 조사하는 위원회를 이끌기에 록펠러는 완벽한 선택이었다. 작년 가을 인준청문회에서 해트필드 상원의원이 "당신은 CIA가 칠레 같은 다른 주권국가의 국내 문제에 적극적으로 관여해야 한다고 생각하십니까?"라고 질문하자, 록펠러는 "저는 최선의 국익을 위해 그런 일이 수행됐다고 생각합니다"라고 답했다.

CIA 수장 윌리엄 콜비의 증언에 따르면, CIA는 칠레에서 맑스주의자 아옌데가 승리할 것처럼 보이자 선거결과를 뒤집기 위해 8백만 달러를 들이는 노력을 기울였다. 미국 기업들은 아나콘다구리회사를 비롯한 여러 기업을 국유화하려 한 아옌데를 좋아하지 않았다. 아나콘다구리회사는 넬슨 록펠러의 동생 데이비드 록펠러가 회장으로 있는 체이스맨해튼을 포함해 일군의 은행들에 2억5천만 달러를 빚지고 있었다. 이제야 '국익'이 무엇을 뜻하는지 감이 잡힌다.

그러나 이런 집단은 아직 완결된 것이 아니다. 아옌데를 전복시키기 위한 CIA의 활동은 헨리 키신저가 의장으로 있는 40인 위원회에서 승인됐다. 그리고 CIA를 조사하기 위한 위원회의 수장으로 록펠러를 천거한 인물도 다름 아닌 키신저였다.

록펠러는 위원회 보고서를 다음과 같이 개괄적으로 설명했다. "법규에 어긋난 일들이 행해지긴 했지만, 전체적인 노력과 비교해보면 그렇게 중요한 문제는 아니다."

영화 『대부』의 콜레오네 가家를 연구하고 나서 그런 보고서를 작성할 수도 있겠다. 그렇다. 그들은 자신들의 권력에 도전하는 사람들을 살해했지만, 에스프레소 커피를 마시거나 결혼식과 세례식에 참석하거나 손자·손녀를 무릎 위에 올려놓고 달래는 등 그들이 한 무해한 일들과 비교해 보면 그렇게 흥분할 일은 아니다.

그렇다. CIA는 자잘한 잘못을 했을 뿐이다. 예를 들어 보자.

CIA는 1만 명의 미국 시민에 관한 비밀 파일을 갖고 있었다. CIA는 개인주택 도청, 가택 침입, 개인 우편물 개봉 등에 관여했다. CIA는 닉슨의 '부정한 공작'[리처드 닉슨 대통령의 워터게이트 스캔들]을 승인했고, 하워드 헌트의 [민주당 선거본부] 불법 침입을 교사했다. 이 모든 것은 불법이었다. 그리고 그 총지휘자인 리처드 헬름스는 상원 외교위원회에서 이에 관해 거짓말을 했다.

CIA는 다양한 정부들을 전복시키려는 음모를 폈는데 이란과 과테말라에서는 성공했고, 쿠바에서는 실패했다. [비밀조직이었던 쿠바 교란특별대책반의 총책임자] 랜즈데일 장군은 CIA가 케네디 가의 승인 아래 피델 카스트로의 암살을 논의했다고 증언한 바 있다.

1967년에서 1971년 사이에 CIA는 윌리엄 콜비의 진두 지휘 아래 피닉스 작전이라 불리는 암살·고문·수감 프로그램을 진행했는데, 콜비는 훗날 2만 명 이상의 베트남 민간인을 재판 없이 처형했다고 시인했다. 그 어떤 정의에 따르더라도 그것은 대량학살이다.

한 가지 더 들어보자. 25년 동안 그 어떤 대통령도, 의회도, 대법원도 이런 활동을 막기 위한 조치를 전혀 취하지 않았다.

CIA의 기록에는 살인과 기만이 존재한다. 그러나 공산주의에 맞서 싸우는 데 필요하기 때문에 CIA를 해체해서는 안 된다. 왜 공산주의에 맞서 싸워야 하는가? 공산주의는 세계를 배회하면서 다른 나라 정부들을 전복하려 음모를 꾸미고 있기 때문이다. 그리고 우리는 비밀경찰이 우리 전화를 도청하고, 우리 편지를 열어보고, 그들의 판단에 따라 '국익'을 해칠 우려가 있어 보인다면 그 어떤 사람이건 조용히 제거할 수 있는 권한을 가진 사회에서 살기를 바라지 않기 때문이다. 한때 철기시대(Age of Irony)가 있었다. 그리고 지금은 아이러니시대(Age of Irony)이다.

　록펠러와 그의 위원회가 CIA의 편을 드는 것은 꼭 맞는 일이다. 만약 그들이 자기 동아리의 친구들을 비난한다면 우리로서는 당혹스러운 일일 터이다. 록펠러 보고서는 모든 의혹을 일소했다. 우리의 문제는 CIA가 아니라 저들의 동아리 자체인 것이다.

10
의문으로 가득 찬 사건

1975년 4월 『워싱턴포스트』에는 국무장관 헨리 키신저의 다음과 같은 발언이 실렸다. "미국은 자신이 세계적 강대국의 지위를 계속 유지할 것임을 보여주기 위해 세계 모처에서 모종의 행동을 취해야만 한다." 그 다음 달에 매이어게스호 사건이 일어났다. 매이어게스호는 미국이 베트남에서 패배한 지 3주가 지난 1975년 5월 중순, 남베트남에서 태국으로 항해하고 있던 미국 화물선이었다. 혁명정부가 권력을 장악한 지 얼마 안 된 캄보디아의 어느 섬에 매이어게스호가 가까워졌을 때 캄보디아측은 배를 정지시키고 인근 섬의 항구로 끌고 가서 선원들을 본토로 이송했다. 포드 대통령은 선원들의 석방을 요구했고, 36시간이 지난 뒤에도 석방되지 않자(그러나 그의 요구가 캄보디아측에 전달됐는지는 명확하지 않았다) 군사작전에 착수했다. 미국이 세계 제일의 군사강국으로서의 자신의 명성을 재확립하기 위해 이 상황을 이용한 것은 아무리 생각해도 이상한 일이었다. 당시 『보스턴글로브』의 칼럼니스트였던 나는 1975년 5월 23일자에 이 글을 썼다.

그들은 작은 사고에 불과하다고 말했다. 자제력이 발휘됐다. B-52 폭격기도 등장하지 않았다. 총격이나 익사로 우리 병사 15명 내지 18명만이 목숨을 잃었다. 쉬쉬하며 덮어진 태국에서의 헬기 추락으로 죽은 23명을 더해 보라. 사상자는 고작 50명뿐이다.

따라서 매이어게스호 사건은 언급할 가치가 거의 없다. 누구처럼 인간 생명 하나 하나가 소중하다고 생각하지 않는다면 말이다.

캄보디아인들의 행동이 현명하지 못했다는 점에 우선 동의해 보자. 이웃의 깡패 집에서 돌멩이 하나라도 집어드는 것은 현명치 못한 짓이다. 그가 당신의 머리를 두들겨 팰지도 모를 일이다. 그리고 설령 당신이 주먹을 한 대 날려 그의 코피가 조금 나게 만들더라도, 그는 거리 곳곳을 의기양양하게 돌아다니면서 엄청난 승리를 자랑해댈 것이며, 이제는 어느 누구도 감히 돌멩이 하나 훔치지 못하리라고 자신만만해 할 것이다. 이웃 사람들에게 따끔한 가르침을 주겠다고 눈알을 파버릴지도 모르기 때문이다.

캄보디아인들은 현명치 못했다. 그러나 예의는 훌륭했다. 선원들의 말을 들어보자. "영어를 쓰는 한 남자가 악수를 건네 우리를 맞이하면서 캄보디아에 온 걸 환영한다고 말했다." 이번에는 언론의 보도를 들어보자. "밀러 선장과 선원들은 모두 그들을 체포한 당국에게 결코 학대를 당하지 않았다고 말했다. 심지어 친절한 대우를 자세히 열거하기도 했다. 캄보디아 병사들은 미국인들에게 먼저 음식을 주고 그들이 남긴 찌꺼기를 먹었으며, 자신들의 침대에서 매트리스를 빼서 선원들에게 나눠줬다."

캄보디아인들은 선원들에게 정탐 활동과 CIA에 관해 물었다. 물론 우스꽝스러운 질문이었다. 우리는 결코 정탐 활동을 하는 법이 없을 뿐더러 CIA는 연구집단일 뿐이다, 라는 말만을 들을 수 있을 테니. 반나절 동안의 대화가 있고 나서 선박의 의도가 무고함을 확인한 것이 분명한 캄보디아인들은 선원들의 석방에 동의했고, 미국 함대로 향하는 어선에 그들을 태워보냈다(우리 시간으로 5월 14일 수요일 오후 6시 15분이었다). 오후 7시에 방콕에서 청취된 프놈펜 라디오는 매이어게스호의 석방을 발표했다.

한편, 캄보디아측이 선원들을 해치고 있다는 어떤 증거도, 미국의 메시지를 거부했다거나 심지어 접수했다는 어떤 징후도 갖고 있지 않았던 미국은 사태를 평화적으로 풀기 위해 48시간도 기다리지 않은 채(선원들은 월요일 이른 아침에 억류됐으며, 화요일 저녁 무렵 우리는 폭격 함대를 파견했다) 군사작전을 개시했다.

하나 하나씩 조합해 보면, 이 작전의 일지는 온갖 의구심을 불러일으킨다.

의문점 1: 화요일 저녁에 탕(Tang) 섬에서 본토로 선원들을 데려가던 보트 위를 미군 제트기들이 선회하며 기총소사를 가했는데, 이 사실은 보트에 선원들이 탑승하고 있다는 것을 그들이 알고 있었다는 말이다. 실제로 포드 대통령은 탕 섬을 출발한 보트에 선원들이 타고 있는 것으로 생각했다고 상원에서 보고했다. 그런데도 불구하고 수요일 오후에 포드는 탕 섬을 공격하라고 명령했다.

의문점 2: 탕 섬에 대한 해병대의 급습은 수요일 오후 7시 15분에 시작됐다. 그러나 한 시간 전에 이미 선원들은 석방되어 돌아오는 중이었다. 그들은 오후 10시 45분에 발견됐고 선장은 네시간 반 동안 배를 타고 왔다고 말했으므로 약 6시 15분에 출발했음이 분명하다. 게다가 미군 정찰기가 순항하면서 그들의 위치를 확인했다는 신호를 보냈다. 분명 본부에 무선 연락이 닿았을 것이다. 그렇다면 왜 사상자가 발생할 것임을 알면서도 탕 섬을 공격했을까?

의문점 3: 선원과 선박이 귀환했는데도 왜 미국 비행기들이 캄보디아 본토를 두 번이나 폭격했을까? 여전히 탕 섬에 남아 있는 해병대를 엄호하려고? 해상과 공중을 완벽하게 장악하고 있던 미국은 캄보디아 병력이 탕 섬으로 이동했다면 쉽게 차단할 수 있었다.

『뉴욕타임스』는 이번 작전이 "훌륭하고도 효율적으로" 수행됐다고 떠들어댔다. 효율적이라고? 그것은 군사적 재앙이었다. 침투 작전에 동원된 11대의 헬기 중 다섯 대가 폭파되거나 기능 고장을 일으켰고, 탕 섬에서 해병대를 귀환시키기 위한 대체 수단은 전혀 없었다. 상륙 병력의 3분의 1이 얼마 되지 않아 죽거나 부상당했다(2백 명 중 65명). 이것은 제2차 세계대전 중의 이오지마 상륙작전 때 발생한 사상자 비율을 넘어선다.

이 모든 사실을 어떻게 설명할 수 있을까? 큰 실수라고? 워싱턴이 폭력적 해결방식에 중독됐다고? 포드의 [대선 후보 재]지명과 키신저의 위신 때문에 캄보디아인과 미국인의 생명이 야만적으로 무시했다고? 동남아시아에 미국이 갖고 있는 이해관계를 설명하기 위해 『국방부 문서』에 나열되어 있는 단어들인 "주석, 고무, 원유"로 설명할 수 있을까?[2] 아니면 이 모든 것으로?

---

2. *Pentagon Papers*. 국방장관 로버트 맥나마라의 지시로 작성된 베트남전 공식 전사戰史. 원래 극비문서였으나 1971년에 편찬자 중 한 명인 대니얼 엘스버그와 앤서니 루소에 의해 폭로됐다. 『뉴욕타임스』와 『워싱턴포스트』에 의해 공개된 이 문서를 통해 베트남전 개전의 계기가 된 통킹만 사건이 조작된 것이라는 점, 미국이 무차별적으로 베트남 양민을 학살했고 미국 정부가 미국인들에게 베트남전쟁의 정당성을 주입시키기 위해 조직적인 선전활동을 했다는 것 등의 사실이 적나라하게 드러났다. "주석, 고무, 원유"는 이 문서에서 동남아시아의 전략적 중요성을 지적하는 곳마다 등장하는 표현이라고 한다.

11
다우는 살인하지 말지어다

전쟁에 대한 저항은 여러 형태를 띠었다. 폭력사태는 드물어 운동 주변부의 소수 개인들에 의한 것이었고, 그나마도 전체 운동에 의해 거부되는 일이 다반사였다. 운동의 전반적인 정서는 민권운동의 지도를 따라 비폭력 직접행동의 원칙에 준거해 활동을 벌이는 것이었다. 이것은 종종 거리와 기업 사무실들을 봉쇄하고 징병위원회에 침입해 징병기록을 파괴 — 재산, 특히 전쟁의 수단인 재산의 파괴는 인간에 대한 행동과는 달리 폭력행위로 간주되지 않았다 — 하는 등 여러 수준에서 당국과 대결하는 상황을 의미했다. 한 예로 미니애폴리스에서는, 기계류에는 손상을 가하지 않지만 사람(대부분 민간인)에게는 중상을 가해 죽음과도 같은 고통을 주는 폭발성 알갱이탄 뭉치(집속탄)를 생산하는 미니애폴리스-허니웰사에 항의하는 시위가 많이 벌어졌다. 무단침입, 시설물 봉쇄, 교통방해 등이 시민 자유를 침해하는 것이라고 주장하며 신경질적인 반응을 보인 자유주의자들도 많았다. 나는 그렇게 생각하지 않았으며, (나 자신이 직접 참여한) 치명적인 네이팜탄 제조업체인 다우화학에 반대하는 시위를 통해 그런 행동을 헌법과 도덕에 근거해 옹호하는 주장을 펼쳤다. 이 글은 1967년 12월 『뉴사우스 스튜던트』에 처음 실렸으며 다른 많은 정기간행물에도 재수록됐다.

미국이 베트남에서 자행하는 폭력에 맞서는 정열적인 반대자이자 결코 지치지 않는 시민 자유론자인 수많은 교수와 학생들이 다우화학에 반대하는 최근 시위들에 관해 우려하고 있다. 이런 행동이 단지 다우화학과 네이팜탄, 전쟁에 반대하는 항의 —— 피켓시위, 리플렛 배포, 연설 —— 일 때는 어떤 딜레마도 존재하지 않는다. 그것은 언론, 출판, 결사의 자유를 행사하는 행동일 뿐이다.

그러나 물리적 간섭일 경우, 즉 신입사원을 채용하려는 다우화학의 모집 업무를 가로막을 경우에는 당혹스러운 질문들이 제기된다. 시민의 자유와 전쟁에 크나큰 관심을 가진 사람으로서 나는 잠시나마 활자를 통해 생각해 보고 몇몇 결론에 다다르고자 한다.

우선, 내가 보기에는 다우화학에게도 '시민의 자유'를 누릴 수 있는 권리가 있음은 의문의 여지가 없는 것으로 보인다. '시민의 자유'는 여러 형태의 표현의 자유만이 아니라 경찰이나 법원의 자의적인 행동으로부터 간섭받지 않는 일정한 절차적 보장을 포괄하며, 헌법 수정조항 제1조, 8조, 14조에 의해 정당한 보호를 받는다. 어느 누구도 다우화학이 스스로의 견해를 표명할 권리를 부정하지 않는다. 사실 다우화학에 항의해 최근 시위를 벌인 사람들은 다우화학 회장에게 그의 입장을 공개적으로 발표하라고 권유했으며, 그에게 연단까지 마련해 줬다. 만약 다우화학이 자신의 견해를 표명하기 위해 테이블을 마련하거나 회의를 개최하고자 한다면, 이것에 대한 그 어떤 간섭이나 방해도 시민의 자유를 침해하는 일이 될 것이다.

그러나 (심지어 가장 악의적이고 중상적인 발언과는 달리) 타인의 생명과 자유에 직접적이고 돌이킬 수 없는 영향을 미치는 개인이나 집단의 **행동**은 때로 공중의 건강과 안전을 위해 제한되어야 한다. 따라서 우리는 살인, 강간, 방화 등에 관한 법률을 갖고 있다. 그래서 우리는 유해한 생산물의 판매와 제조를 규제한다. 우리는 심지어 인종적 기준에 따라 손님을 받는 식당 주인에게는 시민의 자유를 제한하기도 한다. 더 적나라하게 말해 보자. 형법과 사회적 법률 전체는 다른 사람들의 건강과 행복을 보장하기 위해 (시민의 자유가 아니라) 일부 사람들의 행동의 자유를 제한하기 위해 고안된 것이다. 그러므로 다우화학이 남자와 여자, 어린이들에게 투하되어 그들을 불태워 죽이게 될 물질을 제조, 판매, 판촉하는 데 관여할 가능성이 있는 사람들을 채용하지 못하게 막는 **법률**을 제정한다면, 그것은 1906년의 육류검사법처럼 쉽게 정당화될 수 있다. 이런 법률은 (그런 물질에 찬동하거나 반대하는 발언을 방해하는 법률과는 달리) 동네 식품점에서 치명적인 독극물을 무차별적으로 판매하는 것을 막는 법률과 마찬가지로 시민의 자유를 침해하는 것이 아니다.

[19세기 후반] '악덕 자본가들'의 시대에는 이 나라의 규제 법률들이 기업이 지닌 '시민의 자유'를 침해한다는 교의가 널리 퍼져 있었고, 1938년까지 약 50년 동안 헌법에 의해 인정되기도 했다. 그 뒤 휴고 블랙 판사는 단어들을 빈틈없이 짜맞춘 의견문(코네티컷제네럴생명보험사 대 존슨 판결[1])을 통해 기업들은 더 이상 헌법 수정조항 제14조의 정당한 법 절차 조항에 의해 보호받는 '인격'으로 간주될 수 없다고 선언했다. 얼마 지나지 않아 기업에 대한 규제는 시민

---

1. Connecticut General Life Insurance Co. vs. Johnson. 1938년 1월 14일, 코네티컷제네럴생명보험사가 코네티컷 주에 소재지를 둔 자사에 당시 캘리포니아 주 정부의 재무담당관 존슨이 지나친 세금을 물린 것은 '기업의 인격권 Corporate Personhood'을 침해한 것이라며 제기한 소송이었다. 기업의 인격권이란 기업을 한 개인으로서 보는 시각을 말하는데, 이렇게 볼 경우에는 미국 헌법이 자국민에게 보장하는 일체의 보호를 기업도 받을 수 있게 되어 소비자들이나 정부가 기업에게 지나친 간섭을 할 수 없게 된다. 1938년 1월 31일에 발표된 최종 판결에서 블랙(Hugo Black, 1886~1971) 판사가 "기업은 개인으로 볼 수 없다"며 반대표를 던졌지만, 결국 존슨이 패했다. 비록 패배하긴 했지만, 이 소송 이후 기업들이 기업의 인격권을 함부로 주장할 수 없게 됐다.

의 자유를 박탈하는 것이 아니며, 이른바 "정식의 정당한 법 절차"는
실제 인간들이 그들의 자유로운 표현의 권리를 박탈당하는 경우에
만 적용될 수 있다는 내용이 헌법에 자리를 잡았다. 오늘날에는 미
국 정부가 네이팜탄의 제조를 불법화하고 네이팜탄을 제조하는 회
사에 신입사원을 채용하는 어떤 사람이든 법률 위반 음모를 꾸미는
것으로 기소할 수 있는 내용이 헌법에 잘 확립되어 있다.

그러나 그런 법률은 존재하지 않는다. 사실 정부 자신이 다우화
학에 네이팜탄 제조를 주문했으며, 베트남 농민들을 불태워 죽이기
위해 그것을 사용하고 있다. 그렇다면 일반 시민들(이 경우에는 학
생과 교수들)이 물리적 간섭을 통해서라도 다우화학의 기업활동에
반대해 행동해야 하지 않을까?

그렇게 하는 것은 "법률을 자기 자신의 손아귀에 장악하는" 일이
될 것이다. 시민불복종은 정확히 그런 것이다. 법률이 어떠해야 하는
가를 선언하기 위해 법률을 일시적으로 자기 자신의 손아귀에 장악
하는 것 말이다. 그것은 법과 인간적 가치 사이에 불일치가 존재한
다는 사실을, 그리고 이 사실은 때때로 법률을 어김으로써만 공표될
수 있음을 선언하는 것이다.

시민불복종은 두 가지 형태를 띨 수 있다. 하나는 받아들일 수
없는 법률을 위반하는 것이고, 다른 하나는 시급히 필요한 법률을
상징적으로 제정하는 것이다. 흑인들이 간이식당에서 앉아있기 운
동[2]을 벌였을 때, 그들은 두 형태를 모두 취한 것이었다. 그들은 인

---

2. Sit-in. 인종분리 좌석에 항의하기 위해 흑인들이 백인전용 좌석을 눌러앉은 운동. 한두
   명에서부터 수십 명에 이르는 흑인들이 백인전용 좌석에 그냥 눌러앉은 채 (식당에서)
   주문을 거부하거나, (교통수단에서) 흑인 좌석으로 옮기지 않고 버텼던 운동이다.

종차별과 무단침입에 관한 국가 법률을 위반했으며, 또한 1964년 민권법으로 입법화되기도 전에 공공편의시설에 관한 법률을 상징적으로 제정한 것이었다.

내 생각에 우리 대부분은 어떤 상황에서는 시민불복종을 지지할게 틀림없다. 우리는 흑인 노예를 숨겨줌으로써 탈주노예법에 도전한 이들을, 그리고 보스턴에서 병사들이 앤서니 번즈를 그의 주인에게 되돌려주는 것을 막으려 애씀으로써 노예해방을 법률로 제정한 이들3)을 기린다. 반면, 법률을 모든 상황에서 준수해야 한다고 선언하는 것은 민주주의의 정신 자체를 억압하는 것이며 개인의 양심을 전능한 국가에 내맡기는 것이다. 따라서 쟁점은 다음과 같다. 어떤 상황에서 시민불복종이 정당화되는가? 다우화학의 경우는 그런 상황에 해당되는가?

내가 보기에 시민불복종의 권리를 행사하기 위해서는 두 가지 본질적인 조건이 있다. 우선 문제가 되는 인간적 가치가 생명이나 건강, 자유 같이 근본적인 권리에 영향을 미치는 것이어야 한다. 가령 교통신호가 불필요할 정도로 길다고 해서 교통신호를 어기는 것은 정당한 행동이 되지 못한다. 그러나 노예제, 인종차별주의, 전쟁 등은 절대적으로 중요한 문제이다. 따라서 "모든 사람이 자기 마음에 안 든다고 매번 법률을 따르지 않는다면 어떻게 되겠는가?"라는

3. 당시 버지니아 주의 흑인노예였던 번즈(Anthony Burns, 1834~1862)는 북부로 도주하던 중 1854년 5월 24일 보스턴에서 붙잡혔다. 번즈는 6월 2일 매사추세츠 보병부대의 감시 아래에서 버지니아 주로 이송됐는데, 이때 당시 일군의 백인들과 흑인들이 매사추세츠 보병부대를 가로막고 번즈를 석방하라고 요구했다. 미국의 철학자 소로우(Henry David Thoreau, 1817~1862)는 「매사추세츠의 노예 Slavery in Massachusetts」(1854)라는 글을 통해서 이때의 사건을 기록한 바 있다.

주장은 시민불복종에 참여하는 사람들이 평소에는 항상 법을 준수하는 시민들이며, 어떤 매우 중요한 쟁점을 둘러싸고 자기 동료 시민들에게 극히 중대한 메시지를 전달하기 위해 의도적이고 공공연하게, 그리고 일시적으로 법률을 위반하는 이들이라는 관찰 가능한 사실 앞에서 무너져 내린다.

다우화학과 네이팜탄의 경우는 어떤가? 「남베트남의 의학적 문제들」이라는 보고서에서 네 명의 미국 의사들은 다음과 같이 지적했다. "네이팜은 접착력이 매우 강한 가연성 젤리물질로서, 접촉하는 어떤 것에도 순간적으로 달라붙으며 주변의 모든 산소가 순식간에 소모될 정도의 열기로 타오른다. 그에 따라 화상이나 질식으로 사망하게 된다. 네이팜탄에 의한 상처는 거의 대부분 치명적이다(추산 사망률은 90퍼센트이다). 살아남았다 해도 산송장과 같다. 희생자들은 종종 어린이들이다." 미군 폭격기들은 베트남의 촌락, 삼림, 사람들에게 매일 네이팜탄을 투하하고 있다. 이 작은 나라에 대한 집중폭격은 현대사에서 자행된 가장 잔인한 행위 가운데 하나이다. 그것은 독일인들의 리디체 파괴,[4] 러시아인들의 헝가리 봉기 진압,[5]

---

4. '리디체 Lidice'는 체코의 프라하 북서쪽에 있는 작은 광산촌이다. 1942년 5월 27일 나치친위대 장교 하이드리히(Reinhard Heydrich, 1904~1942)가 체코 지하투사들에게 피습당한 뒤 6월 4일에 숨지자, 범인을 비호했다는 명목으로 마을에 대한 보복명령이 내려졌다. 나치친위대는 6월 9일 이곳 주민들을 한곳에 모아놓고 이튿날 남자 172명을 총살했다. 여자들은 강제수용소로 이송됐는데 47명이 죽고 3명은 실종됐다. 어린이들은 독일 전역에 분산시켜 이름을 고치고 독일인으로 키웠다.
5. 라코시(Mátyás Rákosi, 1892~1971) 정부의 스탈린주의 지배체제에서 행해진 범죄와 제2차 세계대전 이래 소련이 야기한 민족적 굴욕감에 항의해 1956년 10월 23일 헝가리 인민들이 봉기한 사건으로서, 결국 탱크를 앞세운 소련의 군사 개입으로 11월 11일에 진압됐다. 봉기 진압 과정에서 2,652명의 헝가리인과 7백30명의 소련 군인이 사망했다.

최근 인도네시아에서 발생한 대규모 살육6)에 필적한다. 미국인 의사 리처드 E. 페리 박사는 베트남에서 돌아온 직후인 1967년 1월『레드북 *Redbook*』에 이렇게 썼다. "나는 상당히 오랫동안 정형외과 의사였으며 광범위한 의료 경험을 갖고 있었다. 그러나 네이팜탄에 불탄 베트남 여성과 어린이들을 마주 대하는 데에는 그 모든 경험도 아무 도움이 되지 못했다. 검게 타들어 간 살갗을 쳐다보고 그 냄새를 맡는 것은 외과의사에게조차 충격적이고 메스꺼운 일이었다."

그렇다면 우리는 지금 사소한 일이 아니라 극악무도한 행위를 다루고 있는 것이다. 다우화학이 라디오나 치약을 만드는 등의 무해한 목적을 위해 신입사원을 모집하는 또 다른 기업에 불과한 것처럼 말하는 기업인과 대학 관료들의 침착하고 이성적인 논의에서는 이런 사실이 어디론가 사라져버린다.

근본 쟁점이 단지 네이팜탄인 것만은 아니라는 점도 분명히 해야 한다. 멀리 떨어진 한 나라가 지구상 최강의 군사대국에 의해 조직적으로 파괴되고 그 국민들이 무차별적으로 목숨을 잃고 있는 베트남전쟁 자체가 쟁점인 것이다. 그 전쟁 자체가 시민불복종의 대상이다. 네이팜탄 사용은 이 전쟁에서 사용되는 하나의 특수한 야만적 전술에 지나지 않는다.

이로써 우리는 시민불복종의 두 번째 조건으로 넘어가게 된다. 불만의 원인을 시정할 수 있는 법적 통로의 불충분함이 그것이다. 이것은 미국의 입헌적 절차를 완전히 무시한 채 대통령과 한줌의 조

<hr>

6. 1965~69년 동안 수하르토(Suharto, 1921~)의 지휘 아래 군부가 주도한 인도네시아 공산당에 대한 대량학살. 당시 학살에 희생된 사망자 수는 50만(인도네시아 정부)에서 100만(국제사면위원회)에 이르기까지 다양하게 추산되고 있다.

언자들이 수행하고 있는 베트남전쟁의 경우에 명백한 사실이다. 의회는 괴로워하면서도 백악관의 포고령을 양떼처럼 졸졸 따르고 있다. 대법원은 전통적으로 대외정책 문제를 '정치적인' 정부 부문들(대통령과 의회)에 위임해 왔지만, 최근 보수적 대법원 판사 가운데 한 명인 포터 스튜어트는 대법원이 이번 전쟁의 위헌성 여부를 검토해야 할 것이라고 지적했다. 10만 명의 미군 사상자가 발생한 이후에야 말이다! 시민들이 강당과 거리로 나선 것은 다름아니라 다른 항의 수단이 없기 때문이었다. 그런데 대통령과 부통령은 시민들이 아무리 항의를 해도 자신들의 정책을 바꿀 수는 없다고 2류 독재자 같은 뻔뻔함으로 맞서고 있다. 시민불복종을 호소한 간행물이 있었다면 그것은 바로 이 끝날 줄 모르고 확대되는 전쟁 자체이다.

그렇다면 왜 우리는 학생들이 다우화학의 업무를 방해하는 것을 보고 불편해하는 걸까? 이따금 우리는 신호등이 부족해서 아이들이 목숨을 잃었다는 이유로 혼잡한 교차로를 가로막고 시위를 벌이는 가정주부들에 관한 기사를 접한다. 이 가정주부들은 아이들의 생명을 지키겠다는 일념으로 일시적으로 교통을 통제하거나 심지어 두절시키기 위해 자동차와 보행자들의 자유를 침해한다. 이런 행동으로나마 정부가 항상 교통을 통제하려 하도록 만들 수 있기를 바라면서(그때 그곳에 있던 자동차들이 아이의 목숨을 앗아간 것이 아닌 것처럼, 네이팜탄을 실제로 떨어뜨리는 것도 이곳에 있는 다우화학 파견자나 다우화학에 신규채용되는 학생이 아니다).

왜 우리는 한 아이가 목숨을 잃은 그런 경우에는 그와 같은 행동에 쉽게 공감하면서, 셀 수조차 없이 많은 아이들이 희생당한 경우에는 다우화학에 반대하는 행동에 공감하지 못할까? 누군지 아는 동네아이들(이들은 우리의 마음을 움직인다)과 멀리 떨어진 아시아 땅의 얼굴 없는 아이들(이들은 우리의 마음을 움직이지 못한다)을 우리가 무의식적으로 구별하고 있는 걸까? 또는 잘 차려입은 채 괴로워하는 보스턴대학 관료들(또는 우리)에게는 불에 타고 피를 흘리는 베트남인들의 흐릿한 얼굴들보다 잘 차려입은 채 괴로워하는 다우화학의 파견자가 더 공감의 대상이 되는 걸까?

훈히 다음과 같은 의문이 제기된다. 학생들의 이런 행동은 어디로 귀결되는가? 만약 하나의 시민불복종 행동을 정당화한다면, 그런 행동을 모두 정당화해야 되는 것 아닌가? 그러면 그들은 민권법을 불복종할 수 있는 권리도 갖는가? 도대체 시민불복종은 어디서 멈추는 것인가? 그러나 절대적인 관용이 사회적 선善인 언론의 자유와, 이와는 달리 우리에게 그른 것이 아니라 옳은 것을 선택하라고, 그리고 그에 따라 행동하라고 요구하는 행동의 자유를 구별하기만 한다면, 이런 주장은 볼품 없이 위축된다. 언론의 자유가 갖는 사회적 유용성은 우리에게 사회적 선택을 내릴 수 있는 정보 기반을 제공하는 데 있다는 점을 유념해야만 한다. 선택을 자제한다는 것은 언론의 자유라는 쟁점 이외에는 우리에게 행동으로 표명할 만한 실질적인 가치들이 없다고 말하는 것이다. 우리가 지지하는 행동과 반대하는 행동을 구별하지 않는다면, 우리는 현존하는 세계의 끔찍한 불의들을 바로잡을 수 없다.

베트남전쟁이라는 쟁점이 시민불복종에 의해서보다 항의와 시위(표현, 언론, 결사의 권리를 행사하는 것)를 통해 좀더 효과적으로 제기되는가 하는 것은 전술상의 문제이며, 각각의 특수한 상황에 따라 달라진다. 가령 하버드와 MIT의 여러 학생 단체들이 다우화학의

신규채용에 항의하기 위해 이러저러한 전술을 채택했으며, 그 각각
은 나름대로의 장점을 갖고 있다. 나는 전쟁이라는 중심적 쟁점을
좀더 분명히 하기 위해 항의 전술을 더 선호하는 경향이 있다. 그러
나 학생이나 교수들이 시민불복종 행동을 벌일 경우, 도덕적으로 옹
호할 수 있다고 생각할 것이다.

　학생과 교수들의 행동에 대해서는 그만 이야기하기로 하자. 보스
턴대학 당국은 어떤가? 대학측에서 다우화학의 신규채용을 단지 기
업과 맺은 또 하나의 거래로 받아들인 것은 실망스럽기 그지없다.
의례적인 행사 때마다 학생들이 자동장치처럼 더욱 더 왕성하게 사
실을 흡수하게 되기를 바란다고, 인간적 가치들을 선택하고 그런 가
치를 위해 용감하게 일어서기를 바란다고 거듭해서 말한 것은 다름
아닌 보스턴대학이기 때문이다. 대학측은 다우화학의 활동을 후원
하는 것은 시민의 자유를 옹호하는 것이라고 말한다. 이 사실은 대
학측이 (헌법 과목들을 개설하고 있는데도 불구하고) 규제로부터 기
업들을 보호한 19세기의 정당한 법 절차 개념을 여전히 받아들이고
있음을, (도서관에 시민의 자유를 다룬 책들을 소장하고 있는데도
불구하고) 대학측이 여전히 시민 자유가 무엇인지 이해하고 있지 못
함을, (문자해독이 입학자격인데도 불구하고) 우리의 네이팜탄이 무
고한 사람들에게 가한 끔찍한 피해를 알려주는 신문기사들을 대학
측이 전혀 읽지 않았음을 의미한다.

　다우화학의 학생 신규채용과 베트남 촌락들에 투하된 네이팜탄
사이에는 간접적인 연관성만이 있다는 사실로 도덕적 쟁점을 물리
치려해서는 안 된다. 개인적인 살인처럼 가시적인 직접성을 띠지 않
지만 모든 당사자가 제한적인 책임을 갖는다는 법인체적인 성격을

갖는 게 바로 현대의 대규모 살인의 본성이다. 그러나 그 전체적인 효과는 개인이 행하는 폭력보다 수천 배나 더 치명적이다. 만약 세계가 멸망하게 된다면, 그것은 수많은 개인들이 일련의 연쇄적인 행동에 관여하면서도 저마다 자신은 결백하다고 생각하는 기업의 방식대로 수행되는 화이트칼라 범죄 때문일 것이다.

때때로 대학측은 '신규채용의 권리'에 관해 말한다. 그러나 절대적인 신규채용의 권리 같은 것은 존재하지 않는바, ('절대적인' 권리에 가장 가깝게 다가갈 수 있는 표현의 자유나 절차적 보장과 연관된 몇 가지 시민의 자유 이외에) 모든 권리는 상대적이기 때문이다. 나로서는 보스턴대학이 KKK단에 조직원 신규채용 사무실을 개방하거나, 캠퍼스에서 유독성 음식을 판매하는 행상인들에게까지 사적기업의 절대적 권리를 적용하지 않을까 우려하지 않을 수 없다. 펜실베이니아대학이 자신의 세균전 연구 프로젝트를 중단하겠다고 발표했을 때, 그들은 어떤 **목적**을 위해서든 어떤 것에 관해서든 연구할 수 있는 절대적인 권리란 없다고 말한 것이었다.

보스턴대학에 '안전'요원(한때는 캠퍼스경찰이라 불렸다)이 존재하는 것은 캠퍼스에서 모든 행동이 동등하게 관용되지는 않음을 입증하는 것이다. 대학측은 언제나 도덕적 선택을 한다. 만약 대학이 (순결에 관한 단호한 입장에 근거해) 남학생의 여학생 기숙사 출입을 규제할 수 있다면, 왜 인간의 생명과 고통이 문제가 되는 경우에 기업들의 캠퍼스 출입을 규제할 수 없는가?

또 만약 학생들이 베트남에서 죽어 가는 이들을 위해 자신들의 입장을 표명하려고 시민불복종이라는 위험을 기꺼이 무릅쓰려 한다면, 대학측은 좀더 온건한 방식일지라도 학생들과 똑같은 의사표명을 하는 조치를 취할 수 없는가? 대학측은 다우화학에 보낸 초대장을 취소할 수는 없는가? 왜 보스턴대학은 훨씬 더 안전한데도 사회적 참여의 조치를, 약간의 도덕적 용기를 보여줄 수 없는가? 학생들에게 '가치'를 가지라고 그렇게도 자주 말해온 보스턴대학은 자기도 그런 가치를 어느 정도 갖고 있다고 표명해서는 안 되는가? 하늘에서 내려준 어떤 서판書板에도 보스턴대학의 관료들은 공적인 문제에 관해 자신의 의사를 표명해선 안 된다고 쓰여 있지 않다. 지금(지금이 아니라면 언제냐고 구약성서는 묻고 있다)은 대학이 IBM 컴퓨터의 중립성을 버리고 인류와 함께 할 때이다.

12
LBJ[1]를 위한 연설문

어떤 정책을 비판하는 사람들이 도덕적 원칙에 대한 자신들의 충실성을 열렬하게 표명하면서도, '현실' 정치 때문에 그런 원칙에 입각해 행동하기를 꺼리는 대통령의 태도를 '이해'할 수 있다고, 대통령은 '여론'을 거스를 '여유'(이 단어는 보통 백악관 거주자가 아니라 극심한 빈곤과 결부되는 단어이다)가 없다고 말하는 광경은 미국 정치에서 흔히 볼 수 있는 일이다. 이것은 언제나 심각한 원칙의 부재를 정당화하는 허약한 합리화이다. 이와 똑같은 '현실주의적' 주장이 베트남에서 철수해야 한다는 논리에 맞서 제기됐을 때, 나는 그 주장에 도전하기로 결심했다. 내가 보기에 여론은 흔히 도덕적 문제에 있어서 연방정부를 능가했으며, 그런 여론이라면 어떤 경우에라도 합리적인 논증으로 민첩하게 움직일 수 있었다. 내가 취한 방법은 린든 존슨을 위한 연설문을 작성해, 그가 왜 베트남에서 우리의 군사기계(military machine)를 즉시 철수시키려 하는지 이미 그런 설명을 들을 준비가 충분히 되어 있는, 아니 더 나아가 자기 아들의 시신이 담긴 가방을 맞이하면서 철수를 열망하게 된 수많은 미국인들에게 설득력 있게 설명하게 하는 것이었다. 나는 내 책 『베트남: 철수의 논리 *Vietnam: The Logic of Withdrawal*』를 이 연설문으로 끝맺음했다. 한 기업가는 이 책 6백 권을 구입해서 국회의원들에게 모두 전달했다. 이 연설문은 전국 각지의 신문에 전면광고로 재수록됐다. 『클리블랜드 플레인 딜러 *Cleveland Plain Dealer*』는 전쟁의 확대를 촉구하는 사우스캐롤라이나 출신 하원의원 멘델 리버스와 점진적 축소와 협상을 호소하는 상원의원 윌리엄 풀브라이트, 그리고 즉각적 철수를 주장하는 나의 글을 동시에 게재했다. 신문은 곧이어 독자를 대상으로 여론조사를 행했는데 63퍼센트가 즉각 철수를 지지했다. 『클리블랜드 플레인 딜러』의 한 칼럼니스트는

---
1. 'LBJ'는 린든 베인즈 존슨(Lyndon Baines Johnson)의 머리말을 딴 것이다.

다음과 같이 지적했다. "제2차 세계대전 당시 폭격수로 복무했던 보스턴대학의 정치학 교수 하워드 진은 린든 존슨을 위해 연설문을 쓴 바 있는데, 내 생각으로는 만약 대통령이 그 연설문을 낭독했다면 역사상 가장 위대한 인물이 됐을 것이다." 그러나 그는 이 연설문을 낭독하지 않았다. 그는 파리에서 베트남인들과 협상에 착수하면서 1968년 대선에 재출마하지 않겠다고 발표했다. 전쟁은 계속됐고 반전운동도 성장했으며, 1973년에 미국은 마침내 철수했다. 5만5천 명의 미국인이 목숨을 잃은 뒤였다. 베트남은 완전히 황폐화됐으며 대부분 민간인인 2백만 명이 죽었다. 여기 내가 1967년에 쓴 연설문이 있다.

동료 미국인 여러분,

얼마 전에 저는 제가 자라난 작은 마을에 아직도 살고 계시는 4학년 때 담임 선생님에게서 편지를 한 통 받았습니다. 선생님은 이제 고령이지만 제가 교실에 앉아 있던 시절과 마찬가지로 여전히 상냥하고 지혜로운 여성입니다. 그녀는 우리 대부분보다 훨씬 더하게 대공황과 전쟁, 사랑하는 이들에게 닥친 병마와 죽음을 겪었습니다. 선생님의 편지를 여러분과 함께 읽어보고자 합니다. 선생님도 괘념치 않으실 겁니다.

린든에게,

너는 내가 언제나 너를 믿어 의심치 않았고 네가 옳은 일을 하리라 알고 있었다는 사실을 잘 알 게다. 지금 베트남의 상황에 관해 너는 최선을 다해 왔다. 그런데 어느 것 하나 올바른 방향으로 움직이는 것 같지가 않구나. 너무나도 많은 사람들이 죽어 가고 있다. 우리 아이들만이 아니라 거기 있는 가난한 사람들도 마찬가지지. 너는 평화

회담에도 애써 왔다. 폭격에도 애써 왔고 말이다. 하지만 도무지 끝
이 보이질 않는구나. 마을 사람들이 말들 하곤 한다. "우리는 절대
말려 들어가서는 안 됐는데 이미 개입해 버렸고, 빠져나올 수 있다
는 조짐도 보이지 않는다." 린든아, 네가 우리를 빼낼 수는 없겠니?
이제 나는 점점 나이만 들어가고 내 두 눈으로 다시 평화를 보고 싶
구나. 네게 신의 가호가 있기를.

인사를 보내며,
애니 메이 린들리

편지 한 통을 더 읽어드리겠습니다. 남베트남의 해병대 제1전대
에서 복무 중인 한 젊은이에게서 받은 편지입니다.

대통령 귀하,
저는 지금 스무 살로 오하이오 주 매실런에서 고등학교를 졸업하자
마자 해병대에 입대했습니다. 이제 저는 베트남에서 6개월째를 보
내고 있으며 그 동안 많은 것을 봤습니다. 3일 전에 저의 제일 친한
친구가 죽었습니다. 어제 저희 부대는 정보부가 베트콩의 기지로 사
용되고 있다고 말한 어느 촌락을 파괴했습니다. 우리는 오두막들을
불태우고 굴속에 수류탄을 던져 넣었습니다. 하지만 그곳에는 베트
콩이라곤 한 명도 없었습니다. 굴 한 군데에는 여자 둘과 아이 셋이
있었습니다. 저희는 몰랐지요. 아이 하나는 죽었고 여자 한 명은 눈
을 잃었습니다. 저희는 촌락민 전부를 끌어 모았고 그들(어린이, 노
인, 여자들)은 두려움에 울부짖으며 둘러섰습니다. 물론 저희는 아
이들을 죽일 의도는 없었습니다. 하지만 결국 죽였습니다. 전쟁이란

그런 것이지요. 당신이 때로는 중요한 대의를 위해 더러운 일을 해야 할 경우가 있음을 알고 있습니다. 문제는 이곳 베트남에는 그런 대의가 이제 별로 남아 있지 않은 것처럼 보인다는 사실입니다. 우리가 여기 있는 이유는 베트콩에게서 이 사람들을 보호하는 것이라고 합니다. 그런데 이들은 우리가 자신들을 보호해 주기를 원치 않습니다. 이들은 공산주의나 정치, 또는 그런 어떤 것에도 관심이 없습니다. 이 사람들은 단지 평화롭게 내버려두기만을 바랍니다. 결국 제 동료들과 저는 점점 더 이런 의문이 듭니다. '우리가 여기서 무얼 하고 있지?' 두려운 건 아닙니다. 저희는 진흙 구덩이와 밀림 속에서 끝까지 버티고 있습니다. 당신이 그렇게 하라고 하면 저희는 계속 이렇게 버틸 겁니다. 그렇지만 뭔가 잘못돼 보입니다. 저는 우리가 어떻게 해야 하는지 알지 못하지만 다만 당신께 우리 생각의 단편이나마 알려드리고 싶었습니다.

인사를 보내며,
해병대 제1전대 상병 제임스 딕슨

동료 미국인 여러분, 저는 이 두 통의 편지를 읽고 또 읽었고 제 가슴속에 깊이 새기고 있다고 말씀드리고 싶습니다. 여러분은 제 행정부가 베트남전쟁에 어떻게 관계해 왔는지 아실 겁니다. 밤이면 밤마다 저는 뜬눈으로 생각에 잠겼고, 기꺼이 말씀드리는 것이지만 때로는 미국인과 베트남인 수만 명의 생명을 앗아가고 저 불행한 작은 나라의 수백만 사람들에게 너무나도 많은 고통과 고난을 초래한 이 끔찍한 전쟁을 종식시킬 방도를 찾게 해달라고 기도했습니다.

베트남에서 우리가 이루고자 한 목표는 무엇이었습니까? 저는 우리가 베트남이 자기 자신의 문제를 스스로 자유롭게 결정하기를 바란다고, 이것이야말로 우리가 싸우는 목표라고 거듭 말해 왔습니다. 우리는 협상을 제안해 왔습니다. 그리고 우리는 전투기와 함대, 지상군을 계속 증강시키면서 익숙하지 않은 지역에서도 열심히 용감하게 싸웠습니다. 이것은 모두 이번 전쟁을 명예롭게 끝내기 위한 것이었습니다.

여러분께 우리가 성공을 거두지 못했다고 말씀드릴 필요까지는 없습니다. 우리는 베트콩의 전투 의지를 파괴하지 못했습니다. 보고 드리기에 썩 유쾌한 사실은 아니지만 어쨌든 사실입니다.

역시 좋은 내용은 아니지만 보고드릴 사실이 또 하나 있습니다. 우리가 베트남에서 지지해 온 정부는 자국 국민의 지지를 받는 데 실패했습니다. 우리 병사들이 아무리 용맹하더라도, 우리가 방어하려는 나라의 국민들에게서 지지받지 못하는 전쟁을 수행할 수는 없는 일입니다. 우리가 전쟁에 개입한 근저에는 만약 전쟁이 베트남인들에 의한, 또는 그들을 위한 전쟁이 아니라 우리의 전쟁이 될 위험에 처하게 된다면 우리의 입장을 재고해야 한다는 원칙이 항상 내포되어 있었습니다. 그런 때가 이제 도래하고 있습니다.

우리는 무력을 행사했고 또 협상을 제안해 왔습니다. 어느 것 하나 성공을 거두지 못했습니다. 일각에서는 우리가 무력을 더욱 증강하지 못한다고 비난하고 있습니다. 물론 우리는 그렇게 할 수도 있습니다. 세계 어느 누구에게도 우리가 얼마나 강력한지 구태여 설명해 줄 필요가 없습니다. 우리는 원하는 한 언제까지고 베트남에 머무를 수 있습니다. 우리는 그 나라 전체를 잿더미로 만들어버릴 수

도 있습니다. 우리는 이 모든 일을 할 만큼 충분히 강력합니다. 그러
나 이 모든 일을 할 만큼 잔인하지는 않습니다. 대통령으로서, 저는
이 나라 젊은이들과 베트남 국민들을 파멸시키게 될 끝도 없는 전쟁
을 계속할 의사가 없습니다.

우리는 협상을 통해 이 전쟁을 끝낼 수 있기를 바랐습니다. 그러
나 성공하지 못했습니다. 종종 양측 모두의 자존심과 자만이 가로막
았습니다. 우리는 협상을 구걸할 생각은 없습니다. 그러나 전쟁을
계속하기에는 베트남에서 매일 죽어 가는 이들에 대한 동정심이 너
무 큽니다. 여러분도 기억하실지 모르겠지만, 한국에서 전쟁이 지루
하게 계속되는 동안 협상대표들이 각 항목에 합의를 이루려 애썼습
니다. 외교관들이 대화를 계속하는 동안 병사들은 죽어 갔습니다. 2
년 동안 대화가 계속되고, 2년 동안 그 불행한 땅에는 시체더미가 쌓
였습니다. 우리는 베트남에서 그런 협상을 하고 싶지 않습니다.

미국인들에게는 싸울 수 있는 용기가 있습니다. 우리는 벙커힐2)
에서 게티스버그3)에 이르기까지, 노르망디에서 과달카날4)에 이르기

---

2. Bunker Hill. 미국 독립전쟁 당시 영국군과의 격전지. 압도적인 전력을 갖춘 영국 군대는
 1775년 4월 벙커힐 지역을 점령해 저항군들이 이 지역을 요새화하지 못하도록 할 계획을
 세웠고, 이를 감지한 보스턴 시민들이 벙커힐 앞의 브리드힐에 참호를 파기 시작했다.
 농부, 예술가, 상인들로 이뤄진 미국 민병대들은 총과 돌멩이를 들고 죽기 살기로 전투를
 벌였고, 2차 전투가 끝난 뒤에는 영국군들의 절반이 죽거나 부상을 당했다. 이후에도 전투
 는 계속됐지만 1776년 3월 17일 영국군은 보스턴에서 철수를 할 수밖에 없었다.
3. Gettysburg. 남북전쟁 당시 가장 치열한 전투가 벌어진 곳. 양측에서 4만 3천 명의 전사자가
 발생한 1863년의 이 전투에서 승리함으로써 북군은 결정적인 승기를 잡게 된다.
4. Guadalcanal. 제2차 세계대전 태평양전쟁에서 치열한 격전지였던 태평양의 섬. 1942년 당시
 일본군은 남태평양 공격선을 구축해, 오스트레일리아를 점령한 후 미국 본토까지 침공하
 기 위해 과달카날섬에 비행장을 건설하는 등 침략의 기세를 한껏 드높였다. 이에 위협을
 느낀 미국은 해병대와 육군을 중심으로 과달카날 탈환 작전에 나서 양측에서 모두 어마어

까지 과거에 수십 차례 용기를 보여줬습니다. 또한 우리에게는 다른 누군가가 우리 대신 결정을 내리는 것이 아니라 우리 스스로의 결정에 의해 전쟁을 멈출 수 있는 용기가 있습니다.

군 최고사령관으로서 저는 오늘 자정을 기점으로 북베트남과 남베트남에 대한 폭격을 중단하라고 우리 공군과 해군에게 명령을 내렸습니다. 비행기가 떨어진 것도 아니요, 폭탄이 떨어진 것도 아니요, 필요할 때에 비행기와 폭탄들을 사용할 수 있는 결단력이 떨어진 것도 아닙니다. 우리에게 떨어진 것은 우리의 폭탄 아래에서 더 많은 사람들이 죽어 가는 모습을 보겠다는 의지뿐입니다. 너무나도 많은 사람이 죽었습니다. 너무나도 많은 사람이 고통을 받았습니다. 이제는 그만둘 때입니다.

그리고 저는 우리의 유능하고 용감한 베트남 주둔군 총사령관 웨스트모어랜드 장군에게 군사 공격을 중단하고 그 나라에서 질서정연하게 우리 군대를 철수시키기 시작하라고 명령했습니다.

이제 이런 결정의 결과들에 관해 솔직하게 말해봅시다.

우리는 베트남에서 일정 기간 동안 소요와 갈등을 보게 될지도 모릅니다. 그러나 우리가 그곳에 가기 전에도 그랬습니다. 그것은 세계의 본성입니다. 그러나 지금 벌어지고 있는 것보다 더 파괴적인 갈등이 있으리라고 상상하기는 쉽지 않습니다. 우리가 발을 뺀다면 결국 싸움이 줄어들 겁니다. 그리고 결국 끝나게 될 겁니다.

세계의 많은 곳에서 사람들이 사회 변화로 인한 무질서와 폭력을 겪고 있습니다. 미국이 이런 모든 경우에 개입할 수는 없습니다.

마한 사상자를 내는 희생을 치르게 됐다. 결국 성공, 남태평양 전선에서 전세를 뒤집는 유리한 위치를 점령하게 된다.

우리는 그렇게 할 의사도 없습니다. 미국이 베트남에 평안을 가져오는 데 중간에서 도움을 줄 수 있는 정도만큼만, 우리는 기꺼이 우리의 도덕적·재정적 지원을 제공할 것입니다.

베트남이 공산주의 국가가 될지도 모릅니다. 이 나라의 북반부는 이미 얼마 동안 공산주의 국가로 존재하고 있으며, 남반부 국민의 상당수도 베트콩에 동조적입니다. 절망적인 사람들은 종종 공산주의에 의지합니다. 그러나 우리는 서로에 대한 존중만 있다면 공산주의 국가들과 평화롭게 공존할 수 있음을 보여준 바 있습니다. 많은 불일치가 존재하지만 우리는 소련, 유고슬라비아, 폴란드, 그리고 다른 많은 공산주의 국가들과 평화적인 관계를 유지해 왔습니다. 분명 우리는 베트남과 더불어 평화롭게 살아갈 수 있습니다.

베트남에서 벌인 우리의 군사활동 이면에는 공산주의 중국이 다른 나라들에 압박을 가할 것이라는 우려가 있었음은 누구나 알고 있습니다. 많은 중국 전문가들은 중국이 내보이는 호전적인 태도가 상당 부분 민족주의적 정서와 우리가 자신들을 공격할지도 모른다는 두려움에 기인하는 것이라고 말해 왔습니다. 이 자리에서 저는 미국은 결코 중국과 전쟁을 벌이지 않을 것이며, 중국과 좀더 우호적인 관계에 다다를 수 있는 수단과 방법을 곧 찾게 될 것이라고 맹세하는 바입니다.

저는 자유로운 사회를 유지하는 가장 효율적인 수단은 무장력이 아니라 경제 발전과 번영에 있다고 종종 말해 왔습니다. 이제 이것이 아시아에서 우리의 목표가 될 것입니다.

이런 목표를 위해, 저는 올해 베트남전쟁에 할당된 2백억 달러의 절반을 베트남과 다른 동남아시아 국가들의 경제 발전을 위한 기금

—— 유엔이 이를 설립한다면 국제기금이 될 것입니다 —— 으로 전환할 것을 의회에 요청할 생각입니다. 우리는 이 나라들에 우리의 이익을 강요하지 않을 것입니다. 우리는 그들 자신의 선언과 그들 자신의 필요에 근거해 그 어떤 정치적 단서도 붙이지 않고 기꺼이 그 나라들을 도울 태세를 갖출 것입니다.

베트남전쟁은 '위대한 사회'[Great Society. 사회, 경제적 개혁을 통한 복지를 내건 존슨 대통령의 슬로건]를 향한 우리의 수많은 계획, 즉 빈곤 종식, 주택과 학교 건설, 도시 개조, 전국 곳곳에서 불안의 근원이었던 빈민가 뿌리뽑기 등을 위한 계획을 모두 방해할 지경에 이르고 있습니다. 백억 달러가 전쟁에 소요되지 않고 남게 될 것입니다. 저는 다음 주에 있을 특별담화에서 개괄적으로 발표할 목적들을 위해 이 돈의 용도를 전환할 것을 의회에 요청할 것입니다.

우리는 중대한 결정을 내렸습니다. 이것은 인간 생명은 신성하고, 평화는 소중한 것이며, 진정한 힘은 총포와 폭탄의 맹목적인 힘이 아니라 자유로운 인간들의 경제적 복지에 근거하는 것이라는 근본적인 미국의 신념에 기반을 둔 결정입니다.

저는 텍사스의 소년 시절부터 항상 지녀온 꿈을 여전히 간직하고 있습니다. 그리고 미국을 위해 이 꿈을 이루고자 합니다. 우리는 전쟁보다 훨씬 더 영광스럽고, 훨씬 더 대담하며, 훨씬 더 커다란 용기를 필요로 하는 모험에 이제 막 착수하려 하고 있습니다. 우리의 목표는 다른 인류 구성원들에게 하나의 본보기가 될 사회를 건설하는 것입니다. 오늘밤 여러분 앞에 서게 되어, 우리가 이제 이 '위대한 사회'를 본격적으로 건설할 것이라고 말씀드리게 되어 기쁘기 그지없습니다.

제가 이 순간을 얼마나 오랫동안 기다려 왔는지 말씀드릴 필요는 없겠습니다. 그토록 많은 고통과 그토록 많은 희생을 겪고 난 지금, 우리의 자식들이 집으로 돌아오게 될 것이라고 말씀드릴 수 있게 되어 제가 얼마나 기쁜지도 말입니다.

동료 미국인 여러분, 단잠을 주무십시오. 우리는 이제 더 이상 베트남에서 전쟁을 벌이지 않습니다.

13

물고기와 낚시꾼에 관해

1966년 6월 나는 미시시피에서 알게 된 <학생비폭력조정위원회 Student Nonviolent Coordinating Committee>의 활동가 랠프 페더스톤과 함께 일본의 초청을 받았다. 우리를 초청한 이들은 미국의 베트남전쟁에 대한 반대를 둘러싸고 조직된 일본 단체 베헤이렌[베트남 평화를 위한 연합] 성원들이었다. 그들은 언론인, 소설가, 시인, 철학자, 영화감독들이었다. 랠프와 나는 북부에서 남부로, 홋카이도에서 히로시마와 후쿠오카까지, 그리고 동중국해에서 오키나와까지 일본 전역을 여행했다. 우리는 아홉 개 도시 열네 곳의 대학에서, 대규모·소규모 집회에서, 다과회와 맥주모임에서, 노동조합 활동가와 가정주부들을 대상으로 강연을 가졌다. 우리는 그들이 사실상 만장일치로 미국의 베트남 정책이 다소 정도를 벗어난 정도가 아니라 심각하게 잘못됐다고 믿고 있음을 알게 됐다. 미국으로 돌아온 나는 미국이 베트남전쟁에 관한 일본인들의 시각을 접하기를 바라면서 「물고기와 낚시꾼에 관해」라는 제목으로 1967년에 잡지 『램파츠 Ramparts』에 글을 하나 기고했고, 훗날 이 글은 약간 변형되어 『베트남: 철수의 논리』의 한 장으로 실렸다(비극적 주석 한 가지: 우리가 일본에서 돌아온 지 얼마 되지 않아, 이제 막 결혼을 하고 여전히 SNCC와 민권운동에 참여하고 있던 랠프 페더스톤이 자신이 몰고 가던 차에서 정체불명의 폭탄이 터져 목숨을 잃었다).

미국의 어느 행복한 낚시꾼이 바다에서 매끄럽고 통통한 물고기들을 낚아 올려 해변에 죽은 채로 쌓아놓고는 도시락통에서 막대사탕을 꺼내 게걸스럽게 먹어대는 『낚시꾼 *The Fisherman*』이라는 제목의 무시무시한 10분짜리 영화가 있다. 그는 결국 먹을 게 거덜난다. 불만에 가득 차 안절부절못하는 그는 샌드위치가 담긴 종이봉투가 바로 옆에 있는 것을 발견하고는 샌드위치를 한입 가득 베어 물지만, 그 순간 낚시바늘에 걸린다. 그는 미친 듯이 발로 모래를 헤집어대지만 낚시줄 끝에 매달린 채 몸을 배배 꼬고 발버둥치면서 바다로 끌려간다. 관객에게 미치는 효과는 끔찍하면서도 유익한 갑작스러운 관점의 역전으로, 낚시꾼 자신이 처음으로 물고기의 입장에서 자신을 바라보게 되는 것이다.

미국의 대對 베트남 정책을 일본인들에게 이야기하면서 일본에서 시간을 보낼 경우 이와 같은 일이 벌어지게 된다. 우리가 벌이고 있는 전쟁의 야만성은, 이따금 우리가 그것을 얼마나 날카롭게 지각하는가와 상관없이, 텔레비전 화면이나 신문 칼럼에 등장할 경우에 허구적 성격을 갖게 된다. 진지한 '자유주의자들'(휴버트 험프리[부통령]와 아서 골드버그[유엔 미국대사]), '현실주의적' 전문가들(월트 로스토우[대통령 안보담당 특별보좌관]), 행정부의 친절한 대변인들(딘 러스크[국무장관]와 맥나마라) 등이 촌락에 대한 폭격, 민간인 사망자 수, 불교도 반체제 인사들에 대한 진압을 '설명'하기 위해 항상 대기하고 있다. 우리는 결코 폭격을 받아보지 못한 사람들, 오로지 폭격수이기만 했던 사람들의 나른함으로만 소식을 듣는다. 따라서 이따금씩 명멸하는 우리의 항의조차도 결국 목소리를 낮추고 정중한 태도로 끝나게 된다.

일본인들은 살인자인 동시에 희생자로서 죽음과 좀더 내밀한 관계를 맺어 왔다. 우리 미국인들은 여전히 실제 전쟁이 아닌 전쟁 로

망스에, 『테리와 해적들 *Terry and the Pirates*』[밀튼 캐니프의 네 컷짜리 신문 연재만화], 『자유세계 방어하기 *Defending the Free World*』[오린 슈왑의 저서], 또는 그린베레 복장의 LBJ에 집착하고 있다. 일본인들의 경우, 가미카제 조종사로서의 자기 회고와 완전히 변해버린 히로시마와 나가사키가 모든 광채를 점차 없애버렸다. 일본인들은 그들의 경험에서 벗어나 우리에게 필사적으로 말을 건네려 하고 있다.

도쿄에 비가 폭포처럼 쏟아지는 가운데 메이지대학 강당을 가득 메운 사람들 앞에서, 인기 소설가 카이코 켄(開高健)은 베트남의 최전선에서 미군 병사들과 대부분의 시간을 보내며 넉 달 동안 노트에 적어둔 내용을 들려줬다. 서른여섯의 카이코는 말쑥한 황갈색 정장에 셔츠 칼라를 열어제치고 황갈색 스웨이드 구두를 신고 있었다. "베트남에서는 남자로 태어나는 건 재앙에 다름 아니라고 말하곤 했습니다. 징집되어 죽어버리기 때문이지요. 여자로 태어나는 게 더 좋지요. 그러나 오늘날 남베트남에서는 양쪽 옆구리에 아이들을 끼고 임신까지 한 여성도 미군의 폭탄을 피해 도망 다녀야 합니다." 그는 미국인들이 그들의 공식적 언질이 어떠하든 간에 베트콩을 외모로 식별할 수 없고, 따라서 공격 목표 지역에서 발견되면 누구든지 죽이는 광경을 자신이 수차례 직접 목격했다고 말했다.

만약 미국에서 한 자리에 모인 많은 학생들에게 이런 발언을 했다면, 발언 도중 누군가가 일어나 카이코의 비난에 이의를 제기했을 것이다. 그의 발언 내용 자체를 부인하거나, 폭격이 필요한 이유를 설명하기 위해. 일본에서는 미국의 정책을 옹호하는 이들을 거의 찾아볼 수 없었다.

지난 해 일본 전역에서 모금활동을 한 다음, 미국인들에게 보내는 탄원서를 『뉴욕타임스』에 전면광고로 게재한 인물도 정치계 인사가 아니라 바로 카이코였다. "일본인들은 중국 본토에서 15년간 벌인 전쟁을 통해 쓰라린 교훈을 얻었습니다. 어떤 사람이든 간에 무기만으로는 그들에게서 정신과 충성심을 획득하는 데 아무런 소용도 없다는 사실 말입니다. 미국의 베트남전쟁 수행은 일본인들의 공감을 잃어가고 있습니다." 일본의 주요 보수신문에서 오랫동안 근무한 어느 언론인은 이 마지막 문장을 확증시켜 줬다. 그는 내게 이렇게 말했다. "여론조사를 보면 일본인의 80퍼센트가 미국의 베트남 정책에 반대함을 알 수 있습니다. 정서적인 측면에서는 그 수치가 100퍼센트에 가깝습니다."

나는 홋카이도에서 오키나와까지 1천5백 마일을 여행하며 열네 곳의 대학에서 일본인 학생들 및 교수들과 이야기를 나누는 과정을 통해 이 사실을 거듭 확인할 수 있었다. 교토에서는 청중석에서 한 소아과 의사가 일어나 발언했다(예전에 미국에서 풀브라이트 장학생으로 공부했던 한 시인이 우리에게 통역을 해주던 중이었는데, 그는 그 의사가 누구인지 설명해 줬다. "마츠다 박사의 육아에 관한 저서들은 수백만 부가 팔렸습니다. 그는 일본의 벤자민 스포크[1]입니다"). 마츠다는 말했다. "미국이 이해하지 못하는 것은 공산주의가 저개발 국가들이 조직될 수 있는 효과적인 방식 가운데 하나라는 점

---

1. Benjamin Spock(1903~1998). 미국의 소아과 의사. 1946년 처음 출간된 뒤 전 세계적 30개국 이상의 언어로 번역되어 제2차 세계대전 이후 태어난 베이비붐 세대의 부모들에게 큰 영향을 끼친 『유아와 육아 Baby and Child Care』의 저자이다. 핵기술과 베트남전쟁에 반대하는 시위에도 참가해 1968년 6월 보스턴에서 징병기피를 선동하고 조언한 혐의로 2년 징역형을 선고받았으나, 항소심에서 무죄 판결을 받았다. 1972년 대통령 선거에서는 양심적인 징병기피자를 위한 국민당 후보로 나와 7만5천 표를 얻었다.

입니다. 이런 세계적인 현상에 대해 미국은 신경증적인 반응을 보이고 있습니다." 50대의 나이에도 원기왕성했던 마츠다는 말을 이었다. "미국에게는……," 여기서 통역자는 잠시 주저하다가 "설사약이 필요합니다"라고 말을 맺었다. 그리고는 이내 다시 바로잡아 줬다. "……진정제가 필요합니다."

산으로 둘러싸인 사찰과 다층탑의 도시인 교토에서 열린 이 모임에는 학생, 교수, 시민 천여 명이 베트남에 관해 말하기 위해 모여들었다. 이 신성한 도시의 불교 승려들이 거주하던 교구본사 주지인 92세의 스님은 이렇게 말했다. "미국의 자유 개념은 자결의 원칙을 침해합니다. 그것은 미국의 목적만을 표명하는 그런 자유주의입니다." 검은 적삼에 흰색 괘[掛. 승복의 일종으로 위쪽에 띠를 달아 목에다 걸고, 두 어깨를 통해 가슴 앞에 걸치는 것]를 걸친 한 삭발 선승은 다음과 같이 지적했다. "불교에는 근본적인 계율이 있습니다. 살생하지 말라는 것입니다. 대규모 살상을 이제 멈춰야 합니다. 이것이 북베트남·남베트남의 불교도들과 일본 불교도들을 묶어주는 간략한 표어입니다. 미국에도 이런 가르침이 전달되어야 합니다."

어느 젊은 천문학 교수가 큰 감동을 주는 발언을 한 것도 바로 교토에서였다. "어린 시절 저는 미군 비행기의 기총소사를 받았습니다. 그 순간 갑자기 방아쇠를 당기고 있는 게 한 인간이라는 깨달음이 저를 덮쳤습니다. 저는 그에게 '제발 —— 방아쇠를 당기지 마세요!'라고 말할 수 있었더라면 얼마나 좋았을까, 하고 지금까지도 원망하고 있습니다."

일본 대학들에는 1930년대 당시 일본의 침략에 반대했다는 이유로 감옥에 수감된 경력이 있는 사람들이 많이 있다. 나고야(불규칙

하게 뻗어나간 도시로, 검은 연기가 자욱한 일본의 디트로이트)에서
우리를 마중 나온 이는 신무라 교수였는데, 그는 경찰에 체포되기
전까지 1936~37년 동안 『세카이분카 世界文化』라는 이름의 인도주
의 잡지를 펴낸 바 있었다. 백발이 섞인 머리에 구부정한 등을 가진
과묵한 성격의 신무라 교수는 프랑스 문학 전문가였으며, 감옥에서
풀려난 뒤에는 롤랑과 디드로 등의 저작을 익명으로 번역해 생계를
이어갔다. 나는 그의 학부에서 몇 명이나 미국의 베트남 정책을 지
지하느냐고 물었다. 그의 학부에는 대학원생 조교까지 포함해서 6백
명이 있었다. 그러나 미국의 정책을 지지하는 친구나 선후배를 하나
라도 알고 있는 학생은 아무도 없었다.

우리가 만난 일본인들이 보기에 미국은 너무나도 명백히 잘못된
길을 가고 있었으며, 따라서 그들은 왜 미국인들이 존슨과 그의 각
료들을 믿는지 도무지 이해할 수 없었다. "그 어떤 나라라도 미국이
하고 있는 것처럼 타국에 반혁명을 밀수출하도록 묵인되어선 안됩
니다"라고 도쿄 호세이(法政)대학의 한 문학 교수는 말했다.

혼슈 북부의 조용한 소도시 센다이에 있는 도호쿠(東北)대학에서
네 시간의 토론회가 끝나자 50명의 학생이 자리에 남아 토론을 계속
이어가고 싶어했다. 우리는 공원으로 떼지어 몰려갔다. 나는 일본이
미국의 행동을 졸졸 따라다니는 작은 부속품에 불과한 시기에 왜 50
명의 일본 젊은이들이 자정이 넘은 시각까지 베트남전쟁에 관해 토
론하려 하는지 궁금했다. 미국이 프랑스의 알제리 봉기 진압을 도왔
을 때, 미국 학생들이 이것에 관해 곰곰이 생각해보려고 자정 시간
까지 공원에 모여든 경우가 한번이라도 있었을까? 그에 항의하기 위
해 천 명이 모인 적이 과연 있었을까? 일본 여행 끝무렵에 나는 답을

찾았다고 생각했다. 답은 자국의 최근 역사에 관한 일본인들의 날카로운 자각에 있었다. 사실상 모든 회합에서 몇 번이고 되풀이해 일본의 과거와 미국의 현재에 대한 고발이 제기됐다. "당신들은 우리가 과거에 했던 것처럼 아시아에서 행동하고 있는 겁니다."

1931년 만주 침공에서 진주만에 이르기까지 일본 자신이 저지른 죄과에 대한 자기인식은 널리 확산되어 있을뿐더러 공공연히 말해지고 있다. 일본인 학자들은 이 시기에 관해 수많은 연구를 수행해왔으며, 미국이 베트남에서 행하는 일들에서 1930년대의 일본이 드러낸 것과 똑같은 수많은 특징을 발견하고 있다. 나치와는 달리 일본인들은 의회민주주의를 권위주의적 독재로 갑자기 대체하지 않았다. 오히려 외견상의 의회제 내부에서 군부의 권력이 눈에 보이지 않게 성장했다. 1931년 일본인들이 만주를 점령한 뒤 1937년 중국 본토를 공격하고 1940년 동남아시아로 진출했을 때, 그들은 히틀러처럼 어리석게 세계정복에 관해 열변을 토하는 대신 모두의 이익을 위해 자신들이 아시아에 창출하고 있던 '공영권'을 언급했다.

나는 일본에서 가장 저명한 학자 중 한 사람에게 이 비유에 관해 물어보았다. 그는 수많은 저서를 펴낸 바 있는 정치학자이자 도쿄대학 교수였던 마루야마[마루야마 마사오(丸山眞男)] 교수로서, 5년 전 하버드에 객원교수로 온 적이 있었다.

"많은 차이점이 있습니다." 마루야마는 말했다. "그렇지만 한 가지 핵심 요소는 매우 동일합니다. 기본적으로 한 강대국이 약소국의 내부에 권력 기반을 만들려고 한 시도에 대해 양국은 똑같이 변명과 정당화를 시도했습니다. 일본과 미국은 모두 어려움을 겪었고 평계를 뗐습니다. 미국은 베트남전쟁에서 맞부딪친 어려움을 중국과 북 베트남의 탓으로 돌리고 있습니다. 일본은 자국이 실패한 원인을 중 국인들의 끈질긴 저항이 아니라, 영국과 미국의 원조에 돌렸습니다. 일본은 자신의 목표가 동남아시아인들을 해방시키고 그들에게 경 제발전을 가져다 주는 것이라고 선언했습니다. 마찬가지로 미국은 베트남에서 본질적으로 군사행동을 수행하면서도 경제와 사회 개 혁에 관해 말하고 있습니다."

미국의 논평가들은 우리의 대외정책에 대한 일본인들의 비판을 공산주의자나 (훨씬 모호하게) '좌파'들의 작업이라고 간단히 걷어 치우는 습관이 있다. 처음에야 이런 태도가 편하리라. 그러나 전 세 계, 심지어 우리 동맹국들 내에서조차도 대부분의 여론이 미국 여론 의 왼편에 자리잡고 있다는 사실을 곰곰이 생각해보고 나면 편하지 가 않다. 유럽의 군주들이 우리가 세계 전역에 혁명의 교의를 확산 시킬까봐 두려워했던 그 시기 이래로 우리는 보수적인 나라가 됐다. 심지어 우리의 '자유주의자들'조차 세계적 기준에서 보면 보수적이 다. 마루야마는 이렇게 말했다. "저는 급진주의자라기보다는 자유주 의자입니다. 그래서 저는 미국의 자유주의자들이 무엇을 하고 있는 지 관심이 많습니다. 그리고 아주 실망하게 되지요."

일본에서 우리와 함께 했던 친구들과 통역자들은 젊은 지식인들 (언론인 둘, 소설가 셋, 영화 제작자, 시인, 철학자 각 한 명)로서 지 난해 일본 급진정당 노선들의 미로를 헤쳐 나오기로 결단하고 베트 남전쟁을 종식시키는 데 전념하는 (베헤이렌이라는 이름의) 단체를 결성한 사람들이었다. 이 단체의 의장 오다 마코토는 아무리 공식적인 자리라도 넥타이를 매지 않는 서른네 살의 뻬딱한 소설가이다. 오다는 홋카이도대학 학생들과의 모임을 다음과 같은 말로 시작했다. "여러분도 아시다시피, 제가 이 양심순회토론회를 열겠다는 생각은 화장실에서 떠오른 것입니다. (웃음) 이것은 전혀 이상한 일이 아닙니다. 평화운동이란 그런 식으로, 우리네 삶의 가장 흔한 행동으로부터, 자연 그대로의 것에서 출발하는 것입니다."

대부분의 일본 지식인들처럼 오다도 공산주의 중국에 비판적이지만, 일본이나 미국을 비판하는 것보다 더 열을 올리지는 않는다. 그는 중국이 다른 신생 국가들이 보여주는 것과 똑같은 환멸과 열광을 지닌 새로운 사회이지만 다른 아시아 국가들에 위협이 되지는 않는다고 보고 있다. 중국은 동남아시아를 게걸스럽게 먹어치우려는 기세를 보이지는 않는다. 중국은 (매우 긴 국경을 지니고 있지만 무력하기 그지없는) 미얀마나 캄보디아와 평화적 관계를 유지하고 있다. 또한 미국과 대조적으로, 중국은 자국 국경 바깥에 단 한 명의 병사도 주둔시키고 있지 않다. 일본의 지식인들은 중국의 태도를 감안할 때 미국이 히스테리컬하게 행동하고 있으며, 베트남인들이 그 때문에 불필요하게 죽어 가고 있음을 믿어 의심치 않는다.

미국은 자신의 목표가 자유롭고 번영하는 아시아라고 거듭해서 공언하고 있지만, 베트남인들을 포함해 아시아인들은 스스로 이 전쟁에 전혀 열성적이지 않다. 미국의 군사적 노력에 실질적인 원조를 하고 있는 유일한 나라들(한국과 태국)도 미군 점령 아래 경제적으로 의존하고 있는 동시에, 국민의 열망을 무시할 수 있는 엘리트들이 장악하고 있는 국가들이다. 일본 또한 (상당한 분개를 불러일으키고 있는 1960년의 미·일 안보조약에 의해) 미국 군대가 주둔하고 있으며, 일본의 영토였던 오키나와는 미국에 접수되어 세계에서 가장 강력한 군사기지 가운데 하나가 됐다.[2] (도쿄대학 사회학과의 한 학생은 내게 이렇게 말했다. "절대 다수의 일본인들은 이 군사기지들이 일본의 안보를 보호해 준다고 생각하지 않는다는 사실을 당신의 동료 미국인들에게 말해 주십시오. 사실 이 기지들은 일본인들을 위험에 빠뜨리고 있습니다.") 그런데도 불구하고 사토(佐藤榮作) 총리의 정부는 일본 대중의 정서를 알면서도 미 국무부에 굽실거리며 경계만 하고 있다.

대사로 임명되기 전에 아시아 문제에 관한 한 빈틈없는 학자였던 우리의 일본대사 에드윈 라이샤워는 대사관의 안락한 거품 속에 잠긴 채, 미국의 행동에 대한 일본인들의 불만을 침묵으로 무시하고 있다. 도쿄를 떠나오기 직전 나는 그와 속사포 같은 대화를 나누면서 그 거품을 터뜨리려 애썼다. 그러나 라이샤워의 개인적인 매력을 뺀다면 그 날의 대화는 마치 LBJ의 기자회견이나 맥나마라의 브리핑을 듣는 듯한 느낌이었다.

하버드의 일본 전문가로 『지명수배: 아시아 정책 *Wanted: An Asian Policy*』을 저술했던 1954년에는 라이샤워도 다른 생각을 갖고 있었다. 이 책에서 그는 미국의 원조 아래 이뤄진 프랑스의 베트남독립동맹[3] 탄압을 "현 상태를 옹호하려는 정책의 약점을 보여주는 냉정한 사례"라고 묘사했다. 그는 공산주의자들이 보여준 효율성의 주된 이

---

2. 오키나와가 일본에 반환된 것은 1972년에 이르러서이다.

3. Viet Minh. 제2차 세계대전 중에 결성된 항일전선연합체로서 전후에는 호치민을 중심으로 프랑스에 저항하는 운동을 계속했다. 베트남 통일 전까지 베트남 민주공화국, 즉 북베트남의 중핵 단체였다.

유를 "사상의 영역에서" 찾았으며, 그들이 "농민들에게 절실히 필요
한 토지개혁을 수행하고 있기" 때문이라고 보았다. 그는 미국이 "제
2차 세계대전이 끝난 뒤 초기 몇 년 동안 프랑스를 설득해, 인도차이
나에서의 유지 불가능한 상황에서 가능한 빨리 발을 빼도록 할 수
있는 선견지명과 용기를 가졌어야 했다"라고 생각했다. 또한 그는
주로 공산주의를 저지하는 데 뿌리를 둔 정책이 "우리의 아시아 문
제를 위험하고도 너무 과도하게 단순화시키는 것"이라고 지적했다.
그는 자신의 저서에서 미국의 정책결정자들이 지니고 있는 "광포한
감정적 태도"와 "위험하기 그지없는 경직성"을 비난했다. 그러나 현
재, 그는 대사이다.

　일본은 우리에게 당혹스러운 대상이다. 일본이 "정부의 행위에
의해서 전쟁 재발의 참화가 일어나지 않도록 하는 것을 결의"한다는
선언을 1947년 헌법에 삽입한 것은 바로 제2차 세계대전 뒤에 우리
의 감독 아래에서 이뤄진 것이기 때문이다. 게다가 헌법 9조에는 미
국이 베트남에서 현재 수행하고 있는 행동을 조용히 질책하고 있다.
"일본 국민은 국가주권으로서의 전쟁과 국제 분쟁을 해결하는 수단
으로서의 무력 위협 및 무력 행사를 영구히 포기한다." "살인하지 말
지어다"라는 성서의 가르침에 따라 길러진 어린 소년이, 자기 아버
지가 총구에서 채 연기가 가시지도 않은 총을 들고 학살 작전에서
돌아오는 모습을 바라보는 것은 인간사의 오랜 줄거리다.

　일본인들은 우리에게 말을 걸려 노력하고 있으나 우리는 그들의
말에 귀기울이지 않고 있다. 그들은 결코 길지 않은 시간 동안 물고
기와 낚시꾼의 역할을 번갈아 맡았다. 우리 미국인들은 낚시바늘에
걸려 버둥대다가 결국 잡혀본 적이 한번도 없다. 우리에게는 히로시

마도, 장님과 불구자들의 도시도, 오랜 수감 생활로 여전히 수척한 모습의 교수들도 없다. 우리는 많은 경우에 낚시꾼이었지만, 일본인들이 그랬듯이 우리의 행동을 인정하고 허리 굽혀 사죄하고 평화로운 삶을 약속해야 했던 적이 한번도 없었다. 다시 말하지만, 우리는 한번도 낚시바늘에 잡히지 않았다.

14
베트남: 관점의 문제

남부의 민권운동에 관여했던 우리는 (자기 나라에서 평등권을 보호하기를 질색하며 거부했던) 미국 정부가 민주주의나 자유, 자결권, 또는 다른 어떤 고상한 원칙을 위해 베트남에 폭탄을 투하하고 있다는 주장을 깊은 의심 없이 받아들이려 하지 않았다. 1964년 8월 민권 운동가 제임스 체이니, 앤드류 굿맨, 마이클 슈워너의 시체가 총에 맞아 죽은 모습으로 미시시피 주 네쇼바 군에서 발견됐다. 그 해 여름에 미시시피 흑인들의 대표단이 연방정부에 자신들을 보호해 줄 것을 호소하기 위해 워싱턴으로 갔으나 아무런 답변을 받지 못했다. 이 세 젊은이의 장례식에서 미시시피의 SNCC 조직가 밥 모지즈는 「LBJ, 통킹만에서 발포 살해 명령」이라는 헤드라인이 실린 당일 조간신문 한 부를 치켜들었다. 미국은 그전부터 북베트남 해안 근처에서 비밀리에 해군 작전을 수행하고 있었고, 이제 미국 구축함이 "일상적인 정찰"을 수행하던 중에 포격을 받았다고 주장했다. 결국 이것은 기만과 노골적인 거짓말로 가득 찬 주장이었음이 드러났다. 모지즈는 미국 정부가 도통 이해할 수 없는 목적을 위해 지구 반대편까지 군대를 파견하려 하면서도, 민권 활동가들을 보호해달라는 요청은 거부한 사실에 대해 신랄하게 언급했다. 그 해 여름 직후 나는 곧 반전운동에 관여하게 됐고, 1965년 봄 보스턴공원에서 열린 최초의 반전집회에서 발언했으며, 전쟁에 관한 책을 쓰기 시작했다. 1967년 비컨프레스는 내 책 『베트남: 철수의 논리』를 출간했고 이 책은 순식간에 8쇄를 찍게 됐다. 여기에 재수록된 글은 그 책의 서론이다.

내가 보기에 베트남은 한편의 부조리극이 되어버렸다.

1. 1966년 후반에 이르러 미국은 베트남전쟁을 위해 연간 2백억 달러를 지출하게 됐는데 이는 (보통 연소득이 수백 달러에 불과한) 남베트남의 모든 가구에 매년 약 5천 달러를 줄 수 있는 금액이다. 이 전쟁에서 한 달 동안 소요되는 지출은 '위대한 사회'의 빈곤퇴치 프로그램에 드는 연간 지출을 초과한다.

2. 1966년 초 미군 병사들은 새로운 평정 기법을 개발했다. 그것은 촌락을 포위하고 발견되는 모든 젊은 남자들을 살해하며 여자와 어린이들은 헬기로 소개 疏開하는 것이었다. 미국인들은 이 작업을 '군(郡) 농축산물품평회 작전'이라고 불렀다.

3. 1966년 국방부는 그 해 여름 미군의 공습에 우발적으로 죽은 모든 베트남인들 가족에게 위로금으로 평균 34달러씩을 지급했다고 발표했다. 한편, 사이공발 보도들에 따르면 공군은 폭격에 우발적으로 파괴된 고무나무 한 그루당 87달러씩을 지급했다고 한다.

4. 1966년 6월 21일자 『뉴욕타임스』 사이공발 특보.

미 공군의 관심이 어제 라오스-북베트남 국경인 무지아 파스 북쪽의 한 도로에서 목격된 열 마리의 물소에 쏠렸다.

공군 대변인은 이 물소들이 적군의 탄약으로 추정되는 짐을 신고 있었다고 말했다. 이 동물들은 F-105 '천둥대장' 제트기 편대의 사격을 받아 죽었다. 대변인은 "2차 폭발은 전혀 없었다"고 말했다.

미 해군 조종사들도 어제 남베트남 다낭에서 서남쪽으로 35마일 떨어진 산악지대에서 11마리의 짐 운반용 코끼리들에게 기총소사를 퍼부었다. 그 중 다섯 마리가 죽고, 다른 다섯 마리는 쓰러지는 게 목격됐다. 역시 여기서도 2차 폭발은 전혀 없었다.

5. 시카고의 한 신문은 미국이 베트남에서 살해한 적군 병사 한 명당 여섯 명 꼴로 민간인을 죽인 게 사실이냐는 독자의 질문을 받고는 그건 사실이 아니라고 대답했다. 병사 한 명당 단지 네 명의 비율로 민간인을 죽였다는 것이었다.

6. 1966년초 키[1] 정부에 반대하는 불교도 봉기를 다루면서 『라이프』는 어느 남베트남 병사가 비무장한 승복 차림의 불교 승려 뒤에 다가가 그를 곤봉으로 때려 실신시키는 사진을 게재했다. 『라이프』는 아무런 논평도 달지 않았다.

7. 베트남에서 전투가 확대되고 사상자가 증대하던 시기인 1966년 3월 22일 가진 기자회견에서 존슨 대통령은 다른 무엇보다도 이렇게 말했다. "이곳 미국에서 모든 상황이 나쁘게 돌아가고 있다는 소식을 들으며 정말 의기소침해질 때면, 저는 베트남에서 날아오는 편지들을 읽고서 다시 기운을 차리게 됩니다."

8. 1965년 1월 16일자 『밀워키저널』은 미네소타대학에서 농업경제학을 공부하며 저개발 국가에 농업생산성 향상을 원조하는 분야를 배운 한 젊은이가 이제는 공군 대위가 되어, 미군 비행기들이 폭탄과 화학물질로 파괴할 수 있도록 자신의 지식을 활용해 베트남에

---

1. Nguyen Cao Ky(1930~). 1965년 2월 군사쿠데타를 주동해 당시 군사 총사령관이던 응웬칸 (Nguyen Khan, 1927~)을 몰아내고 그 해 6월 총리가 됐다. 1967년 9월 민정이양 선거에서 대통령 후보로 출마해 당선, 1971년까지 부통령으로 재임했으며 1975년 사이공의 함락이 임박하자 미국으로 망명했다.

서 생산성 높은 논을 가려내고 있다고 보도했다.

9. 1966년 봄, 어느 기자가 사이공에서 한 공군 장성과 인터뷰를 했다.

기 자: 철학적인 질문을 하나 하겠습니다. 우리가 북베트남과 남베
트남에 대한 폭격을 모두 멈추어야 한다고, 그렇게 하면 이 전쟁
을 종식시킬 수 있는 협상에 가깝게 다가설 수 있다고 말하는
사람들에게 뭐라고 답하시겠습니까?

장 성: 글쎄요, 우리는 우리의 맡은 바 일을 하기 위해 이곳에 파견
됐습니다. 지금 우리는 우리의 일을 하고 있으며, 이를 완수할
때까지 여기 머무를 것입니다.

기 자: 감사합니다.

10. 1966년 3월 존슨 대통령은 컬럼비아대학의 역사학자 헨리 그
래프와 베트남에 관해 대화하던 중 (그래프의 말에 따르면) "자랑스
럽게" 말했다. "저는 그곳에 미국의 발자국을 남기고 싶었습니다."

드문드문 산재한 괴벽怪癖도 자세히 조사해 보면 다른 면에서는
일련의 건강한 환경에서 일탈한 것임이 판명되게 된다. 또는 좀더
일반화된 질병의 작은 징후들임이 드러나게 된다. 그런 경우를 자세
히 조사해 보면 더 커다란 부조리들이 폭로될 수도 있다.

1. 전 세계 부의 60퍼센트를 생산하는 세계에서 가장 강력한 나
라가 원자폭탄 다음으로 군사과학에서 가장 발전된 것으로 알려진

무기들을 사용했는데도 농민들로 이뤄진 군대를, 처음에는 손수 만들거나 포획한 무기로, 나중에는 외부에서 공급된 현대적 화기로 무장했지만 여전히 공군이나 해군, 중화기를 갖추지 못한 군대를 물리치지 못했다.

2. 자유를 수호하겠다는 의지를 선포하면서도 미국은 남베트남의 군사독재자들을 지원하고 있다.

3. 존슨 대통령은 미군이 베트남에 주둔하고 있는 이유는 '침략'을 물리치기 위해서이며, "그들이 내일이라도 집으로 돌아간다면 우리도 집으로 갈 것"이라고 거듭 주장하고 있다. 우리가 남베트남에서 하고 있는 행동은 80~90퍼센트가 이미 자기 집(그들의 고향인 남베트남)에 살고 있으며, 나머지 북베트남 출신들도 집에서 그리 멀리 떨어져 있지 않은 세력을 대상으로 행해지고 있다. 사실 (미국도 동의했듯이) 제네바 협정을 기초로 받아들여야 한다면 베트남은 한 나라이며, 우리의 적들은 모두 자기 집에 살고 있다. 베트남인들에 대한 주요 전투는 오늘날 집에서 아주 멀리 떠나온 35만의 미군, 역시 절대로 베트남이 자기 집은 아닌 4만 명의 한국군에 의해 수행되고 있다. 자기 집에서 멀리 떠나온 우리의 조종사들은 북베트남을 폭격해서 자기 집에 살고 있는 사람들을 죽이고 있다.

4. 정부 관료들은 우리가 중국의 '팽창'을 저지하기 위해 베트남에서 전쟁을 하고 있다고 단언하고 있다. 입수할 수 있는 모든 증거를 찾아봐도 베트남에 중국 군대는 하나도 없으며, 중국 바깥의 다른 어디에도 없다. 사실 중국은 한국, 일본, 필리핀, 대만, 오키나와, 태국에 있는 미군 기지들(이곳들에는 대략 25만의 미 육군, 해군, 공군이 주둔하고 있다)에 의해 절반이 포위되어 있다.

5. 미국은 동맹국들 사이에서 위신을 잃지 않으려면 베트남에서 전쟁을 계속해야 한다고 주장한다. 전쟁이 계속됨에 따라, (아시아에서 가장 중요한 동맹국인) 일본, (유럽에서 가장 중요한 동맹국들인) 영국, 프랑스, 독일에서 미국의 위신은 심각하게 손상됐다.

'부조리'는 보는 사람의 마음속에 있다. 이것은 단순한 정신 작용과 관계가 있다. 우리는 그 자체로는 외견상 평범한 사실을 마주하고 있지만, 그것을 다른 사실과 나란히 두게 되면 모순을 발견하게 된다. 이 다른 사실은 대부분의 사람이 공유하고 있는 공통의 집적물에서 나오거나, 보는 사람 자신의 삶의 경험에서 우러나올 수 있다. 따라서 한 상황을 부조리한 것으로 보는 것은 우리가 그 상황에 관해 알고 있는 사실들의 수가 아니라 우리가 자신이 알고 있는 사실들을 연관시키는 방식, 즉 한 사실이 자신을 드러낼 때 우리가 자신의 기억에서 끌어내는 것들에 달려 있다.

이와 마찬가지로, 베트남전쟁에 대해서처럼 도덕적 판단을 내리는 것은 우리가 지닌 지식의 양에 우선적으로 의존하지 않는다. 사실 우리는 각 분야의 전문가들이 가장 기본적인 문제들에 대해서조차 날카롭게 대립한다는 사실을 알고 있다. 윤리적인 결정이란 우리가 알고 있는 사실들을 위치짓는 관계에 달려 있기 때문이다.

따라서 우리가 베트남에서 모은 공통된 증거에 무엇을 들이대는가 —— 우리가 갖고 있는 관점 —— 가 관건이 된다. 이것을 통해 우리가 무엇을 보고 무엇을 보지 않을지가 결정된다. 이것은 우리가 보는 사물들을 어떻게 연관지을지도 결정한다. 이런 관점은 사람마다 다양하다. 나는 우리가 다른 사람들의 관점을 우리 자신의 관점

에 더할 때에야 지혜, 그리고 민주주의에도 훨씬 더 가깝게 다가서
게 된다고 생각한다.

이 책에서 나는 내가 직접 겪은 일련의 경험에서 우러나온 내 시
각을 공적 기록의 데이터(정부 문서, 신문보도, 학자들의 출판물)에
집중시키려 한다. 그렇다면 우선 베트남전쟁을 바라보는 나의 시각
에 영향을 미치는 편견들에 관해 잠시 말해야겠다.

제2차 세계대전이 한창이던 와중에 나는 미 항공대에 입대해 폭
격수가 되어 유럽의 작전지역으로 날아갔다. 처음부터 끝까지, 나는
히틀러의 군대에 무력으로 맞서야만 한다고 열렬히 믿었다. 그러나
고국으로 돌아오기 위해 짐을 꾸리고 전쟁 동안 썼던 노트와 기념품
들을 서류철에 끼우다가 나는 순간적으로 이렇게 썼다. "다시는 안
돼." 나는 적어도 한 번의 잔학행위에 가담했으며 다음과 같은 몇 가
지 결론을 얻은 채 전쟁에서 빠져나왔다.

(1) 무고하고 호의적인 사람들(나는 나 자신도 그중 하나라고 생
각했다)도 그들이 독일인인가, 일본인인가, 러시아인인가, 아니면 미
국인인가에 관계없이, 가장 야만적인 행동을 하고 가장 독단적인 평
계를 댈 수 있다.

(2) 대량의 폭탄을 소지한 항공대의 지침 가운데 하나는 "그것들
을 처치하라 —— 어디에든 간에"이다.

(3) '군사 목표물'에만 폭격을 하고 있다는 정치인과 군인들의 주
장을 진담으로 받아들여선 안 된다.

(4) 전쟁은 끔찍하게 파괴적으로 사회적 목표를 이루는 방식이며,
그 목표와 무관하게 무차별적인 대규모 살육을 수반한다. 뚜렷한 도
덕적 쟁점(모든 전쟁 가운데 '최고의' 전쟁)을 지닌 제2차 세계대전

조차도 도덕적 문제를 고민거리로 던져줬다. 옳고 그름이 그렇게 분명하지 않고 인간 생명이 희생되고 있는 어떤 상황도 깊은 의심을 갖고 바라봐야 한다.

나중에 나는 역사학자로 수련받았고 미국이 도덕적 부조리를 서슴지 않을 수 있음을 배우게 됐다. 쿠바 곳곳의 산허리에서 시체 냄새가 진동하고 병사들에게 상한 고기를 먹였음에도(수천 명의 병사가 식중독으로 죽었다) 어느 미국 외교관이 "더할 나위 없이 소규모로 치러진 전쟁"이었다고 묘사한 스페인-미국 전쟁이 있었다.

1914년 멕시코인들이 미국 국기에 스물한 발의 예포를 쏘지 않았다는 이유로 우리 군함들이 베라크루스에 연속 포격을 가해 수백 명의 멕시코 민간인들을 죽인 일이 있었다.

미국 해병대가 2천 명의 아이티인들에게 사격을 가해 '질서'를 바로잡은 뒤 어느 장성이 "다음 주 화요일에……제가 의회에 대통령을 선출하도록 허용할 것입니다"라고 해군장관에게 전보를 쳤던 1915년의 아이티가 있었다.

필리핀인들을 '개화'시키기로 결정한 윌리엄 매킨리[제25대 대통령]도 있었고, 뒤이어 필리핀 반란의 분쇄를 명령한 자신의 친구에게 다음과 같은 전보를 보낸 앤드루 카네기도 있었다. "필리핀인들을 개화하는 자네의 작업을 거의 마친 것 같으니 축하할 만한 일이구먼. 그들 가운데 8천 명이 완벽하게 개화되어'하느님 곁으로 간 것으로 생각되네."

내가 내린 결론은 미국이 다른 나라들보다 더 악하다는 게 아니라 단지 똑같이 악하다는 것이었다(그렇지만 미국은 때로 더 교묘한 술책을 부렸다). 많은 나라들이 쉽게 악해지게 된다는 결론을 내리는 데에는 현대사에 관한 많은 연구가 필요치 않았다.

미국사에 관한 연구를 통해 나는 또 다른 생각에 이르렀다. 국내 정책에서의 자유주의와 대외정책에서의 인도주의 사이에는 아무런 필연적 연관관계도 없다는 것이 그것이다. 우리가 벌인 가장 기괴하고 부도덕한 행동 가운데 몇 개는 '자유주의자'들이 저지른 것이었다. 피로 물든 '눈물의 행로'2) 당시 (역설적이게도 우리가 외국인으로 치부한) 인디언들에 보인 앤드루 잭슨[제7대 대통령]의 잔인한 태도나 카리브해에서 혁신주의자 시어도어 루스벨트[제26대 대통령]가 벌인 깡패 같은 행태를 보라. 우드로우 윌슨[제28대 대통령]이 아이티와 멕시코를 상대로 벌인 행동, 그리고 지금까지도 불가해한 것으로 남아 있는 이유들을 위해 이 나라를 제1차 세계대전의 무의미한 야만상태로 몰아간 것을 보라.

가르치는 일을 1년 동안 쉬면서 나는 하버드대학 동아시아연구센터 연구원으로 중국 현대사를 연구했다. 나는 곧 학자들의 연구 결과와 미국의 정책 사이에 커다란 간극이 있음을 알게 됐다. 공식 정책은 학자들의 균형 잡힌 연구 결과보다는 언론의 무시무시한 헤드라인들에 그 기원을 두는 것처럼 보였다. 중국의 '사상 통제'에 관한 보도들이 틀린 것은 아니었다. 단지 중국이 이룩한 다른 많은 성과들이 완전히 무시됐다는 것이다. 중국인들이 미국에 관한 성명에

---

2. Trail of Tears. 1830년, 미시시피강 동부에 사는 모든 인디언들은 미시시피강을 경계로 해서 서쪽의 영구적인 인디언 영토로 이주해야 한다는 '인디언 추방령 Indian Removal Act'이 발효됐다. 이 정책으로 인디언에 대한 대대적인 강제이주가 시행되어 질병과 추위, 기아와 탈진으로 죽어 가는 상황에서도 이주 행진을 멈추는 것이 허락되지 않아 수많은 사상자가 발생했다. 이 여행은 결코 눈물 없이는 갈 수 없는 길이었으며, 인디언들은 이를 '눈물의 행로'로 역사에 기록하고 있다.

서 공격적인 모습을 보이지 않은 것은 아니었다. 단지 새로운 정권을 가진 자부심에 찬 나라로서는 중국의 대외정책이 상당히 절제되어 있었다는 것이다. 공산주의 중국에 잘못된 점이 많지 않은 것은 아니었다. 단지 미국의 정책결정자들이 마치 미국에는 큰 잘못이 없는 것처럼 행동했다는 것이다.

이 마지막 논점이 관건이다. 다른 나라들의 도덕적 실패는 따로 떼어내 바라볼 것이 아니라, 우리 자신의 실패들과 관련해서 봐야만 하는 것이다. 내 삶의 또 다른 부분 —— 최남부 지방3)의 흑인사회에서 살고 가르치면서 1960년대 초의 민권투쟁에 참여한 시절 —— 이 베트남 문제에 관한 내 관점에 영향을 미친 것도 바로 이런 연관관계를 통해서였다. 이 경험을 통해 나는 독특한 견지에서 미국의 대외정책을 어렴풋이 감지할 수 있었다.

내 사고에 미친 하나의 결정적 영향을 언급해야겠다. 그것은 지리적 거리를 둔 관점으로 나는 멀리 떨어진 나라에 살고 있는 사람들의 시각에서 미국의 정책을 보기 시작했다. 최근 들어 다른 나라 사람들이 우리를 어떻게 보고 있는지 갑작스럽게 자각하게 되면서 깜짝 놀라는 경험을 해본 미국인들 —— 평화봉사단 단원, 여행자, 학생 등 —— 이 많이 있다.

베트남전쟁의 역사적 기록에 집중된 이런 시각들에 근거해 나는 다음 장들[『베트남: 철수의 논리』에 실린 장들]에서 미국이 베트남에서 병력을 철수해야 한다고 주장할 것이다.

우리의 베트남 정책을 비판해 전국적으로 이름을 떨친 거의 모

---

3. Deep South. 조지아, 앨라배마, 미시시피, 루이지애나 등을 지칭한다. 본문에서는 저자가 교수를 지낸 스펠먼대학이 있는 조지아 주 애틀랜타를 가리킨다.

든 사람들(적어도 그렇게 보여진 사람들)은 지금까지 미국이 베트남에서 철수할 것을 호소하기를 달가워하지 않고 있다. 때로 이것은 본질적인 이유들 때문에 그런 것인데, 여기에 대해서는 뒤에 논의할 것이다. 그러나 내가 보기에는 종종 이 비판자들이 전면적인 군대 철수가 논리적이고 옳은 것이기는 하지만 전술적 입장으로서는 ‘너무 극단적’이며, 따라서 대중의 구미에는 맞지 않고 국가 정책으로 채택될 가능성이 희박하다고 생각하고 있기 때문이다.

자신의 견해를 발언하는 것을 자랑으로 삼고 있는 학자들은 종종 이른바 ‘현실주의’라는 일종의 자기검열을 행한다. 어떤 문제를 다룸에 있어 ‘현실적인’ 입장을 취한다는 것은 사회의 최고 권력자들이 제시하는 대안들에만 집착한다는 것이다. 이것은 마치 또 다른 답이 가능하다는 사실을 알고 있는데도 우리가 모두 사지선다형 시험의 a, b, c, d에 제한되어 있는 것과 같다. 미국 사회는, 비록 세계 대부분의 나라들에 비해 좀더 많은 표현의 자유를 지니고 있음에도, 이리하여 훌륭한 사람들이 그것을 넘어서 사고하거나 발언할 수 없는 한계들을 설정하게 된다. 베트남에 관한 지금까지의 논쟁은 대부분 이런 한계에 지나치게 국한되어 왔다.

내가 보기에 이것은 민주주의 사회의 시민이 지닌 역할을 포기하는 것에 다름 아니다. 시민의 역할은, 내 신념에 따르면, 자신이 옳다고 생각하는 바를 확고하게 표명하는 것이다. 출발점에서부터 정치인들과 타협하는 것은 타협의 타협으로 끝맺는 결과만을 낳는다. 이는 정부 정책을 형성할 수 있는 충분한 힘을 거의 갖고 있지 못한 일반 시민들의 도덕적 힘을 약화시킨다. 마키아벨리는 군주에게 시민의 윤리를 택하지 말라고 경고했다. 이제는 군주의 윤리를 채택할 경우에는 자신의 완전무결함과 힘을 희생시킬 수밖에 없다고 시민에게 말을 건넬 때이다.

15
리처드 닉슨은 무엇을 배웠는가?

미국의 어떤 대통령도 베트남에 대한 미국의 재앙적인 군사공격에 대한 비난을 혼자서만 받을 수는 없다. 사실 우리가 그 기다란 책임선을 더듬어 보면, 세계를 향해 자결권을 떠들어대면서 다른 한편으로는 프랑스인들에게 그들이 베트남, 라오스, 캄보디아로 이뤄진 인도차이나의 식민지에서 쫓겨나지 않을 것이라고 비밀리에 보장해 준 프랭클린 D. 루스벨트[제32대 대통령]까지 거슬러 올라갈 수 있다. 트루먼[제33대 대통령]과 아이젠하워[제34대 대통령]는 베트남 독립운동을 상대로 벌인 프랑스의 전쟁에서 그들에게 대규모 군사원조를 제공했다. 케네디[제35대 대통령]는 최초로 대규모 미군 파견대를 보내고 미군 전투기를 사용해 베트남을 폭격함으로써 군사작전 확대를 개시했다. 이후 존슨[제36대 대통령]은 전면적인 폭격과 52만5천 명의 병력으로 전쟁을 대규모로 확대시켰다. 닉슨[제37대 대통령]은 전쟁을 라오스와 캄보디아로까지 확대시켰지만 결국 미국의 철수를 요구한 평화조약에 서명할 수밖에 없었다. 전쟁이 종결된 지 10년이 지나 그는 『더 이상의 베트남은 안 된다 *No More Vietnams*』라는 제목의 회고록에서 자신이 맡았던 역할에 관해 썼다. 1985년 5월에 나는 위스컨신 주 매디슨의 『캐피털타임스』에다가 그의 저서에 대한 아래의 서평을 기고했다.

리처드 닉슨은 베트남의 경험에서 아무 것도 배우지 못했다. 그리고는 지금에 와서 자신이 배운 것을 우리에게 가르치려 들고 있다. 그의 이상한 분석을 검토해 보도록 하자.

수십 년 동안의 거짓말로 인해 회의적인 태도를 갖게 된 대중을 설득하려 애쓰면서 닉슨은 베트남에서 우리가 벌인 전쟁을 정당화하기 위해 남용되는 공식을 거듭 반복한다. "1975년 이후의 사태들을 보면……가 입증된다."

이런 식의 주장이다. 베트남은 이제 공산주의자들이 이끄는 독재국가가 됐으며 백만 명의 사람들이 정치적 억압과 경제적 혼란을 피해 도망쳐 나왔다. 이것은 그 나라를 황무지로 바꿔버리고 삼림을 없애고 경작지를 황폐화시키고 비처럼 퍼붓는 수백만 톤의 폭탄과 네이팜탄, 오렌지 고엽제, 그리고 농민 남성, 여성, 어린이들에게 가한 다양한 테러 방책을 통해 백만여 명을 죽인 우리의 행동이 옳았음을 입증한다는 것이다.

이런 논리가 우리를 어디로 이끄는지 살펴보자. 닉슨이 말처럼, 훨씬 더 많은 폭력(백만 명을 더 죽이고, 천여 개의 촌락을 더 파괴하고, 천여 명의 어린이들을 더 사지절단케 만들고, 만 명 내지 2만 명의 미군 병사를 더 죽이고, 인공수족을 달고 있는 미국인의 수를 두 배로 만들면서?)이 필요했을 미국의 '승리'를 가정해 보라.

우리가 지지했던 사이공 정부 자체가 미국 군부에 전적으로 의존하던 야만적인 독재자로서 베트남인들에게 혐오의 대상이었는데, 어떻게 전쟁 승리로 민주적·경제적으로 건전하며 독립적인 베트남을 보장할 수 있겠는가? 한반도에서 우리는 남한을 "구해냈는데," 그 결과는 처음과 마찬가지로 북한의 독재와 남한의 독재였거니와 단 하나의 차이점이라면 2백만 명이 목숨을 잃었다는 것이다.

미국이 "공산주의를 저지"하려고 다른 나라에 개입해서 실제로 '승리'한 다른 상황들도 살펴봐야만 할 것이다.

대담하게도 유나이티드프루트사의 막대한 자산을 환수한 좌익 성향의 정부를 CIA가 1954년에 성공적으로 전복시킨 과테말라를 보라. 그 결과가 어떠했는가? 그 '승리' 이후 세계에서 가장 추악한 군사독재가 과테말라를 지배하고 있다. 암살대,[1] 농민들에 대한 대규모 처형, 이 나라 인구의 다수를 차지하고 있는 인디오들의 비참한 생존 조건 등이 그 결과이다.

우리가 '승리'한 또 다른 경우를 보자. CIA와 IT&T[국제전신전화회사]의 원조 아래 맑스주의자 아옌데가 전복된 칠레 말이다(칠레의 아옌데와 과테말라의 아르벤스 모두 주목할 만큼 민주적인 선거를 통해 대통령으로 당선됐다). 이 '승리'의 결과는 우리가 영화 『실종 *Missing*』(1982)에서 어렴풋이 볼 수 있는 바와 같은 피노체트 장군의 공포통치였다. 수천 명이 실종되고 자동소총을 든 군인들이 거리를 순찰하며 파시즘의 분위기와 현실을 그대로 보여줬다.

미국과 소련의 군사적 개입이 낳은 결과의 우열을 가리기란 쉽지 않다. 군사 개입의 논리는 폭정을 낳지만, 그 폭정이 개입한 강대국에 우호적이기만 하다면 이것은 곧 '승리'로 간주된다.

만약 소련인들이 아프가니스탄에서 황급히 물러날 수밖에 없게 된다면, 아마 소련의 닉슨 같은 인물이 자신들이 더 많은 무력을 사용해야만 했던 이유와 만약 자신들이 승리했다면 상황이 훨씬 좋아졌을 것이라고 설명하는 책을 저술할 것이다.

---

1. Death Squad. 엘살바도르의 군인 도비송(Roberto D'Aubuisson, 1943~1992)이 1966년 조직한 <엘살바도르 특수첩보대 Agencia Nacional de Servicios Especiales de El Salvador>의 비밀부대를 말한다. 훗날 라틴아메리카의 군사독재 정권들이 좌파와 노동자, 농민의 저항을 탄압하기 위해 이런 비밀부대를 자국에 속속 조직함으로써 '암살대'를 총칭하게 됐다.

닉슨의 베트남전쟁 '역사'는 콩 심은 데서 팥을 거두려는 자포자기에 가까운 시도이다. 지면상 여기서는 단지 그가 저지른 오류와 고의적인 생략 가운데 몇 가지만 지적하도록 하겠다.

그는 전쟁은 전쟁일 뿐이라며 백만 명이건 2백만 명이건 사망자 수에 분개할 이유가 무어냐고 묻고 있다. 특히 이 전쟁은 "싸울 만한 가치가 있는 대의"를 위한 것이었기 때문이라고 말이다.

베트남 참전군인들에게 물어 보라. 죽은 이의 가족들에게 물어 보라. 수족이 잘린 사람들과 걸어다니는 부상자들에게 물어 보라. 그렇다. 누군가는 그것이 훌륭한 대의였다고 주장할 것이다. 누군들 많은 생명이 헛되이 낭비됐다고 생각하고 싶겠는가? 그러나 대다수의 사람들은 증오와 분노에 가득 차 있다.

수십만 명의 병사들이 전쟁에서 발길을 돌림으로써 그 '대의'를 향해 나름대로 논평을 했다. 탈영, 무단외출, 명령불복종 등으로 25만 명이 불명예 제대를 했으며 나머지 30만 명도 결코 명예롭지 못한 제대를 했다.

사병들 사이에서는 강력한 반전운동이 있었으며 심지어 조종사들에게까지 퍼져나가 하노이와 하이퐁의 주거 지역과 병원들에 대한 최후의 악의적 공습에 출격하기를 거부하기도 했다.

백인 병사에 비해 두 배나 높은 사망률을 기록한 흑인 병사들의 입으로 쓰여진 역사를 담고 있는 『타임』 기자 윌리스 테리의 『피 Bloods』를 읽어 보라. 그들이 전쟁을 "싸울 만한 가치가 있는 대의"로 생각했는지 살펴 보라. 57만 명의 징병 거부자들 —— 그들 가운데 극소수만이 평화운동가였다 —— 에 관해서도 생각해 보라. 그들은 대부분 단지 징병 대상자 명부에 등록하지 않거나 징병위원회에 출두하지 않은 가난한 백인·흑인 젊은이들이었으며, 따라서 그들은 냉혹한) 전쟁에 나설 수 있는 열정이 없었을 뿐이다.

민간인들 사이에서 "과도한 사상자가 발생"했다고? 오, 아니오, 라고 닉슨은 말하고 있다. 그건 "황당한 얘기"라고 닉슨은 말한다. 우리 군은 "엄격한 교전수칙을 지켜가며 작전을 벌였기" 때문이라는 것이다. 닉슨이야말로 황당한 이야기를 하고 있다(나는 과거의 항공대 폭격수로서 말하고 있다). 높은 고도로 비행하면서 (제2차 세계대전에서 투하된 폭탄 전체의 세 배에 달하는) 7백만 톤의 폭탄을 투하하는 제트기들이 과연 "엄격한 교전수칙"을 지키면서 작전을 수행할 수 있을까?

폭격이 주민들의 사기를 철저히 파괴하기 위해 수행됐음을 분명히 밝히고 있는 국방부의 공식적인 극비 베트남 전사戰史인 『국방부 문서』를 닉슨은 읽어보지 못한 것일까? 미라이 촌락에서 공포에 질린 채 아기를 안고 있는 여자들을 대량 학살한 것이 과연 "예외적 사건"이었을까?

미라이 대학살을 은폐했다는 혐의로 기소된 오런 헨더슨 대령은 기자들에게 이렇게 말했다. "여단 규모의 모든 부대는 어딘가에서 자신이 저지른 미라이 사건을 숨기고 있다."

닉슨은 미국의 베트남 정책을 정당화하기 위한 대담무쌍한 시도인 건터 루이의 『베트남의 미국 *America in Vietnam*』을 읽었음이 분명하다. 이 책에서 루이 자신도 베트남인들이 "포대와 항공기들에 의해 닥치는 대로 이뤄진 폭격"을 당했으며, 인구가 조밀한 메콩강 삼각주 지역에서의 "무차별 살상"으로 인해 "남자, 여자, 어린이들 가운데 수많은 희생자가 발생"했다고 인정하고 있다.

우리는 북베트남의 침공에서 남베트남을 구해내려고 노력했다고 닉슨은 거듭 밝히고 있다. 정부측의 기록만 봐도 여기에 반대되는 증거들이 산더미처럼 많다.

자신들의 말이 대중에게 공개될 것임을 미처 예상하지 못한 국방부 역사가들은 "남베트남은 그 본질상 미국의 피조물이다"라고 기록했다. 프랑스인들이 그들의 식민지 지배를 유지할 수 있도록 하기 위해 가능한 모든 노력을 기울이고서도 (게다가 원자폭탄을 사용하라고 제안하기까지 하고서도) 도대체 어떻게 미국이 베트남인들의 자결권에 관심을 가졌다고 주장할 수 있는가?

닉슨은 기록을 날조하고 있다.

프랭클린 루스벨트 대통령은 공개적 발언과는 달리 개인적으로는 프랑스인들에게 그들이 베트남에 대한 지배를 유지할 수 있다고 안심시켰다. 이 기록은 『국방부 문서』에 들어 있다.

북측의 침공이라고? 남부 농촌의 지역은 대부분 미국이 뉴저지에서 비행기로 공수해서 권좌에 앉힌 디엠2)에 맞서 반란을 일으킨 상태였다. (미국 정부의 분석가인) 더글러스 파이크도 인정했듯이, 이 남부의 민족해방전선 반란자들은 이 나라 역사상 가장 거대한 대중조직을 발전시키고 있었다. 국방부 역사학자들은 다음과 같이 기록해 놓기도 했다.

---

2. Ngo Dinh Diem(1901~1963). 베트남의 정치가. 안남 왕국의 명문 출신으로 황제 바오다이 밑에서 내무대신이 됐으나, 친親프랑스적인 정책에 반대해 사임했다. 그 이래로 거의 10년 동안 미국, 프랑스, 벨기에 등지에서 망명생활을 했다. 1954년 귀국해 미국을 등에 업고 총리가 됐고, 1956년 국민투표로 공화국을 선포해 대통령에 취임했다. 지주층과 군부, 경찰 세력을 기반으로 강력한 반공 억압정치를 폈으나 독재와 부패 때문에 민심을 잃고, 1963년에 발생한 군부 쿠데타로 살해당했다.

"오로지 베트콩만이 농촌 지역에서 실질적인 지지와 광범한 기반을 지닌 영향력을 갖고 있었다."

우리가 북베트남의 침공이 있고 난 뒤에야 개입했던가? 미국측 정보 자료에 따르면, 5백 명에 달하는 최초의 북베트남 대대는 1964년 말이나 1965년 초까지는 남쪽으로 내려오지 않았다. 그때쯤에는 미군 4만 명이 이미 주둔하고 있었고, 적어도 1962년과 1963년에는 미군 조종사들이 수천 회의 공습 출격을 마친 상태였다.

베트남에는 단 하나의 외국 침공자가 있었다. 미군이 바로 그들이었다.

의회는 자신의 전통적인 소심함으로 인해, 그리고 1964년 통킹만에서 미국 함정이 공격받았다는 린든 존슨 대통령과 국무장관 딘 러스크, 국방장관 로버트 맥나마라의 거짓말에 근거해 LBJ에게 대규모 살육을 위한 백지수표를 내줬다.

닉슨이 의회를 비난하고는 있지만, 전쟁을 멈추게 한 것은 결코 의회가 아니었다. 1969년에 이르러 압도적인 수로 전쟁을 거부하고 베트남에서 철수할 것을 원하게 된 미국 국민들이 그렇게 했다.

왜 닉슨은 지금 와서 이 모든 허튼 소리를 글로 쓴 것일까? 그가 바라는 바는 우리가 베트남에서 미군 병사와 베트남인들을 충분히 많이 죽이지 못했다고 우리를 설득하려 하는 것처럼 보인다. 우리가 더 많은 수를 죽였다면 우리는 '승리'할 수 있었을 것이다. 따라서 우리는 중앙아메리카에서 그렇게 우물쭈물해서는 안 된다.

그러나 서둘러 중앙아메리카에 젊은이들을 파병하고 폭탄을 떨어뜨리기 전에, 아니면 그저 그곳에 있는 우리의 고약한 우방들을 지원해 다우존스지수는 상승세를 유지하되 라틴인들끼리 서로 죽일

수 있게 하기 전에, "싸울 만한 가치가 있는 대의"를 재고해야 할지
도 모른다. 이 대의는 공산주의 저지와 모종의 관련이 있다.

닉슨과 레이건이 그렇게 했듯이 만취 상태로 전 세계를 질주하
면서 그토록 막대한 사상자를 낳게 만드는 이 반공주의 위스키에 취
하기 전에, 우리는 잠시 멈춰 생각해야 한다.

닉슨의 말에 다시 귀기울여 보는 게 도움이 된다. 그는 전 세계에
전쟁을 퍼뜨리려고 하는 번쩍이는 신용카드를 휘둘러대는 자신과
레이건이 일심동체라고, 불신받은 전 대통령과 신뢰받는 신임 대통
령이 일심동체라고 우리에게 일깨워 준다.

그러나 그 신용카드의 청구서는 우리에게 날라 올 테고, 그 항목
은 단지 달러가 아니라 인간 생명일 것이다. 이 녀석들은 미국 국민
들에게, 지금 세대들에게, 우리의 아이들이나 손자·손녀들에게 아무
도움도 되지 않는다.

16
이날, 누구를 추모해야 하는가?

1971년 『보스턴글로브』의 편집인으로 대담하게도 베트남전쟁의 역사에 관한 극비 문서 『국방부 문서』의 일부를 싣기도 했던 탐 윈쉽은 1974년 내게 자기 신문에 격 주로 칼럼을 써달라고 부탁했다. 1년 반 정도 칼럼을 썼다. 아래 칼럼은 1976년 6월 2일자로 그 해의 전몰장병 기념일에 관한 것이다. 이 글이 발표된 뒤 나는 더 이상 칼럼을 쓸 수 없게 됐다.

전몰장병 기념일[1]은 으레 그렇듯 축하될 것이다. 전국 곳곳에서 벌 어지는 자동차들의 고속 충돌과 간선도로에 어수선하게 널린 시체 들, 앰뷸런스의 사이렌 소리로.

기념일은 나부끼는 깃발과 나팔소리와 북소리, 행진과 연설, 경 솔한 박수 갈채로 축하를 받기도 할 것이다.

이날은 총과 폭탄, 전투기, 수송기, 그리고 끝도 없이 잡다한 군 대 쓰레기를 만들어내면서 의회와 대통령이 천억 달러짜리 수주계 약을 신속히 승인하기를 고대하는 거대 기업들에게도 분명히 축하 를 받을 것이다.

---

1. Memorial Day. 5월의 마지막 월요일. 우리의 현충일에 해당하는데 '현충 顯忠'이라는 어휘가 봉건적 애국주의를 함축하고 있기 때문에 원어의 뜻을 그대로 살려 옮겼다.

다시 말해서, 전몰장병 기념일은 여느 때처럼 치러질 것이다. 죽은 자들에 대한 통상적인 배반과 또 다른 전쟁을 준비하는 내년, 내후년의 기념일에 더 많은 무덤에 더 많은 꽃을 바칠 준비를 하고 있는 정치가들과 수주계약자들의 위선적 애국주의를 통해.

죽은 이들의 기억은 이와는 다른 헌정을 받을 가치가 있다. 평화라는 헌정, 정부에 대한 도전이라는 헌정을.

뉴햄프셔에는 베트남에서 죽은 자기 남편을 군인묘지에 묻어선 안 된다고 거부한 한 젊은 여성이 있었다. 그녀는 자기 남편을 비롯해 5만 명을 죽음의 땅으로 내몬 이들이 주문한 겉치레 의식을 거절했다. 전몰장병 기념일에는 그녀의 용기를 소중히 간직해야 한다.

닉슨과 키신저의 전쟁이 막바지에 이르던 때 악독한 공습을 거부해 출격하지 않는 B-52 조종사들도 있다. 누구인지도 모르는 사람들에게는 그렇게도 신속하게 명예학위를 주는 저명한 대학들 중에서 학위수여식 시기인 전몰장병 기념일에 이 조종사들에게 명예를 줄 생각이라도 해본 곳이 있을까?

전쟁 공채에 찬성표를 던진 정치인, 군과 계약을 맺은 기업체, 젊은이들에게 전투를 명령한 장성, 반전 활동을 염탐한 FBI 요원, 이들 가운데 어느 누구도 이 신성한 날의 공식 기념식에 초대되어선 안 된다. 지난 전쟁들에서 죽은 이들이 추모받게 하자. 살아있는 이들은 다시는 대량살육을 벌이지 않겠다고 서약하도록 하자.

"탄피에는 그의 군번이 써 있었다. 피가 땅으로 흘러 떨어졌다. [……] 그의 가슴이 있었던 곳에 그들은 미국 명예훈장, 영국 수훈장, 프랑스 전공훈장, 벨기에 무공십자훈장, 이탈리아 금훈장, 루마니아의 마리 여왕이 보낸 무공훈장을 달아줬다. 워싱턴 사람들이 모두 꽃을 가져 왔다. 우드로우 윌슨은 양귀비 꽃다발을 가져 왔다."

존 도스 패서스[2]의 성난 소설 『1919년』의 마지막 문장들이다. 전몰장병 기념일에는 그를 추모하도록 하자.

그리고 멕시코전쟁에 반대해서 투옥된 소로우를 기념하자.

세기 전환기에 필리핀인들을 상대로 벌인 전쟁을 비난한 마크 트웨인도.

신문 편집자들 가운데 유일하게 한국전쟁의 기만과 야만성을 폭로한 I. F. 스톤도.

백악관의 꾐과 동료들의 경고를 거부하고 베트남전에 우레와 같은 비난을 퍼부은 마틴 루터 킹을 추모하자.

전몰장병 기념일은 무덤에 꽃을 바치고 나무를 심는 날이 되어야 한다. 또한 우리를 보호하는 게 아니라 오히려 위험에 빠뜨리는, 우리의 자원을 허비하고 후손들을 위협하는 죽음의 무기들을 폐기하는 날이 되어야 한다.

전몰장병 기념일에 우리는 '방위'라는 이름 아래, "사상 최대의 떠다니는 불량품"이라 불리는 경輕항공모함 한 대에 2억5천만 달러에 달하는 우리의 세금이 사용되고 있다는 사실을 가슴 깊이 새겨야 한다. 해군은 시험 운항에서 2천여 가지의 주요 결함이 발견됐는데도 불구하고 이 함정을 구입했다.

---

2. John Roderigo Dos Passos(1896~1970). 미국의 소설가 겸 정치평론가. 우리에게는 헤밍웨이를 통해 유명해진 '잃어버린 세대'의 대표적 작가이다. 제1차 세계대전에 야전 위생병으로 참전한 뒤 전쟁 체험에 기반을 둔 반전소설들을 발표해 명성을 떨쳤다. 『1919년 *Nineteen Nineteen*』은 1900년부터 1920년대 말의 대공황을 배경으로 그 시대를 대표하는 남녀 12명의 생애를 그린 급진적 사회소설로서, 작가 자신이 공산주의에 경도되기 시작했던 1932년에 발표한 소설이다.

다른 한편에서는 주택이 부족해 수백만 사람들이 도시 곳곳의 무너져 가는 구역에 살고 있으며, 또 다른 수백만 사람들은 울며 겨자 먹기로 높은 집세나 고리의 주택대부금을 감수하고 있다.

B-1 폭격기에는 9백만 달러를 쏟아 붓지만 국민들은 병원비 낼 돈도 없다.

실천을 하자. 자신들의 실천으로 모든 세대에 걸쳐 전쟁을 만들어낸 이들이 누구인지 말하자. 우리의 방위력을 고갈시켜선 안 된다. 우리의 젊음을 고갈시키고 우리의 자원을 훔쳐간 이들이 누구인지 말하자.

결국 우리의 유일하고도 진정한 방위력은 시체들이 아니라 살아 있는 사람들이고, 파괴적인 분노가 아니라 창의적인 에너지이며, 이는 우리를 죽이려는 다른 나라 정부들뿐만 아니라 역시 우리를 죽이려 하는 우리 자신의 정부에 맞섬을 통해 가능하다.

이 전몰장병 기념일을 과거와 똑같은 죽음으로의 도취 여행에 국한시키지 말자.

VI

제2차 세계대전

17
라이언 일병 구하기

할리우드는 항상 전쟁을 흠모해 왔다. 전쟁영화는 인기 있고 수익성도 좋지만, 영화 산업과 정부 사이에 협력관계를 창출해 예술의 독립성 원칙을 침해한다. 사실 정부는 그런 영화를 장려하기 마련이며, 전쟁 장면을 위해 장비를 대여해 주기도 한다. 베트남 시절의 호전적 영화 『그린베레』에는 물질적 지원과 공식적 승인을 제공하기도 했다. 영화 『라이언 일병 구하기』는 지난 50여 년 동안 우리 문화 속에 존속해 왔으며 할리우드의 군인정신에 완벽하게 부합되는 제2차 세계대전에 대한 찬미를 상기시켜 줬다. 나는 이 영화를 비판적으로 볼 필요가 있다고 생각했다.

수많은 제2차 세계대전 참전용사들(극장 여기저기서 그들의 모습을 볼 수 있었다)처럼 나도 『라이언 일병 구하기』에 이끌려 보러 갔다. 나는 스무 살의 나이에 항공대에 자원해 폭격수로 훈련받고 나서 동료들과 함께 유럽전쟁의 마지막 폭격 임무를 수행하기 위해 영국에서 바다를 건너 날아갔다.

내가 탄 폭격기의 조종사는 열아홉이었고 기미機尾 사수는 열여덟이었다. 『라이언 일병 구하기』에 나오는 하나 하나의 죽음을 보면서, 다른 참전군인들도 그랬겠지만, 나는 우리가 얼마나 운이 좋았는지를 떠올렸다. 살아남은 우리 말이다. 항공대에서 가장 가까이 지낸 두 명으로, 나와 함께 훈련을 받았지만 다른 전역(세상에 그 단어가 'theater'라니!)[1]으로 떠난 동료들(이탈리아로 간 조 페리와 태평양으로 배치받은 에드 플라트킨)은 전쟁이 막바지에 이른 몇 주 사이에 목숨을 잃었다.

놀라울 만치 생생하게 촬영된 전투 장면을 보면서 나는 '완전히 빠져들었다 taken in.' 그러나 영화가 끝났을 때 나는 내가 정확히 그 영화에 '완전히 속았다 taken in'는 사실을 깨달았고 영화가 끔찍이 싫어졌으며 분노가 치밀어 올랐다. 내가 화가 난 이유는 전쟁에서 사람들이 겪은 고통이 알링턴 국립군인묘지에 안치된 시체들과 함께 묻혔어야만 했을 것(군대식 영웅주의의 영광)을 부활시키는 식으로 사용되기를, 아니 악용되기를 바라지 않았기 때문이다.

영화평론가들은 『라이언 일병 구하기』가 "사상 최고의 전쟁영화"라고 말하고 있다. 이 평론가들은 실망스러운 패거리들이다. 그들은 오마하해변 상륙작전의 피비린내 나는 혼돈을 묘사한 눈부신 촬영기법에 흥분하는 것을 넘어서 환희를 느끼기까지 한다. 그러나 그들은 딱할 만큼 천박하다.

(『뉴욕타임스』의 빈센트 캔비나 『보스턴글로브』의 도널드 머레이 같은 소수의 존경할 만한 예외적 평론가들을 빼고) 평론가들은 가장 중요한 질문을 던지는 데 실패했다. 이 영화가 이런 장면이 결코 다시는 벌어져서는 안 된다고 다음 세대를 설득하는 데 도움이 될까? 우리가 기억하는 나쁜 전쟁들과는 달리 이번 전쟁은 제2차 세계대전처럼 '좋은' 전쟁이 될 것이라고 역설하는 정치 지도자들의 매혹적인 연설이 귓전에 울릴지라도, 전쟁에 반대해야만 한다고 분

---

1. 영어의 '극장 theater'이라는 단어는 '전역 戰域'이란 의미도 갖고 있다.

명히 말해주는 영화인가?

영화를 찬미하는 평론가들은 이런 질문에 나름의 답변을 제시한다. 그건 그저 한 편의 전쟁영화일 뿐이라고. 반전영화가 아니라고. 영화를 본 몇몇 사람들은 그런 끔찍한 전율을 보고 난 뒤 누가 전쟁을 원할 수 있겠느냐고 물었다. 하지만 전쟁의 참사를 안다고 해서 애국적인 정치가들의 연설과 알랑거리는 언론이 전쟁 정신을 신속하게 증강시키는 데 장애물이 된 적은 한 번도 없었다.

이 모든 유혈, 이 모든 고통, 이 모든 찢겨진 사지와 배 밖으로 흘러내린 창자도 용감한 국민이 전쟁에 나서는 것을 막지는 못할 것이다. 그들은 그저 대의가 정당하다고 믿기만 하면 된다. 모든 전쟁을 종식시키기 위한 전쟁이다(우드로우 윌슨), 공산주의를 막아야 한다(케네디, 존슨, 닉슨), 침략을 벌하지 않고 내버려두어선 안 된다(부시) 등등, 그런 말만 있으면 된다.

『라이언 일병 구하기』에서는 대의가 정당하다는 데 한 점의 의혹도 없다. 이것은 좋은 전쟁인 것이다. 이런 말을 명시적으로 할 필요도 없다. 알링턴 국립묘지의 십자가들이 비통한 침묵으로 웅변하고 있기 때문이다. 인자한 마셜 장군은 영화의 전반부와 후반부에서 [남북전쟁에서] 아들 다섯을 잃은 한 어머니를 위로한 링컨 대통령의 말을 인용함으로써, 그 전쟁과 마찬가지로 이 전쟁도 (비록 다른 백만 명의 어머니에게는 슬픔을 가져다 주겠지만) 좋은 대의를 위한 것이라는 사실에 한 점의 의심의 여지도 남겨두지 않는다.

그렇다. 파시즘을 몰아내는 건 좋은 대의였다. 하지만 그렇다고 해서 그 전쟁이 의문의 여지가 없는 좋은 전쟁이었다고 결론 내릴 수 있을까? 전쟁은 우리를 타락시켰다. 그렇지 않은가? 전쟁이 낳은 증오는 나치에게만 국한되지 않았다. 우리는 [미국 시민이기도 했던] 일본계 가족들을 강제수용소에 몰아넣었다. 드레스덴과 함부르크, 도쿄, 그리고 마침내는 히로시마와 나가사키를 폭격하면서 우리는 셀 수 없이 많은 무고한 사람들을 죽음으로 몰고 갔다. '잔학행위'라는 단어가 딱 어울리는 행위였다. 그리고 전쟁이 끝났을 때 우리와 우리의 연합국들은 또 다른 전쟁을 준비하기 시작했다. 이번에는 핵무기를 가지고. 만약 이를 사용했더라면 히틀러의 홀로코스트는 보잘것없는 기록이 됐을 것이다.

단기적으로 봤을 때 다른 대안이 있었는지, 5천만 명의 사망자를 내지 않고도 파시즘을 물리칠 수 있었는지는 끊임없는 논쟁거리가 될 수 있다. 그러나 제2차 세계대전이 전 세계인의 사고에 미친 장기적 효과는 치명적이고 심대하다. 그로 인해 제1차 세계대전의 무의미한 살육 이후 철저하게 불신됐던 전쟁은 다시 한번 숭고한 것이 됐다. 게다가 그로 인해 정치 지도자들은 그들이 우리를 어떤 비참한 모험으로 이끌고 가건, 또는 다른 사람들(한반도에서 2백만 명, 동남아시아에서 최소한 그 정도, 이라크에서 수십만 명)에게 그리고 우리 자신에게 어떤 파괴를 가하건, 제2차 세계대전을 하나의 모델로 활용할 수 있었다.

나치즘 대신에 공산주의가 전쟁의 이유로 확실히 자리를 차지했으며, 이제 더 이상 공산주의라는 위협을 사용할 수 없을 때면 사담 후세인 같은 손쉬운 적이 히틀러에 비견될 수 있었다. 막대한 재난을 정당화하기 위해 그럴 듯한 비유가 활용됐다. 제2차 세계대전이 절대선이라는 가정은 전쟁 자체에 정의라는 아우라를 만들어 줬으며(한국전쟁에 반대하는 대규모 저항운동이 없었음을 주목하라), 오

로지 베트남 같이 극악무도하고 공식적 거짓말에 흠뻑 젖은 모험만
이 이런 아우라를 헤쳐 없앨 수 있었다.

베트남은 수많은 미국인들로 하여금 전쟁이라는 기획 자체에 의
문을 제기하게 만들었다. 지금『라이언 일병 구하기』는 최고급 영상
기술의 도움을 등에 업은 채, 라이언 일병만이 아니라 전쟁의 명성
도 구조하기 위해 우리 가슴속에서 병사들에 대한 깊은 감정을 불러
일으키고 있다. 나는 스필버그가 아카데미상을 받는다고 해도 놀라
지 않을 것이다. 키신저가 노벨상을 받지 않았던가? 상을 주는 위원
회들은 너무나도 흔히 사회적 의식을 결여하고 있다. 그리고 우리는
그들의 선택에 찬사를 보낼 의무가 없다.

전쟁에 관한 나 자신의 기억을 새롭게 하려고『서부전선 이상 없
다 *All Quiet on the Western Front*』를 비디오로 봤다. 배경음악도, 현대
촬영기술의 도움도, 시체로 뒤덮인 전쟁터도, 화면을 붉게 물들이는
봇물 같은 피도 없이, 이 영화는 보병들이 겪은 참호전의 공포를『라
이언 일병 구하기』보다 더 강력하게 전달하고 있었다. 몸의 나머지
부분은 어디론가 날아간 채 두 손만이 철조망을 부여잡고 있는 스쳐
지나가는 한 장면만으로도 모든 것을 말해주고 있었다.

스필버그의 영화에서 우리는 탐 행크스가 집중포화를 당하는 모
습을 보며 슬픔을 느낀다. 그러나 에리히 레마르크가 자신의 이야기
에서 주인공의 죽음을 보여준 장면, 즉 참호 위에서 나풀대는 나비
한 마리와 나비를 향해 뻗은 루 에이어스[영화에서 주인공 파울 보이
머 역을 맡은 배우]의 손에서 힘이 빠지는 모습을 담은 장면에 비한
다면, 그것은 무미건조한 슬픔이다. 우리는 시신은 전혀 보지 못하
고 단지 아름다운 나비와 쭉 뻗은 손만을 본다.

그러나 더욱 중요한 점은 『서부전선 이상 없다』가 『라이언 일병 구하기』와는 달리, 그리고 과장된 표현을 남발하는 평론가들과는 달리, 전쟁이라는 쟁점을 교묘하게 피해가지 않는다는 사실에 있다. 이 영화에서 전쟁은 소름끼치는 것일 뿐만 아니라 무익한 것이다. 전쟁은 불가피한 일이 아닐 뿐더러 날조된 것이다. 다시 말해 전쟁에 관해 평한다는 것은 링컨의 말을 인용하는 다정다감한 마셜 장군을 들먹이는 게 아니라, 부유한 남자들이 "제군들이여, 파리로 진격하라! 파리로 진격하라!"라고 병사들을 몰아대는 것이다.

참호 속의 병사들은 전투에 관해서만 토론하지 않는다. 그들은 전쟁에 관해 얘기한다. 누구에게 이득이 되는 거지? 야, 세계 지도자들을 전장으로 불러다가 직접 결판을 내라고 하자! 우리는 철조망 저편에 있는 애들하고 싸울 일이 없잖아!

『라이언 일병 구하기』 같은 영화가 마치 군대의 행진처럼 그 색채와 웅장함을 찬미하는 환호 소리와 흩날리는 색종이 세례만을 받는 지금, 우리의 문화는 심대한 재난에 빠져 있다. 그러나 도덕의식을 갖춘 사람들이 자기 자신들의 문화를 창조해야 한다는 사실은 확실히 새로울 게 없다.

18
르와양 폭격

1945년 4월 중순의 진행된 합동 공습으로 보르도 인근 대서양 연안에 있는 (피카소가 즐겨 찾던) 고성古城과 아름다운 해변의 도시인 프랑스의 휴양지 르와양의 파괴가 완결됐다. 연합군의 서부유럽 침공 D–데이에서 10개월이 지난 뒤(그리고 독일의 최종 항복 3주 전)의 일이었다. 제2차 세계대전 당시 미 육군 항공대의 공식 역사에서는 르와양 공격을 간략하게 언급하고 있다.

"4월 14일에서 16일까지 매일 1천2백여 기의 중重폭격기가 보르도 인근에서 끈질기게 저항을 계속하고 있는 독일 수비대에 소이탄과 네이팜탄, 2천 파운드짜리 대형 파괴폭탄 등을 투하했다. 폭격은 효과적이었으며 프랑스군은 곧 이 지역을 점령했다."

공식 역사에 따르면 이 폭탄들은 "끈질긴 독일 수비대"에 투하됐다. 이것은 사실을 오도하는 것이다. 폭탄이 투하된 곳은 르와양 주변 전역이었으며 이곳에는 독일군 수비대도 있었지만(대부분 시 외곽에 있었다) 주민들도 있었다. 전쟁이 끝나고 르와양 폭격에 관해 조사하게 된 것은 나 자신이 제490폭격비행대대의 폭격수로 이 작전에 참여했기 때문이었다. 당시에는 약간 다른 종류의 폭탄을 적재하고 약간 다른 목표물을 공격하는 또 다른 폭격 임무인 것처럼 보였다. 우리는 새벽 이른 시간에 기상해 브리핑실로 가서는, 우리의 임무는 르와양 시내 및 외곽에 잔존해 있는 독일군 점령하의 고립지대를 폭격하는 것이며, 우리 폭격기의 폭탄투하실에는 신물질인 '젤리형 가솔린'(지금은 네이팜이라 불린다)을 채운 백 파운드짜리 폭탄을 싣고 가게 될 것이라고 들었다. 폭탄은 독일군 시설에 정밀하게 조준된 게 아니라 단지 르와양 지역 상공에서 선두 폭격기의 폭탄투하실에서 폭탄이 떨어지는 모습을 보자마자 상하식 스위치로 투하한 것이었다. 이것은 목표물을 정밀조준하지 않고 집중

폭격하기 위해 고안된 방법이었다(2만5천 피트 상공에서는 우리가 작동법을 배운 노던 폭격조준기[1])로도 인근의 민간인들은 피해서 적 시설물만 명중시킬 수는 없었다). 상하식 스위치에 연결된 간격계기는 첫 번째 폭탄이 투하된 뒤 정해진 시간 간격대로 자동으로 폭탄을 떨어뜨렸다. 엄청난 높이의 고도에서도 시내에서 폭탄이 폭발하며 마치 안개 속에 성냥불이 타오르듯 뚜렷하게 보이던 장면이 떠오른다. 당시 나는 지상에서 사람들이 겪는 혼란을 전혀 모르고 있었다.

1966년 나는 르와양에 머물면서 시 도서관에서 많은 자료를 찾아냈고 이 자료들에 근거해 이 글을 썼다.

르와양 폭격에 관한 정보를 요청하는 내 편지에 대해 육군부 수석군사관실의 H. A. 슈미트 대령이 다음과 같은 답장을 보내 왔다.

보르도 항을 해방시키기 위해서는 르와양과 라푸앵, 드그라브, 올레롱섬 등의 교두보를 함락시켜야 했습니다. 르와양 구역은 보르도 지역에서 독일군 주력 수비대가 저항을 계속하고 있는 곳이었으며 작전에서 가장 우선시됐습니다. 미국 제8항공대가 대규모 폭격으로 연합군 지상병력이 이동할 수 있는 길을 닦았습니다.

당혹스러운 에피소드일 수도 있는 사건에 대해 이처럼 신속하고도 무사태평한 기록을 남기는 일은 정부 인사들의 역사 서술에서 흔

---

1. Norden bombsight. 1931년 독일 태생의 미국 엔지니어 노던(Carl Lucas Norden, 1880~1968)이 개발한 폭격조준기로 훗날 많은 개선을 거쳐 자동비행장치와 결합 사용함으로써 미 공군의 고高고도 폭격의 정확성을 크게 높였다. 제2차 세계대전 당시 극비 장비로 분류되어 임무가 없을 때는 아예 기체에서 떼어냈고, 폭격기 승무원들에게는 적 지역에 비상착륙 했을 때 무엇보다 먼저 노던 조준기를 파괴하라는 지시가 내려졌을 정도였다.

한 일이다. 1945년 2월 드레스덴 시가 소이탄으로 무차별 집중폭격을 당해 13만5천 명이 죽었을 당시 수상이었으며, 도시 지역 폭격에 관한 전반적인 전략을 승인했던 윈스턴 처칠은 자신의 회고록에서 다음과 같은 서술에만 논점을 국한시켰다. "최근 한 달 동안 우리는 당시 독일 동부전선의 연락 중심지였던 드레스덴에 대한 대규모 공습을 수행했다."[2]

　군사적 필요성에 근거해 히로시마와 드레스덴에 대한 폭격을 옹호하려는 주장들이 끈질기게 제기됐지만, 궁극적으로 보면 그런 주장에 대립되는 증거가 압도적이다. 르와양의 경우, 사실상 군사적 필요를 근거로 공격을 옹호하는 게 애초부터 불가능했다. 르와양은 전투가 벌어지고 있는 전선에서 멀리 떨어진 대서양 연안의 작은 소도시였다. 그렇다. 그곳은 큰 항구인 보르도로 가는 바닷길목에 자리잡고 있었다. 그러나 그 필요성은 결정적이지 않았다. 보르도가 없이도, 그리고 더 나아가 그 항구 시설이 없이도, 연합군은 노르망디를 공격하고 파리를 접수했으며 라인강을 건너 이제 독일 안쪽으로 상당히 들어간 상태였다. 게다가 르와양에 대한 전면적인 공중공격은 유럽에서의 전쟁이 끝나기 3주 전에 이뤄졌던 바, 그때쯤이면 얼마 안 있어 모든 게 끝나리라는 것을, 이 지역 독일 수비대의 항복을 받아내기 위해 해야 할 일이라곤 그저 기다리는 것뿐이라는 사실을 누구나 알고 있었다.[3]

---

2. [지은이] David Irving, *The Destruction of Dresden*, Part II, 특히 독일 동부 도시들에 대한 대규모 공습을 밀어붙이는 과정에서 처칠이 행한 역할을 보여주는 제2장 「천둥소리 Thunderclap」를 보라; 제5부 제2장에는 처칠이 나중에 그 책임을 폭격사령부에 떠넘기려 애쓰는 모습이 서술되어 있다.

3. [지은이] 아울러 모든 희생자들이 동등하다는 제스처로 각주로 언급해야만 할 사실이

그런데도 불구하고 1945년 4월 14일 르와양에 대한 공격이 개시
됐고, 이튿날 『뉴욕타임스』에 타전된 런던발 특보에서는 다음과 같
이 보도됐다.

어제 미국 제8항공대 전 병력이 유럽의 잊혀진 전선들 가운데 한곳
인 프랑스 서남부의 큰 항구 보르도를 내려다보는 지롱드만의 독일
군 점령지대로 급파됐다. 전투기의 호위도 받지 않고 이뤄진 1,150
기에 달하는 '하늘의 요새'와 '해방자'⁴⁾의 타격이 있은 뒤 프랑스군
이 제한적인 지상공격을 수행했다…….

3~4만의 나치 군대는 작년 여름에 전쟁의 물결이 휩쓸고 지나간
이래 지롱드만 점령지대에 고립된 상태였다. [……] 아마도 이번 공
습 병력은 전투기의 호위를 받지 않고 주간에 영국에서 출격한 최
대 규모의 중폭격 비행대로 기록될 것이다. 이 거대한 비행기 가운
데 다섯 대는 귀환하지 못했다.

공습이 단 다섯 개 승무조(45명의 군인)의 손실만을 낳았을까? 죽
어간 생명과 파괴된 가옥, 부상이나 화상을 입은 사람들을 포함시킨
다면 그것은 비극의 일각에 불과했다. 다음날인 4월 15일 공습은 더
격렬해졌고, 비행기들은 새로운 무기를 장착했다. 『뉴욕타임스』의
파리발 1면 특보는 "보르도 항을 열기 위한 대공세 속에서 이틀 동
안 이뤄진 파괴적인 공중폭격과 무지막지한 지상공격"에 관해 보도
했다. 기사는 다음과 같이 계속된다.

있다. 히로시마, 드레스덴, 르와양을 각각 구별해야 할 모종의 이유가 있었다. 그곳 주민들
은 (적어도 공식적으로는) 적이 아니라 친구였다.

4. '하늘의 요새 Flying Fortress'와 '해방자 Liberator'는 각각 B-17과 B-24의 속칭이다.

미 제8항공대의 1천3백여 '하늘의 요새'와 '해방자'는 보르도로 가는 길목을 장악하고 있는 지롱드 양안의 적 진지들에 46만 갤런의 액화液火를 흠뻑 퍼부어 독일군 진지와 방위 거점들을 화염에 휩싸이게 만듦으로써 오늘의 성공적인 공격을 위한 길을 닦아줬다.

· 이번 공습은 제8항공대가 자신의 신형 폭탄을 사용한 첫 번째 작전이었다. 이 인화성 물질은 탱크에 넣어 투하하는 것인데 뇌관에 충격이 가해지는 즉시 폭발함으로써 연료를 점화시키고, 각 탱크의 불을 뿜는 내용물들은 약 60평방 야드 지역에 흩뿌려진다.

이 액화는 네이팜으로서, 이 전쟁에서 최초로 사용된 것이었다. 다음날에도 고성능 폭탄을 사용한 또 다른 폭격과 한층 강화된 지상 공격이 이뤄졌다. 이 지역의 독일군을 항복시키려고 모두 사흘간의 폭격과 지상공격이 필요했다. 프랑스 지상군에서는 약 2백 명의 전사자가 발생했으며 독일군의 경우 수백 명이었다. 이 공격으로 발생한 민간인 사망자 수에 대해서는 정확한 수치가 없지만, 이 지역 『뉴욕타임스』 특파원이 작성한 특보는 다음과 같이 보도했다.

프랑스군이 강어귀 북쪽에 있는 르와양 대부분 지역을 소탕했다. [……] 인구 2만의 소도시 르와양은 한때 휴양지였다. 48시간 동안 이뤄진 두 차례의 끔찍한 공습으로 정신이 멍해지거나 상처를 입은 약 3백50명의 민간인이 폐허에서 기어 나와, 공습이 "믿을 수 없을 정도로 무시무시한 지옥이었다"고 말했다.

몇 주 지나지 않아 유럽에서의 전쟁은 끝났다. '해방된' 르와양 시는 완전히 폐허가 됐다.

1945년 4월 중순 이뤄진 이 승리 전야의 공격은 연합군의 손에 의해 르와양이 겪어야 했던 두 번째 재앙이었다. 1945년 1월 5일 새벽 직전의 어둠 속에서, 영국군 중폭격기 편대가 약 한 시간 간격으로 두 차례, 앞선 몇 달 동안 있었던 자발적 소개 疏開에도 불구하고 여전히 2천여 명의 주민이 거주하고 있던 르와양 상공을 비행했다. 경고도 전혀 없었고 방공호도 없었다. 선두 폭격기가 조명탄으로 표시를 해 둔 도시 중앙부(시 외곽에 있던 독일군과는 너무나도 멀리 떨어진 곳이었다)의 직사각형 구역에 폭탄이 투하됐다. 천여 명의 사람이 목숨을 잃었다(그 추정치는 천2백에서 천4백까지 편차를 보인다). 수백 명의 사람이 부상을 입었다. 르와양의 거의 모든 건물이 파괴됐다. 따라서 4월에 있은 공격은 건물 잔해와 살아남은 가족들에게 가해진 것이었으며 도시를 완전히 절멸시켰다.

이 1월의 폭격은 한 번도 적절하게 해명되지 않았다. 모든 설명에서는 단 한 구절 —— "비극적인 실수" —— 만이 반복된다. 당시 군 관료들이 제시한 설명은 원래 폭격기들은 독일에 폭탄을 투하할 예정이었으나, 그곳의 기상 악화로 독일 진지들을 표시한 지도도 없이 르와양으로 기수를 돌렸다는 것이었다. 인근 지역인 코냑에서 출격한 프랑스 비행기들이 조명탄으로 진지를 지목하기로 되어 있었으나 이 또한 이뤄지지 않았거나, 잘못 지목했거나, 아니면 조명탄이 바람에 쏠려갔다는 것이었다.[5]

폭격 직후 이 지역의 어느 인사가 작성한 「비극의 밤」이라는 특보는 다음과 같은 내용을 담고 있다.[6]

---

5. [지은이] J. R. Colle, "La Résistance et La Libération," *Royan, son passé, ses environs*, La Rochelle, 1965.

6. [지은이] 이 기사가 실린 정기간행물은 현재 입수할 수 없지만 이 기사와 뒤에서 참조할

독일 점령하에서. 밤이 찾아들어 잠자는 도시에 고요만이 적막한 가운데 르와양 교회에서 자정을 알리는 소리가 들려온다. 한 시, 두 시……르와양 주민들은 한기를 느껴 이불을 머리까지 뒤집어쓴 채 잠들어 있다. 세 시, 네 시. 멀리서 위잉 하는 소리가 들려온다. 로켓 포가 하늘을 밝힌다. 주민들은 침착하다. 이들이 평온한 까닭은 설령 비행기가 날아오더라도 그것은 연합군 비행기일 테고 독일군 요새를 조준 폭격할 터이기 때문이다. 또한 지금은 독일군 병참 수송기가 비행하는 저녁 시간도 아니지 않은가? 시계는 다섯 시를 울린다. 그리고는 야만적이고 끔찍하며 무자비한 재앙이 이어진다. 강철과 불바다의 물결이 르와양을 엄습한다. 3백50기의 비행기가 한 차례 몰려와 도시에 8백 톤의 폭탄을 떨어뜨린다. 몇 초가 지나자 생존자들은 부상자들을 도와달라고 외친다. 단말마의 비명과 숨넘어가는 소리……거대한 빔에 몸뚱어리가 산산 조각난 채 머리만 보이는 한 여인이 살려달라고 애원한다.

[……] 일가족 전부가 갇혀버린 함몰된 구멍에 물이 차오른다. 구조자들이 그들의 머리를 잡아 끌어올리고 있다. 지금도 들려오는 위잉 하는 소리는 비행기들이 다시 날아오는 소리다. 이로써 르와양과 그 주민들에 대한 전면적인 파괴가 종료됐다. 르와양은 인간의 실수, 잔인함, 어리석음에 의해 문명세계와 더불어 가라앉았다.

다른 많은 기사들은 레지스탕스였던 르와양의 어느 출판업자(보통 Botton 부자 父子)가 『르와양, 순교자들의 도시 *Royan-Ville Martyre*』(1965)라는 제목으로 출간한 뛰어난 소책자에 수록되어 있다. 번역은 내가 직접 했다. 윌리스 보통이 쓴 비통한 서문은 1945년 1월 5일의 '학살'을 들려주고 있다. 책에는 오래 된 성 대신 현대적인 건축물로 가득 찬 채 재건된 르와양의 사진이 실려 있다. "따라서 우리 도시를 방문하는 프랑스와 외국 휴양객들은 만약 아직 모르고 있다면, 이 새로운 도시와 이 현대적인 건축양식이 오늘날까지도 인정도 처벌도 받지 않고 있는 살육에서 유래한 것이라는 사실을 알아야만 한다."

　공격 8일 후, 『리베라시옹』에는 도움을 호소하는 한 기사가 실렸다. "당신네 플로리다 해변에서 그런 시간을 겪어보지 못한 미국 친구들이여, 르와양 재건을 책임지시오!"

　1948년, 전쟁 마지막 6개월 동안 서부(보르도 지역)의 프랑스군을 책임졌던 드라르미나 장군은 오랜 침묵을 깨고 1월과 4월의 폭격에 대한 현지 지도자들의 신랄한 비판에 답했다. 그는 코냑의 프랑스군 사령부는 영국 비행기들을 르와양으로 보내지 않았다며, 그들이 결백하다고 밝혔다. 그것은 오히려 연합군 사령부의 "비극적인 실수"였으며, 이 사건 전체는 전쟁이 낳은 불행한 결과 가운데 하나였다는 것이다.[7]

　이 사건에서 우리나라를 해방시키기 위해 셀 수 없이 많은 생명을 바친 우리의 연합국들을 비난할 구실을 찾으려 하는가? 만약 그렇게 한다면 몹시 부당한 일이 될 것이다. 모든 전쟁에는 이런 고통스러운 실수가 뒤따르기 마련이다. 1914~18년과 이번 전쟁에서 잘못 조준된 아군의 포탄을 맞아보지 못한 보병이 한 명이라도 있는가? 얼마나 많은 프랑스 도시가, 얼마나 많은 아군 전투부대가 연합군 비행기의 실수로 폭격을 받았던가? 이것은 고통스러운 대가이자 전쟁이 낳은 불가피한 대가로 그에 대해 항의하거나 불평하는 것은

7.　[지은이] 물론 이것은 널리 주장된 견해이다. "전쟁이란 그런 것 *c'est la guerre*," 즉 체념적이고 어쩔 수 없는 불가피함에 굴복하는 것이라는 식이다. 우리는 제2차 세계대전 뒤에 발간되다가 없어진 정기간행물 『서부지역 *Le Pays d'Ouest*』에 실린 「르와양 공략 *Le Siège et Attaque de Royan*」이라는 기사에서 이런 태도를 다시 보게 된다. "그 이유가 무엇이든 간에, 1945년 1월 5일의 르와양 폭격은 현대전의 극도로 복잡한 작전수행 과정에서 불행하게도 피하기 어려웠던 유감스러운 실수 가운데 하나라고 봐야만 한다."

무익할 따름이다. 우리는 전쟁에서 죽어간 이들에게 경의를 표해야
하고 생존자들을 돕고 폐허를 복구해야 한다. 우리는 이 불행한 사
건이 벌어진 원인을 둘러싸고 시간을 낭비해서는 안 된다. 사실상
전쟁이 유일한 원인이기 때문이며, 정말로 책임을 져야 할 사람들은
전쟁을 원했던 자들뿐이다.

(이 말을 [영국] 공군 원수 로버트 손비 경이 드레스덴 폭격에 관
해 설명한 것과 비교해 보자.

이것은 전시에 때때로 일어나는, 상황 조건의 불행한 조합에 의해
초래된 끔찍한 일 가운데 하나였다. 그것을 승인한 사람들은 사악하
지도, 잔인하지도 않다. 다만 그들이 전쟁의 가혹한 현실에서 너무
멀리 떨어져 있어 1945년 봄의 공습이 가져온 소름끼치는 파괴력을
충분히 알고 있지 못했을 수는 있다.
　전쟁을 하는 데 있어 이런저런 수단이 부도덕하다거나 비인간적
이라고 말하는 것은 별로 도움이 되지 않는다. 부도덕한 것이 있다
면 그것은 전쟁 그 자체이다. 일단 전면전이 벌어지면 결코 인간적
이거나 문명적일 수 없으며, 만약 한 쪽이 그렇게 하려 한다면 그것
은 필시 패배를 가져올 따름이다. 국가 간의 견해차이를 전쟁에 의
존해 해소하기로 한 이상, 우리는 전쟁이 가져오는 그 끔찍함과 야
만, 무절제를 감내해야만 한다. 내가 보기에는 이것이야말로 드레스
덴이 우리에게 준 교훈이다.

로슈포르-라로셸 지역(르와양 바로 위쪽의 대서양 항구)의 프랑
스 사령관을 지낸 위베르 메이에르 제독의 회고록이 1966년에 출간

됨으로써 1월 폭격에 관한 몇몇 중요한 증거가 드러났다. 연합군의 프랑스 북부 침공으로 서쪽으로 물러난 독일군이 대서양 연안 지역의 고립 지대를 굳히고 있던 1944년 9월과 10월, 메이에르 제독은 라로셸-로슈포르 지역의 독일군 사령관 쉬를리츠 제독과 협상을 개시한 상태였다. 실제로 그들은 독일군이 항구 시설을 폭파하지 않는 대가로 프랑스측은 독일군을 공격하지 않는다는 데 동의했다. 그 뒤 독일군은 로슈포르에서 철수해서 양측이 합의한 경계선인 라로셸 지역을 향해 북쪽으로 이동했다.

1944년 12월, 메이에르 제독은 로슈포르에서 미하헬레스 제독 휘하 사령부의 독일군이 고립되어 있는 지대가 있는 르와양까지 해안선을 따라 남부로 이동해 포로 교환을 협상하자는 제안을 받았다. 이 회담 과정에서 그는 상대편 독일 제독에게 로슈포르-라로셸에서 쉬를리츠가 한 것처럼, 르와양 주변의 현 군사대치 상황을 그대로 유지하는 협정에 조인할 의사가 있다는 답변을 받았다. 메이에르 제독은 르와양은 다르다고, 르와양이 서남부에 물자를 수송하기 위해 자유롭게 통과할 필요가 있는 보르도를 내려다보고 있기 때문에 연합군이 그곳 독일군을 공격할지도 모른다고 지적했다. 제독 자신으로서는 놀랍게도, 독일측은 군사 물자를 제외한 모든 수송이 자유롭도록 보르도를 개방하는 데 합의할 수도 있다고 답했다.

생트와 코냑의 프랑스군 사령부에 이 제안을 전달한 메이에르 제독은 냉담한 답변을 받았다. 프랑스 장성들은 공격을 고집하는 충분한 군사적 이유를 제시할 수는 없었지만, '사기의 측면'을 지적했다. 당셀므 장군은 "지난 몇 달 동안 이를 갈며 기다려온 남서부 육군의 불타는 전투 의지, 그것도 승리가 확실한 전투를 향한 의지를

꺾기가" 쉽지 않을 것이라고 말했다.[8]

　메이에르 제독은 전쟁에서 사실상 승리한 마당에 군대의 사기라
는 것이 한 도시와 수백 명의 생명을 제한된 목표로 삼아 희생시킬
만한 가치를 지니는 것은 아니며, 적이 휴전을 제안한 시점에서 단
한 사람이라도 죽일 권리는 없다고 말했다.[9]

　그는 더 이상 논의를 하려면 지금 자리를 비운 드라르미나 장군
이 돌아올 때까지 기다려야 한다는 말만을 들었다.

---

8. [지은이] 이것은 메이에르 제독이 당시 대화를 상기한 내용이다. 그의 책에 실린 「르와양,
　실수로 파괴된 도시 Royan, Ville Détruite par erreur」를 보라. 메이에르가 이 책에서 자신의
　활약을 미화하는 경향이 있기는 하지만 그의 설명은 다른 증거들과 합치된다.

9. [지은이] 독일군이 항복 태세였다는 메이에르 제독의 주장을 뒷받침하는 세 가지 증거가
　있다. 앞의 두 증거는 보통이 편집한 책에 재수록되어 있다.

　A. 1948년 5월 『토요석간 Samedi-Soir』의 한 특보를 보면 제독의 말보다 훨씬 더한 이상한
　　이야기가 있다. 삼군부(Ministry of the Armed Forces)에서 발견했다고 주장하는 문서에
　　근거한 이 보도에 따르면, 레지스탕스에 합류하기 위해 낙하산을 타고 프랑스에 도착한
　　'아리스티드'라는 암호명의 영국 정보원이 훗날 자국 정부에 보고하기를, 르와양 지역
　　의 독일군은 항복할 경우 무기·군기 등을 휴대하고 물러날 수 있게 하는 대우해 준다면
　　항복하겠다고 제안했지만, 프랑스의 베르탱 장군은 만약 영국군에게 항복할 경우 '외교
　　적 분쟁'이 일어나게 될 것이라고 말했다고 한다. 1944년 9월 8일의 일이었다.

　B. 르와양 지역 레지스탕스의 지도자였던 베시에르 피에르 박사가 드라르미나 장군에게
　　보낸 공개서한에는 이렇게 적혀 있었다. "우리는 1944년 8월과 9월에 독일군 고위 사령
　　관(르와양 요새 사령관)이 항복을 제안했으며 만약 그들이 항복했다면 최악의 상황을
　　막을 수 있었다고 확신하고 있습니다. 우리는 두 가지 근거에서 이를 알고 있었습니다.
　　그는 메독 지역에 주둔하고 있는 부대들의 지휘관으로 찰리라고 불리던 코미네티 대령
　　과 접촉했습니다. 우리는 보르도의 프랑스군 사령부도 (의심의 여지없이) 군사적 위세
　　를 떨치려는 의도에서 이 협상 시도를 단박에 거부했음도 알고 있습니다."

　C. 1948년 2월 『의학서한 La Lettre Medicale』에 실린 폴 메타디에의 글(소책자 형태로 재출간
　　됐으며 르와양의 도서관에서 볼 수 있다)은 전 프랑스주재 영국대사 새뮤얼 호어 경의
　　발언에 근거해 프랑스군 사령부에서 독일 장성이 영국측에 항복하는 것에 반대했다는
　　사실을 입증하고 있다.

메이에르 제독은 공격의 주사위가 이미 던져졌다는 강한 인상을
받은 채 그 자리를 떠났다. 1월 2일의 일이었다. 사흘 뒤 로슈포르에
서 자고 있던 그는 르와양을 향해 남쪽으로 날아가는 비행기 소리에
깨어났다. 각각 7톤의 폭탄을 탑재한 영국군 랭커스터기[당시 영국
공군의 주력 기종이었던 4발 중폭격기] 3백50대였다.

메이에르 제독은 또 다른 정보를 덧붙이고 있다. 1월 5일 폭격
한 달 전쯤에 미군 제9전술항공사령부 사령관인 어느 장성이 서남
부 군대에 강력한 폭격 지원을 제공하기 위해 코냑에 와서는 대규모
공중폭격으로 대서양의 독일군 고립 지대의 저항력을 약화시키겠다
고 제안했다는 것이다. 그는 르와양의 독일군이 공중방어 역량이 없
으므로 이곳이 영국에서 훈련을 받고 있는 폭격기 승무원들에게 좋
은 목표물이라고 제안했다. 프랑스측은 이에 동의했지만, 도시 자체
로부터 쉽게 구별할 수 있는 대서양으로 둘러싸인 두 곳으로만 목표
지점을 국한하자고 역설했다. 그러나 폭격이 이뤄지기 전까지 미국
측에게서 아무런 답변을 듣지 못했다.[10]

이처럼 훗날 밝혀진 바와 같이, 훈련병들이 아니라 경험 많은 조
종사들이 폭격을 수행했으며, 메이에르 제독은 이때의 미군 장성(제
독이 암시하고 있듯이, 그는 이 일이 있고 난 뒤 일종의 희생양으로
미국으로 소환됐다)조차 전적으로 책임이 있는 것은 아니라고 결론
을 내리고 있다.

---

10. [지은이] 이 이야기는 로베르 아롱의 『프랑스 해방의 역사 1944년 6월~1945년 5월 *Histoire
   de la Libération de la France June, 1944 ~May, 1945*』(Librarie Artheme Fayard, 1959)에도 등장한다.
   아롱은 여기에서 언급된 미군 장성이 방문중에 르와양 주민들을 '협력자'라고 부른 프랑
   스 국내군(FFI)[1944년 결성된 레지스탕스 전투조직 연합체] 언론인과 잠시 만남을 가졌다는
   사실도 덧붙이고 있다.

그의 말에 따르면 영국군 폭격사령부에 일부 책임이 있고, 또 일부는 드골이 9월에 이 지역을 방문했을 때 이야기한 논점 —— 이곳에 대한 공중공격은 지상공격과의 협조 아래서만 수행되어야 한다 —— 을 충분히 역설하지 못했던 프랑스 장성들에게 있다. 하지만 메이에르 제독은 현지 군사령관들에게 실제 책임을 돌릴 수는 없다고 결론짓고 있다. "그 정도 규모의 도시를 싹 쓸어버리는 것은 군사적 결정을 넘어서는 일이다. 그것은 중대한 정치적 행위다. 적어도 최고사령부[그는 아이젠하워와 그의 관료들을 가리키고 있다]의 의견을 묻지 않고는 불가능한 일인 것이다." 결론적으로 그는 연합국들이 자신의 비난에 충격을 받았으며, 그들은 자신들의 군사 기록을 공개해야 하고 우선 진실을 드러내야 한다고 말하고 있다.

만약 1945년 1월에 이르러 (폰룬트슈테트의 아르덴 크리스마스 반격공세[11])에도 불구하고) 프랑스로 깊숙이 들어간 연합국과 독일군을 패주시킨 러시아가 승리를 향한 도정에 올라 있음이 분명해 보였다면, 1945년 4월에는 전쟁이 종국을 향해 치닫고 있다는 데 의심의 여지가 없었다. 4월 15일 베를린의 라디오방송은 러시아와 미국이 엘베강 곳곳에서 병력을 합류시키려 하고 있으며, 독일을 둘로 가르기 위해 두 지역이 구축되고 있는 중이라고 발표했다. 그런데도 4월 14일 르와양 고립 지대에 대규모 공대지 空對地 작전이 개시되어 천여 기의 비행기가 당시 독일군 병력 5천5백 명과 천여 명의 주민이 거주하고 있던 도시에 폭탄을 투하한 것이었다.[12]

---

11. 1944년 12월 서부전선총사령관 폰룬트슈테트의 지휘 아래 독일군 대규모 병력이 벨기에 중부 아르덴느로 최후의 반격을 벌인 공세를 말한다. 아르덴느 지역이 독일군 점령 지역 쪽으로 '돌출'되어 있었다고 해서 흔히 '발지대 전투'라 불린다.

1946년 여름에 현지 기자가 작성한 어느 기사는 4월 중순의 공격을 이렇게 논평했다.

이 마지막 행위는 르와양 사람들의 가슴에 크나큰 상처를 남겼다. 종전終戰이, 누구나 예상할 수 있었던 종전이 그 직후 이뤄졌기 때문이다. 르와양 사람들에게는 이처럼 무력에 의한 해방이 아무 도움도 되지 않았다. 르와양은 라로셸이 그랬던 것처럼 새로운 피해 없이도, 새로운 죽음 없이도, 새로운 폐허 없이도 며칠 후면 순리적으로 해방됐을 것이기 때문이다. 오로지 르와양을 방문해본 사람들만이 이 재앙을 말로 설명할 수 있다. 어떤 보고서도, 어떤 사진이나 그림도 이를 전달할 수 없다.

또 다른 현지인은 이렇게 적고 있다.[13]

분명 1945년 1월 5일에 이뤄진 르와양 파괴는 실수이자 범죄였다. 그러나 이 어리석은 행동에 마무리를 한 것은 당시에 남아 있던 폐허, 부분적으로 손상된 건물, 시 주변에 놓여 있어 폭격을 면한 구조

---

12. [지은이] Colle, *Royan, son passé, ses environs.* 콜은 미하헬레스 제독 휘하의 독일군에는 5천5백명의 병력과 1백50문의 대포, 4문의 대공포가 있었다고 적고 있다. 그들은 콘크리트 벙커에 깊숙이 몸을 숨기고 있었고 주변 들판은 지뢰로 둘러싸여 있었다.

13. [지은이] "Les Préparatifs de l'Attaque," in Botton Collection. 이 글의 필자는 (『역사의 기로에서 *Au carrefour de l'Histoire*』라는 제목으로 출간된 J. 모르탱의 역사적 작업에 근거해) 18세기에 그르노블의 어느 금세공인이 네이팜 제조법을 발견했다고 주장하고 있다. 그는 전쟁장관에게 이를 실험해 보였고, 그 뒤 루이 15세는 너무나도 끔찍했던 나머지 관련 자료들을 불태우라고 명령하면서 그런 소름끼치는 물질은 인류의 안녕을 위해 알려져서는 안 된다고 말했다고 한다.

물들을 향해 쏟아진 저 악마 같은 적재물, 즉 소이탄으로 가한 최후의 공습이었다. 명백히 아무 소용도 없는 치명적인 작업이 완결됐으며, 이리하여 전 세계에 네이팜의 강력한 파괴력이 폭로됐다.

모든 증거를 통해 볼 때 자부심, 군사적 야욕, 명예심, 체면 등의 요인이 불필요한 군사 작전을 낳은 강력한 동기였음이 분명해 보인다. 현지 사령관 한 명은 훗날 이렇게 기록했다. "독일의 항복을 기다림으로써 새로운 인적·물적 손실을 피하는 게 훨씬 논리적이었을 터"이지만 "사기라는 관건적 요인을 무시"할 수는 없었다.14)

1947년에 다섯 명의 르와양 시 지도자들로 구성된 한 대표단이 드라르미나 장군과 만남을 가졌다. 전쟁이 끝난 뒤 르와양 시민들은 그의 지휘 아래 도시를 철저히 파괴한 군사 작전과 '해방' 이후 프랑스 군인들이 저지른 가옥 약탈에 대한 분노의 표시로 드라르미나 장군이 자신들의 도시를 방문하는 것을 금하고 있었다. 그는 이제 르와양 시민들이 실수한 것이라고 그들을 설득하려고 했다. 이날의 만남을 묘사한 르와양 지역 레지스탕스의 전 지도자이자 무공십자훈장 서훈자인 배시에르 피에르 박사는 자신은 드라르미나 장군에게서 도시 주민들의 "헛된 희생"에 대한 설명을 듣기를 바랬지만, "총체적으로 완전히 기만당했다"라고 말했다. 그는 프랑스군은 적군이 "자발적으로 항복하기를" 원치 않았으며, "만약 그렇게 됐다면 독일

---

14. [지은이] *Revue Historique de l'armée*, January 1946. 종전 뒤 어느 지역 잡지에 실린 기사는 4월 공격에 관여한 사람들에 관해 이렇게 논평했다. "그들 덕분에, 어느 누구도 프랑스군이 대서양 연안에 있는 독일군 보루 앞에서 무기력하기만 했다고 말할 수 없었다"(*Le Pays d'Ouest*). 르와양 도서관에 있는 복사본.

인들이 정복되지 않았다는 인상을 주게 됐을 것"이라는 드라르미나 장군의 말을 인용하고 있다.[15]

프랑스 대표단의 또 다른 일원으로 전前시장이자 레지스탕스 지도자였던 도메크 박사는 드라르미나 장군에게 이렇게 답했다.

> 르와양은 실수로 파괴됐다고, 장군은 말하고 있습니다. [······] 책임자들은 처벌받았고, 군은 해방을 며칠 남겨두고 내린 공격 명령에 의문을 제기할 수 없었다고······독일인들이 우리의 힘을 깨달아야만 했다고! 우리의 장군님, 그 대가를 치른 이들의 이름으로 이번 한 번만 당신에게 한 마디 하게 해주십시오. '르와양의 승리'는 어디에도 존재하지 않습니다. 당신의 머릿속만 빼고 말입니다.

드라르미나 장군은 폴 메타디에 앞으로 보낸 서한[16]에서 이런 비난에 답변했다. 그는 자부심과 군사적 야욕만으로는 그토록 거대한 작전을 충분히 설명할 수 없다고 지적했다. 훨씬 커다란 원천을 찾아야만 했다. "이 자부심, 이 야욕만으로는 사용된 포탄을 제조하고 출동시킨 부대를 구성하고 작전에 참여한 중차대한 공군·해군을 차출할 수 있는 힘이 없었습니다." 드라르미나 장군은 자신이 "대서양의 독일군 고립 지대"를 해치우려는 계획을 입안했지만 날짜를 정하지는 않았다고 말했다. 날짜는 누군가 대신 정했고, 그는 계획을

---

15. [지은이] 드라르미나 장군이야말로 르와양을 폭격한 '해방자'라고 통렬하게 지칭하고 있는 공개서한. 보통이 편집한 책에 재수록되어 있다.

16. [지은이] 메타디에와 드라르미나 장군이 교환한 서신은 르와양 도서관이 소장하고 있는 어느 소책자에 실려 있다. 원래 있던 르와양 도서관은 폭격으로 파괴됐고, 12년이 지난 1957년 새 도서관이 세워졌다.

실행하기만 했다는 것이었다.

그는 애국심에 호소하면서 답장을 끝맺었다. "결국, 전시에 일부 고립된 전투원들이 공교롭지만 불가피한 행동을 했다고 해서 그들 노병들에게 오명을 덧씌워야 하겠습니까? 언제 어느 전쟁이고 줄곧 이런 식이었습니다. 제가 알고 있는 한, 어느 누구도 이것을 구실로 전투원들이 치른 희생의 명예와 무용武勇을 깎아 내리지 않았습니다." 그는 "물질적 손실"보다 "영광과 민족의 독립"을 앞세우며, "쓰러져간 이들에게 응당 바쳐야 하고, 또 그것을 위해 많은 이들이 자신의 목숨을 희생시킨 존경심을 기회주의자들이 항상 무시해온 애국적 이상"에 보여줄 "단순하고 용감한 사람들"을 언급했다.

드라르미나 장군을 비판하는 대부분의 사람들보다 그에게 동정적인 메이에르 제독은 메디 언덕 위에서 르와양 공격을 목격하고는 그 광경을 묘사했다.

날은 맑았고 더위에 숨이 턱턱 막혔다. 엄청나게 집중된 화력 아래 적 진지와 숲, 르와양의 폐허는 화염을 내뿜었다. 산야와 하늘은 노란 연기와 잿더미로 뒤덮였다. 횃불처럼 타오르는 생피에르 교회 시계탑의 무너진 윤곽이 간신히 보였다. 나는 연합군 비행기들이 새로운 종류의 소이성 폭발물을, 네이팜이라고 알려진 일종의 젤리형 가솔린을 최초로 사용하고 있음을 알고 있었다.

그의 말로는 드라르미나 장군은 좋은 시절과 나쁜 시절을 겪은 인물이었으며, 르와양을 접수한 저녁에 메이에르 제독은 장군을 만나러 갔다. "그는 이 멋들어진 복수를 완수한 것에 만족하고 있음이 역력했다. […] 비록 겉으로는 성공에 들떠 있다는 내색을 안 비쳤지만, 장군은 식욕이 왕성해 보였다."

그런 환희는 모든 측면에서 감지할 수 있었다. 현장에 있던 한 특파원은 르와양 공격을 위해 준비했던 중포 폭격 —— 2만7천 발의 포탄 —— 을 묘사했다. 그리고 토요일인 4월 14일에는 고성능 폭탄을 사용한 최초의 공중폭격이 있었다. 그리고는 일요일 아침 내내 네이팜 폭격이 이뤄졌다. 그들은 그 날 저녁 7시까지 르와양에 있었다. 그것은 불지옥 그 자체였다. 다음날 아침에도 인근 숲에서 기관총이 콩 볶는 소리를 내는 게 들려 왔다. 르와양은 여전히 불타고 있었다. 특보는 이렇게 끝을 맺는다. "아름다운 봄날이다."

르와양을 접수하고 나서 그들은 로슈포르 맞은편에 있는 올레롱섬을 공격하기로 결정했다. 메이에르 제독이 말하고 있듯이,

새로운 승리는 우리 병사들의 열정에 불을 지폈으며, 어느 무엇도 자신들을 막을 수 없다는 생각을 심어줬다. 독일 전선에서 들려오는 소식은 전쟁이 곧 끝날 것임을 알리고 있었다. 병사들은 모두 용맹을 떨칠 마지막 순간을 갈망했으며, 조금이나마 명예를 드높이기를 바랬다. 절제는 경멸받았고 신중함은 소심함으로 간주됐다.

메이에르 제독은 올레롱섬 공격이 필요하다고 생각지 않았다. 그러나 그는 다시 한번 해군작전에 참여하게 됨을 기뻐하며, 게다가 자신의 임무는 상부에서 하달되는 명령을 수행하는 것뿐이라고 확신하면서 분주하게 공격 계획과 실행에 관여했다.

올레롱섬 공격은 전반적인 전략의 견지에서 보면 논쟁의 여지가 있는 것이었다. 그것은 종전 전야의 값비싼 사치이자 군사적 가치가 없는 정복이었다. 그러나 이것은 내가 판단할 일이 아니었다. 내 임무는 그런 군사적 결정을 내리는 데 있어 최선을 다하는 것이었고 그로써 내게 주어진 명령을 완수하는 것뿐이었다.

메이에르 제독은 윗자리에 있는 정치 지도자들을 비난하고 있다. 그러나 비난은 그릇된 표현으로 보이는데, 왜냐하면 메이에르 제독은 그것이 어떤 명령이건, 적이 누구이건 간에 명령을 따르는 것이 옳은 일이라고 믿고 있기 때문이다. "군인에 관해 말하자면, 태고 이래로, 군인은 자신의 병기를 버리지도 자신의 적을 선택하지도 않는다. 그는 자신의 복종 의무를 자신의 충성, 자신의 용기, 자신의 지구력이 허락하는 한도 내로 국한시킬 수 없다."[17]

르와양의 파괴에서 우리는 저 끝없는 대의의 연쇄, 저 끝없는 책임의 분산을 발견하게 된다. 이것은 끊임없이 역사학적 연구와 사회학적 고찰을 할 만한 것으로서, 사람들의 의지를 끊임없이 마비시켜버릴 만한 것이다. 이 무슨 동기들의 복합체란 말인가! 연합군 최고사령부로서는 전쟁의 단순한 타성, 우선적 책임과 준비라는 인력引力, 전체 과정을 완결 짓고 가능한 한 높이 승리를 쌓아올려야 할 필

---

17. [지은이] 어느 순간 그는 독일 학생들에게 다음과 같이 쓰게 만든 비스마르크를 인용한다. "인간은 행복하기 위해 세상에 나온 게 아니라 자신의 임무를 행하기 위해 나온 것이다!" 우리 세기의 잘 훈련받은 군인이 믿고 있는 바를 힐끗 드러내는 다른 언급 속에서, 메이에르 제독은 각기 다른 나라의 수병들을 애국적 임무 속에서 단결시켜 주는 바다의 특별한 결속력을 애정 있게 언급한 적이 있다. 그는 그처럼 훌륭한 단결이 이뤄진 사례로 1900년 중국 의화단 봉기를 분쇄하기 위해 유럽 군대가 상륙한 사실을 들고 있다.

요성 등이 존재했다. 현지 군대의 경우에는 크고 작은 야욕, 명예 경쟁, 웅대한 공동 작전에 참가해야 한다는 계급 고하를 막론한 모든 군인들의 열렬한 필요성이 있었다. 미 항공대측으로서는 신무기를 시험해 보려는 충동이 있었다(폴 메타디에는 이렇게 썼다. "사실 무엇보다도 이 작전의 주된 성격은 미 항공대가 그 바로 직전에 공급받은 신형 소이탄을 투하한 것이었다. 어느 장성의 유명한 말에 따르면, '그 폭탄은 놀라운 것이었다!'") 또한 장성이건 사병이건, 프랑스군이건 미군이건, 모든 작전 참가자들에게도 매우 강력한 동기가 있었다. 대오에서 벗어나서는 안 된다는, 생각하라고 명령받지 않은 것에 대해서는 생각조차 하지 않는다는, 모든 문화에서 보편적으로 가르치는 내용인 복종의 습관이, 중간에서 조정할 이유도 의지도 없는 부정적인 동기가 바로 그것이었다.

누구든 다른 누군가의 책임을 정당하게 지적할 수 있다. 주목할 만한 영화 『왕과 국가 *King and Country*』(1964)에서 제1차 세계대전의 참호 속에 있던 영국의 한 순진한 시골 소년은 어느 날 도살의 현장을 벗어나 사형선고를 받는다. 두 단계로 진행된 재판과정에서 어느 누구도 그가 정말 처형되어야 한다고 생각하지는 않지만, 각 단계의 장교들은 서로 상대방을 비난할 수 있다. 1심 재판부는 자신은 강력한 의지를 보여주는 것일 뿐 나중에 항소심에서 평결이 뒤집힐 것이라 생각해 사형을 선고한다. 1심 평결을 확인한 항소법정에서는 자신이 사형 결정을 내린 것은 아니라고 주장한다. 그래서 그는 총살된다. 돌이켜보면 이런 처리 과정은 취조로까지 거슬러 올라가는데, 교회는 단지 재판을 수행하고 국가는 처형을 집행하기만 했다. 이리하여 하느님과 인간은 모두 결정의 원천이 뭔지 헷갈려 한다.

우리 시대는 죄악을 대량생산하는 데 점점 더 엄청나게 복잡한 분업이 필요하게 된다. 어느 누구도 뒤이어지는 참사를 적극적으로 책임지지 않는다. 그러나 누구든 그 기계에 렌치를 던져 작동을 방해할 수 있기 때문에 모든 사람이 소극적으로 책임이 있다. 물론 완전히 그런 것은 아니다. 오직 소수의 사람들만이 렌치를 갖고 있기 때문이다. 나머지 사람들은 그저 빈손밖에 없다. 즉, 끔찍한 과정을 방해할 수 있는 힘은 불균등하게 분배되어 있으며, 각자에게 요구되는 희생은 그가 가진 수단에 따라 달라진다. 사회라 불리는 이 왜곡된 자연(자연은 각 종에게 저마다 특수한 필요물을 갖춰준다) 속에서는 간섭 능력이 큰 사람일수록 간섭할 필요성을 덜 느낀다.

필요성은 가장 많이 느끼지만 렌치를 가장 적게 갖고 있는 이들이야말로 당면한(또는 내일의) 희생자들이다. 그들은 자신의 몸을 사용해야만 한다(왜 반란이 드문 현상인가는 이로써 설명될지도 모른다). 이 사실은 빈손보다 뭔가를 약간 더 갖고 있으며 기계를 멈추는 데 조금이나마 관심을 가진 우리에게도 이 사회적 궁지를 돌파하는 과정에서 어떤 고유한 역할이 있을 수 있음을 말해준다.

아마도 허위적인 십자군운동에 저항하는 게, 또는 진정한 십자군을 위해 이러저러한 원정을 거부하는 게 필요할지도 모른다. 그러나 늘 그랬듯이, 이것은 다른 사람들의 행동이나 다른 시대의 진리에 스스로 못 박히는 것을 거부함을 의미한다. 이것은 의무와 복종이라는 추상에 맞서 지금 이곳에서 우리 자신이 인간의 육체와 감각으로 느끼고 생각하는 바에 근거해 행동함을 의미하는 것이다.

VII

마키아벨리주의를 넘어서

19
마키아벨리적 현실주의와
미국의 대외정책

보스턴대학에서 정치이론을 강의하면서 마키아벨리라는 인물에 매혹을 느끼던 어느 날, 나는 반체제인물 사보나롤라와 아첨쟁이 마키아벨리에 대한 눈부신 묘사를 담고 있는 랠프 로더의 『르네상스의 인간 *The Man of the Rennaisance*』이라는 주목할 만한 책을 발견했다. 동시에 나는 정치적 스펙트럼을 막론하고 모든 사람들에게서 마키아벨리가 받고 있는 존경에 주목했다. 베트남전쟁은 나 자신을 비롯해 많은 사람들로 하여금 미국 대외정책의 역사를 좀더 엄밀하게 바라보도록 만들었으며, 내가 보기에는 이 역사를 관통하는 뚜렷한 마키아벨리적 끈이 있었다. 이 글은 내 책 『오만한 제국』[1])에 실렸다.

이해관계: 군주와 시민

지금으로부터 약 5백 년 전 근대 정치사상이 시작됐다. 그 매혹적인 외양은 '현실주의'라는 사상이었다. 그러나 그 고갱이에는 가치 있는 목적을 위해서는 어떤 수단도 정당화될 수 있다는 무자비한 사고가 자리잡고 있었다. 그 대변인이 바로 니콜로 마키아벨리였다.

---

1. Howard Zinn, *Declarations of Independence: Cross-Examining American Ideology*, New York: HarperCollins, 1991. [국역: 이아정 옮김, 『오만한 제국』, 당대, 2001.]

1498년 마키아벨리는 당시 이탈리아 최대의 도시 중 하나이던 피렌체 정부의 외교 및 군사 고문이 됐다. 14년을 봉직한 뒤 정부가 바뀌면서 해임된 그는 피렌체 교외의 시골에서 야인으로 여생을 보냈다. 그 시절 그는 다른 무엇보다도『군주론』이라 불리는 작은 책을 썼고, 이 책은 정부와 정부고문들에게 정치의 지혜를 가르쳐 주는 세계에서 가장 유명한 교본이 됐다.

마키아벨리가 고문직을 맡기 4주일 전쯤, 그에게 심대한 인상을 준 한 사건이 피렌체에서 일어났다. 그것은 대중이 운집한 가운데 행해진 교수형이었다. 목 매달린 희생자는 사보나롤라라는 이름의 수도사로 인간은 '타고난 이성'에 의해 인도될 수 있다는 설교를 편 인물이었다. 그의 설교는 교회 신부들의 지위를 위협하는 것이었으며, 따라서 그들은 사보나롤라를 체포해 자신들이 중요한 지위를 가지고 있음을 보여줬다. 사보나롤라는 두 손을 등뒤로 묶인 채 한밤중에 거리 곳곳을 끌려다녔고, 군중들은 그가 얼마나 위험한 인물인지 확인이라도 하려는 듯 그의 얼굴에 등불을 휘둘러댔다.

사보나롤라는 열흘 동안 심문과 고문을 당했다. 그들은 자백을 이끌어내려 했지만 그는 완강히 버텼다. 고문자들과 수시로 연락을 취하고 있던 교황은 일을 빨리 매듭짓지 못한다고 불만을 표시했다. 결국 제대로 된 대답을 얻어냈고 사보나롤라는 사형을 선고받았다. 동네 꼬마들은 허공에 매달린 그의 몸뚱어리에 돌멩이를 던져댔다. 그의 시체는 불태워졌고 타고남은 재는 아르노 강에 뿌려졌다.

『군주론』에서 마키아벨리는 사보나롤라에 대해 언급하면서 이렇게 말했다. "결과적으로 무기를 든 예언자는 모두 정복에 성공한 반면, 말뿐인 예언자는 실패했다."

정치사상은 **목적**(우리는 어떤 종류의 사회를 원하는가?)과 수단(그것을 어떻게 실현할 것인가?)이라는 문제에 집중되어 있다. 무장하지 않은 예언자들에 관한 이 한 문장을 통해 마키아벨리는 근대 정부들을 위해 목적(정복)과 수단(힘)이라는 문제를 해결해 줬다.

마키아벨리는 유토피아적 꿈이나 낭만적인 희망, 또는 정의와 불의, 선과 악 등의 문제에 구애받기를 거부했다. 그는 현실정치라 불리는 근대의 정치적 현실주의의 아버지이다. "나는 어떤 문제든 상상보다는 사물의 실제적인 진실에 관심을 경주하는 것이 낫다고 생각한다. [……] 인간이 어떻게 사는가는 인간이 어떻게 살아야 하는가와는 너무나 다르기 때문에, 일반적으로 행해지는 바를 행하지 않고 마땅히 해야 하는 바를 고집하는 군주는 권력을 유지하기보다는 잃기가 십상이다."

이 말은 우리 시대에 가장 매력적인 사상 중 하나이다. 우리는 정치토론장이나 언론, 가정 등 곳곳에서 "현실적이 되어라. [……] 당신이 살고 있는 곳은 현실 세계이다"라는 외침을 듣는다. 이미 전 세계를 파괴시키고도 남을 만큼의 핵무기를 가지고 있으면서도 핵무기 증강을 고집하는 주장은 '현실주의'에 근거하고 있다. 거리에서 이동하라는 경찰관의 명령을 받고도 이를 거부하는 사람은 누구든 체포할 수 있다는 워싱턴DC의 조례를 지지하면서 『월스트리트저널』은 "워싱턴DC의 결정은 현실세계의 삶에 근거해 나온 것"이라고 지적했다. 또 부모(보통 아버지)들이 자기 아들이나 딸에게 얼마나 자주 이렇게 말하는지 생각해 보라. "훨씬 나은 세상이라는 이상주의적 꿈을 가지는 건 좋은 일이지만, 현실세계에 살고 있는 이상 거기에 맞게 행동해야 한단다."

남을 돕고자 하는, 아픈 사람들이나 가난한 사람들을 위해, 또는 시나 음악, 연극 등에 자신의 삶을 바치고자 하는 젊은이들의 꿈은 얼마나 자주 어리석은 낭만주의로, '먹고살아야' 하는 세상에 어울리지 않는 비현실적인 태도로 폄하되어 왔던가? 실제로 경제체제는 '현실적인' 목적에 삶의 대부분을 할애하는 사람들에게 응분의 보답을 해줌으로써 이런 관념을 더욱 강화시킨다. 반면 화가, 시인, 간호사, 교사, 사회복지사들의 삶은 더욱 어렵게 만든다.

현실에 근거해 행동해야 한다는 온당한 관념을 일단 받아들이게 되면, 별로 큰 고민 없이도 현실에 관한 다른 사람의 견해를 쉽게 수용하게 되며, 따라서 현실주의는 매력적으로 다가온다. 현실에 대한 다른 사람의 설명에 회의를 품는 것은 따라서 독자적인 사고를 할 수 있는 결정적인 요소가 된다.

"사물의 실제적인 진실에 관심을 경주하라"는 마키아벨리의 주장은 곧 사회의 중요 인물(작가, 정치지도자)이 자신들의 설명이야말로 '진실'이며 자신들은 '객관적'이라고 다른 이들에게 자신들의 생각을 강요할 때 흔히 쓰이는 언사이다.

그러나 그의 현실은 우리의 현실이 아닐 수도 있으며 그의 진실이 우리의 진실과 다를 수도 있다. 현실세계는 무한할 정도로 복잡하다. 현실세계에 관한 그 어떤 설명도 부분적일 수밖에 없으며, 따라서 현실의 어떤 부분을 설명할 것인가에 관해 선택이 이뤄지고, 그 선택 이면에는 종종 특정한 개인이나 집단에게 무엇이 유용한가 하는 의미에서의 명확한 이해관계가 놓여 있다. 누군가가 현실세계의 객관적인 상을 제시해 준다는 주장 뒤에는, 우리가 모두 같은 이해관계를 갖고 있으며, 따라서 우리를 위해 세계를 설명해 주는 그 사람도 우리와 진정으로 동일한 이해관계를 가지고 있으므로 그를 믿을 수 있다는 가정이 자리잡고 있다.

우리의 이해관계가 과연 동일한가 하는 점이 관건이다. 왜냐하면 현실에 대한 설명이란 결코 중립적이거나 순수하지 않으며 모종의 결론을 갖고 있기 때문이다. 어떤 설명도 중립적이고 순수하지만은 않다. 모든 설명은 어떤 식으로든 처방을 담고 있다. 만약 마키아벨리처럼 인간 본성은 기본적으로 부도덕하다고 설명한다면, 그것은 또한 부도덕하게 행동하는 것이 현실적이고 실제로 유일하게 인간적이라고 암시하는 것이다.

우리가 모두(정치지도자나 시민이나, 백만장자나 홈리스나) 똑같은 이해관계를 갖고 있다는 관념은 우리를 기만하는 것이다. 그런 속임수는 현대 사회를 운영하는 사람들이 일상생활의 순조로운 작동과 현존하는 부와 권력의 배치관계를 영속시키기 위해 국민 대다수의 지지를 이끌어내는 데 유용하다.

건국의 아버지들이 헌법 전문을 쓸 때 첫 구절은 "우리 미합중국 인민은 좀더 완벽한 연합을 형성하고 정의를 확립하기 위해……"라는 것이었다. 그리하여 미국 헌법은 마치 국민들이 다함께 쓴 것이고 모든 국민들의 이해관계를 대변하는 듯이 보였다.

사실 미국 헌법은 이 새로운 국가에서 특정한 엘리트 집단을 대표하는, 모두 백인이고 대부분 부자인 55명의 남성들이 작성한 것이었다. 헌법 그 자체가 노예제를 정당한 것으로 받아들였는데, 당시 전체 인구의 5분의 1이 흑인 노예였다. 부자와 빈자, 흑인과 백인 사이의 투쟁, 미국혁명 1세기 전에 일어났던 수십 차례의 폭동과 반란, 그리고 제헌회의가 개최되기 직전에 서부 매사추세츠에서 일어난 대규모 봉기(셰이스의 반란[2])는 '우리 인민'이라는 한 마디 구절로 모두 가려졌다.

마키아벨리는 공동의 이해관계를 담지하는 척하지 않았다. 그는 "군주에게 필요한" 것을 이야기했다. 그는 피렌체를 지배해 왔으며 교황과 군주를 여럿 배출한 가문의 일원이었던 부유하고 강력한 로렌초 디 메디치에게 『군주론』을 헌정했다(『컬럼비아 백과사전』은 메디치 가에 관해 다음과 같은 흥미로운 설명을 하고 있다. "이 가문의 계보는 무수히 많은 사생아와 암살이라는 수단을 통해 서로를 제거하려 했던 몇몇 일족들의 성향으로 복잡하게 얽혀 있다").

칩거 생활 동안 메디치 가를 위한 조언서를 저술하면서, 마키아벨리는 다시 도시로 불려가 궁정 내부에 자리를 얻게 되기를 간절히 원했다. 그는 군주를 위해 일할 수 있기만을 바랐다.

우리 시대의 위선은 그보다 한술 더 뜬다. 우리 시대의 마키아벨리들, 우리의 대통령 자문역, 우리의 국가안보 보좌관, 우리의 국무장관들은 자신들이 '국익'과 '국가안보,' '국가방위'를 위해 일한다고 주장한다. 이런 문구들은 이 나라의 모든 국민을 엄청나게 큰 담요로 뒤덮어버리면서 정부 운영자와 평범한 시민의 이해 사이에 놓여 있는 간극을 위장해 버린다.

그러나 미국 독립선언서는 정부와 시민 사이의 이해 차이를 명

---

2. Shays's Rebellion. 미국의 독립 이후 1786~1787년 동안 미국 매사추세츠 주 스프링필드에서 일어난 농민 반란. 경제 불황으로 생활고에 시달리던 매사추세츠주 서부의 농민들이 독립전쟁 당시 매사추세츠 제5연대의 연대장이었던 혁명 영웅 셰이스(Daniel Shays, 1747~1825)를 지도자로 삼아 일으켰으나 정부가 편성한 특별군에 의해 곧 진압됐다. 그렇지만 이 반란으로 재산권의 위협을 느낀 보수주의자들은 강력한 중앙집권주의를 표방하는 새로운 연방헌법의 제정을 추진했다.

확하게 이해하고 있었다. 독립선언서는 정부의 목적이 시민을 위해 일정한 권리 —— 생명, 자유, 평등, 행복의 추구 —— 를 보호하는 것이라고 말하고 있다. 하지만 정부는 이런 목적을 충실히 수행하지 못할 수도 있으며, 따라서 "어떤 형태의 정부든 이런 목적을 파괴하게 될 때에는 인민이 그 정부를 바꾸거나 폐지하고 새로운 정부를 수립할 권리가 있다."

마키아벨리가 쓴 『군주론』의 목적은 분명 이와 다르다. 그것은 시민의 안녕이 아니라 국력, 정복, 지배이다. 모든 것은 "국가를 유지하기" 위해 행해진다.

오늘날 미국 독립선언서는 교실 벽마다 걸려 있지만 대외정책은 마키아벨리를 따른다. 우리의 언어는 마키아벨리보다도 더 기만적이다. 우리의 지도자들은 대외정책의 목적이 '국익'에 봉사하는 것이고 "세계에 대한 우리의 책임"을 충실히 수행하는 것이라고 말한다. 1986년 윌리엄 웨스트모어랜드 장군은 제2차 세계대전을 겪으면서 미국이 "자유 세계 지도자들의 망토를 물려받았으며," "세계의 자유를 수호하는 중심이 됐다"고 말했다. 이것이 베트남전쟁에서 군사작전 총책임자로 수십만 명의 베트남 비전투원의 목숨을 앗아간 야만적인 군사행동을 진두지휘한 사람의 입에서 나온 말이다.

때로는 베트남전쟁 당시 국민에게 연설하면서 미국이 '넘버원'이라고 떠들어댄 린든 존슨 대통령처럼 직설적인 언어가 사용될 때도 있다. 그는 "이에 대해서는 추호의 의심도 있을 수 없으며 우리는 승리할 것입니다"라고 말하기도 했다.

존스홉킨스대학의 정치학자 로버트 W. 터커가 1980년 영향력 있는 『포린어페어스』에 기고한 글은 더욱 가관이다. "우리는 정기적으

로 각국 정부를 만들고 없애는 데 결정적인 역할을 해왔으며, 또한
여러 정부의 행동이 바람직한 것인지 아닌지를 규정해 왔다." 터커
는 "중앙아메리카에서 급진적인 정권들이 등장하는 것을 막기 위한
미주대륙 부흥 정책"을 촉구하면서 이렇게 물었다. "중앙아메리카에
서 과거의 정책으로 복귀하는 것이 효과가 있지 않겠는가? […] 그
렇지 않다고 믿을 만한 설득력 있는 근거는 전혀 없다. […] 우익
정부들은 외부에서 꾸준한 지원을 받아야 하며 필요하다면 미국 군
대의 파병도 거기에 포함된다."

1981년 초 레이건이 집권하게 되면서 터커의 제안은 행정부의
중앙아메리카 정책이 됐다. "미국 군대를 파병한다"는 그의 제안은
제2의 베트남을 명확하게 반대하는 미국 여론이 받아들이기에는 너
무나도 과격한 조치였다(레이건의 그레나다 침공이나 부시의 파나
마 침공처럼 소규모로 행해지는 것이 아닌 한). 그러나 그 뒤 8년 동
안 미국의 목표는 분명했다. 니카라과의 좌익정부 전복과 엘살바도
르의 우익정부 유지가 바로 그것이었다.

<뉴욕시변호사협회>의 일원으로 1983년 엘살바도르를 방문한
미국인 두 명은 『뉴욕타임스』에 기고한 글에서 손소나테 주에서 현
지 군대가 열여덟 명의 농민을 학살한 사건을 이렇게 묘사했다.

열 명의 군사고문단이 손소나테 무장군에 배속되어 있다. […] 이
사건은 엘살바도르의 비극이 가지고 있는 변함 없는 비극적 요소들
을 모두 보여준다. 민간인들에게 무차별적으로 가해지는 군사적 폭
력, 언제든 공권력을 동원할 수 있는 부자들의 능력……그리고 이처
럼 극악무도한 살육의 책임자인 엘살바도르 군대와 협력하는 미국

군사고문단의 존재……보안대와 군대가 자행한 3만 건의 살인이 처
벌되지 않고 있으며 만여 명의 민간인이 구금 중에 '실종'된 뒤에도,
이 살육의 근본 원인은 여전히 그대로 남아 있으며 학살도 계속 진
행되고 있다.

미국 정부는 중앙아메리카 정책의 목적이 니카라과의 소련 기지
와 엘살바도르에 있을지도 모르는 소련 기지 등 소련의 위협에서 미
국을 지키는 것이라고 말했다. 이는 그다지 신빙성 있는 설명이 아
니었다. 소련이 중앙아메리카를 근거지로 미국을 침공할 준비가 되
어 있었을까? 아프가니스탄과 국경을 맞대고 벌인 전쟁에서도 이기
지 못한 나라가 대서양을 가로질러 니카라과로 군대를 보내려고 했
을까? 그 다음엔 뭔가? 그 군대가 온두라스를 통과해서 과테말라로,
그리고는 멕시코 전역을 지나 텍사스로 진격할 수 있었을까?

이것은 동남아시아에서 쓰러진 팻말들이 태평양을 헤엄쳐 건너
와 샌프란시스코에 상륙할 것이라는 베트남전쟁 때의 도미노 이론
만큼이나 황당무계한 이야기였다. 대륙간 탄도탄과 롱아일랜드 근
해에 잠수함을 보유하고 있는 소련이 미국을 공격할 전초기지로 중
앙아메리카를 필요로 했을까?

그런데도 레이건 대통령이 중앙아메리카 정책에 대한 자문을 구
하기 위해 설치한 키신저 위원회는 보고서에서 우리의 "남쪽 옆구
리"가 위험에 처해 있다고 경고했다. 이 표현은 우리를 모두 긴장시
키기 위해 고안된 생물학적인 표현이었다.

역사를 잠깐만 훑어봐도 누구든지 의심할 만한 이야기이다. 1917
년 전에, 다시 말해 볼셰비키혁명이 일어나기 전에 우리가 그토록 자

주 중앙아메리카에 간섭한 것은 도대체 어떻게 설명해야 할까? 우리
가 1898년 쿠바와 푸에르토리코를 장악하고, 1903년 파나마운하 지
대를 강탈하고, 1900년대 초 온두라스, 니카라과, 파나마, 과테말라
등지에 해병대를 파병하고, 1914년 멕시코의 한 도시를 폭격하고,
1915년과 1916년을 기점으로 아이티와 도미니카공화국을 군사점령
해 오랫동안 지배한 것을 도대체 어떻게 설명할 수 있을까? 이 모두
소련이라는 나라가 생기기도 전에 벌어진 일들인데 말이다.

　1980년대에 미국이 중앙아메리카에 간섭한 데에는 또 다른 공식
적인 이유가 제시됐다. "민주주의를 재건하기" 위해서라고. 이 또한
전혀 신빙성이 없다. 제2차 세계대전 이래로 우리 정부는 줄곧 비민
주적 정부, 아니 사악한 독재정부들을 지지·지원해 왔다. 쿠바의 바
티스타, 니카라과의 소모사, 과테말라의 아르마스, 칠레의 피노체트,
아이티의 뒤발리에 등과 더불어 엘살바도르와 라틴아메리카의 여러
정부들을 말이다.

　미국의 중앙아메리카 정책의 실제 목적은 터커가 가장 분명한
마키아벨리적 어조로 설명해 줬다. "미국 대외정책의 원대한 목표는
좀더 정상적인 정치의 세계, 즉 강력한 힘을 보유한 국가들이 다시
한번 그 힘에 걸맞은 역할을 할 수 있는 세계를 복원하는 것이 되어
야 한다."

　의심할 여지없이 미국인들 가운데는 미국이 세계의 '강대국'이
되어야 하고, 다른 나라를 지배해야 하며, 넘버원이 되어야 한다는
이런 사고에 우호적인 반응을 보이는 사람들이 있다. 아마도 우리의
지배가 자비로우며 우리의 힘이 우호적인 목적을 위해 행사된다는
가정이 자리잡고 있을 터이다. 라틴아메리카와 우리가 맺은 관계의

역사는 이와 같은 가정을 뒷받침해 주지 못한다. 게다가 우리에게 다른 나라의 내정에 간섭할 권리가 있다는 주장이 도대체 모든 사람이 평등하다는 미국의 이상에 부합하는 것인가? 오로지 우리만이 독립선언서의 이상을 누릴 자격이 있는 나라라는 말인가?

수단: 사자와 여우

우리가 추구하는 목적을 이루기 위해 사용하는 수단들을 검토해 보면, 그 목적이 정당한가의 여부를 알 수 있는 실마리가 찾아지게 마련이다. 여기서 나는 목적과 수단 사이에는 언제나 모종의 연관관계가 존재한다고 가정하고 있다. 모든 수단은 그것들이 이룬다고 가정되어 있는 목적과는 별개로 직접적인 결과를 낳는다. 그리고 모든 목적은 그 자체가 다른 목적을 위한 수단이 된다. 마키아벨리의 경우, 그의 어리석은 목적 —— 군주를 위한 권력 —— 과 그가 적합하다고 판단한 여러 수단 사이에 어떤 연계가 있지 않았을까?

　마키아벨리는 1년 동안 로마냐의 정복자 체사레 보르지아에게 특사로 파견되어 일했다. 그는 "배울 필요가 있고 다른 사람이 모방할 만한 가치가 있는" 한 사건을 서술하고 있다. 당시 로마냐 지방은 무질서 상태였다. 보르지아는 주민들을 "평정하고 자신의 통치에 순종하도록" 만들 필요가 있다고 생각해 "레미로 데오르코라는 잔인하지만 유능한 인물을 기용해 그에게 전권을 위임했으며," 오르코는 단기간에 로마냐에 "질서와 결속"을 가져 왔다. 그러나 보르지아는 그의 정책이 증오를 불러일으켰음을 알았다. 그래서,

인민들의 반감을 무마시키고 그들의 환심을 사려고, 이제껏 행해진 잔인한 조치는 모두 그가 시킨 일이 아니라 그의 대리인의 잔인한 성격에서 비롯된 것이라는 점을 보여주고자 했다. 그리고 적절한 기회를 포착했다. 어느 날 아침 보르지아는 두 토막이 난 오르코의 시체를, 형을 집행한 나무토막 및 피묻은 칼과 함께 체세나 광장에 전시해 놓았다.

최근의 미국 역사를 통해 우리는 나중에 책임을 회피하기 위해 더러운 일은 하급자들이 하게 만드는 통치자들의 기술에 익숙해지게 됐다. 닉슨 행정부 당시 벌어진 워터게이트 스캔들(닉슨을 위해 그 부하들이 저지른 일련의 범죄)의 결과로, 그의 부하들이(전직 CIA 요원들, 백악관 참모들, 심지어 법무장관까지도) 여럿 감옥으로 갔다. 그러나 정작 닉슨 자신은 비록 대통령직에서 물러날 수밖에 없기는 했지만, 부통령 제럴드 포드가 대통령직을 승계한 뒤 사면 결정을 내려줌으로써 형사 처벌을 모면했다. 닉슨은 화려하게 은퇴했고, 몇 년 지나지 않아 현명한 충고를 아끼지 않는 원로 정치가이자 정계의 대부가 됐다.

베트남전쟁과 워터게이트 스캔들로 인해 정부에 대한 환멸이 달아올랐던 그 시절에 여론을 진정시키기 위한 한 방편이었음에 분명한 상원의 어느 위원회는 1974~75년 동안 정보기관들에 대한 조사를 수행했다. 위원회는 CIA와 FBI가 수도 없이 법을 어겼다는 사실(우편물 개봉, 가택 및 사무실 무단침입 등)을 찾아냈다. 또한 조사 과정에서 CIA가 케네디 행정부 시절부터 쿠바의 피델 카스트로를 비롯한 외국 지도자들의 암살을 비밀리에 계획해 왔다는 사실도 밝

혀냈다. 그러나 그런 활동을 지지했음이 분명한 대통령 자신은 직접
적으로 관여하지 않은 것으로 되어 있었고, 따라서 자신은 그런 공
작이 있었는지도 몰랐다고 발뺌할 수 있었다. 이런 걸 두고 '**그럴듯
한 부인 plausible denial**'이라고 한다.

위원회는 이렇게 보고했다.

이른바 '그럴듯한 부인' 정책의 본래적이고 일차적인 목적은 비밀
작전의 책임을 미국으로 돌리지 않도록 하는 것이었다. 본 위원회에
제시된 증거들을 보건대, 비밀작전이 폭로됨으로써 야기될 결과에
서 미국과 공작원들을 보호하기 위해 고안된 이 개념이 대통령과
고위관료들이 내린 결정을 위장하고 가리는 것으로까지 확대되어
왔음을 분명히 알 수 있다.

1988년 베이루트의 한 잡지에 실린 기사는 로널드 레이건 행정
부가 미국의 적국으로 선포된 이란에게 비밀리에 무기를 판매해 왔
으며, 그 판매수익금으로 니카라과의 반혁명세력('콘트라 반군')에게
군사원조를 해줬고, 결국 의회에서 통과된 법안을 위반했음을 폭로
했다. 레이건과 부통령 부시는 그들이 관여했음을 보여주는 증거가
명명백백했지만 자신들의 개입을 부인했다. 하지만 의회는 그들을
탄핵하는 대신 그들의 밀사들을 증언대에 세웠고, 얼마 뒤 그 중 몇
명이 기소됐다. 그 가운데 한 명(로버트 맥팔런드)은 자살을 기도했
다. 또 다른 한 명으로 의회에서 위증한 죄로 재판에 회부된 올리버
노스 대령은 유죄 판결을 받았으나 징역형을 선고받지는 않았다. 레
이건은 자신이 한 일에 대한 증언을 강요받지 않았다. 그는 평화롭

게 은퇴했고 부시는 차기 미국 대통령이 됐으니, 둘 모두 '그럴듯한 부인'의 덕을 톡톡히 본 셈이었다. 마키아벨리라도 경탄해마지 않았을 작전이었다.

마키아벨리는 군주는 사자와 여우를 모두 본받아야 한다고 했다. 사자는 힘을 사용한다. "여러 민중의 성격은 다양하며, 그들을 설득하기는 쉬우나 그 상태를 유지하기란 쉽지 않다. 따라서 그들이 당신을 더 이상 믿지 않을 경우, 힘으로라도 믿게끔 명령할 수 있어야 한다. [……] 운명은 여자와 같으며, 따라서 그녀를 지배하고자 한다면 힘으로 정복할 필요가 있다." 여우는 속임수를 사용한다.

만약 모든 인간이 선량하다면 이 조언은 온당치 못할 것이지만, 인간이란 신의가 없고 당신과 맺은 약속을 지키려고 하지 않기 때문에, 당신 또한 그들과 맺은 약속에 구속되어서는 안 된다. 어떤 군주도 신의를 저버린 것을 가리기 위한 그럴듯한 구실을 찾지 못해 당황한 적이 없었다. [……] 경험에 따르면 우리 시대에 위대한 업적을 성취한 군주는 자신의 약속을 별로 중시하지 않고 오히려 인간의 두뇌를 혼동시키는 데 능숙한 인물들이라는 것을 알 수 있다.

우리 시대의 모든 독재자와 총통들은 군주를 위한 이 조언을 충실히 따랐다. 히틀러는 『군주론』을 침대 머리맡에 항상 놓아뒀다고 한다(누가 하는 말일까? 그들은 그걸 어떻게 알고 있을까?). 무솔리니는 박사학위 논문에 마키아벨리를 인용했다. 레닌과 스탈린도 마키아벨리를 읽었다고 한다. 확실히 이탈리아 공산주의자 그람시는 마키아벨리에 대해 우호적인 글을 썼다. 마키아벨리는 이미 그 모든 것을 다 알고 있는 군주들이 아니라 "모르고 있는 군주들"에게 조언을 한 것이었으며, 따라서 "설령 폭군의 수단일지라도 어떤 목적을 이루기 위해 필요한 수단을 배워야만 하는 군주들"을 교육시킨 것이라고 그람시는 주장했다.

현대 민주주의 국가의 총리와 대통령들 역시 겉으로는 어떤 태도를 취하건 마키아벨리를 존경하고 뒤따랐다. 제2차 세계대전 전후 시기에 관한 저명한 자유주의적 논평가였던 맥스 러너는 마키아벨리의 저작에 붙인 서문에서 그에 관해 이렇게 말했다. "마키아벨리가 민주주의자와 독재자에게 모두 공통적으로 갖는 의미는 목적이 무엇이든 그것을 추구함에 있어 명민해야 하고 감상을 버려야만 한다는 것이다." 러너는 또 마키아벨리의 『로마사론』[3]에서 "민주적인 국가를 운영함에 있어서조차 살아남으려는 의지가 필요하며, 따라서 주저함 없이 무자비한 수단을 쓸 필요가 있다"는 것이 그의 주된 사상 가운데 하나였음을 발견한다.

그리하여 사자처럼 행동하는 민주적인 국가는 설득이 통하지 않을 때는 무력을 행사한다. 법을 따르라는 설득이 먹혀들지 않을 때면 자국 시민에게도 무력을 사용한다. 자국 방위가 아닌 경우에도 다른 나라에 자신의 명령을 설득할 수 없을 때면 종종 전쟁이라는 형태로 타국 국민들에게까지 무력을 행사한다.

일례로 20세기가 막을 올리던 때 콜롬비아는 파나마운하에 대한 권리를 미국에 팔 용의가 있었으나 미국이 지불하려는 가격보다 좀

3. *Discorsi sopra a prima decade di Tito Livio.*, 1531. 원제가 "티투스 리비우스의 초편 10장에 기초한 논고"인 이 책자는 '리비우스론'이나 '정략론'으로 불리기도 하는데, 여기서는 '로마사론'이라고 옮겼다. [국역: 황문수 옮김, 『군주론·정약론』, 동서문화사, 1976.]

더 많은 돈을 받기를 원했다. 그 결과 몇 척의 전함이 항로에 올랐고 파나마에서 소규모 혁명이 유발됐으며 얼마 안 있어 파나마운하 지대는 미국의 수중으로 넘어갔다. 한 미국 상원의원이 작전을 묘사한 것처럼, "우리는 그것을 공정하고 정직하게 훔쳐 왔다."

현대 자유주의 국가는 마키아벨리가 말한 여우처럼 종종 목적을 달성하기 위해 속임수를 사용한다 —— 국외의 적(그들은 어쨌든 적국을 별로 신뢰하지 않는다)에 대해서는 그다지 많은 속임수가 쓰이지 않지만 자신들의 지도자를 믿게끔 교육받아 온 자국 시민들의 경우는 다르다.

프랭클린 D. 루스벨트 대통령의 유명한 전기 중에는 『루스벨트: 사자와 여우』라는 제목이 붙은 책이 있다. 루스벨트는 제2차 세계대전 초기인 1941년 9월과 10월, 독일 잠수함과 미국 구축함이 관련된 두 사건에 관해 사실을 허위로 진술함으로써 미국 국민을 속였다(한 사건에서 그는 독일 잠수함의 공격을 받은 구축함 그리어 호가 당시 순수한 임무를 수행 중이었다고 주장했으나 실제로는 영국 해군을 위해 그 잠수함을 추적하고 있었다). 루스벨트에게 호의적인 한 역사가는 이렇게 썼다. "프랭클린 루스벨트는 진주만 사건이 일어나기 전부터 미국 국민을 거듭해서 기만했다. [……] 마치 그는 환자 자신을 위해 거짓말을 해줘야만 하는 의사와도 같았다."

그 다음으로는 존 케네디 대통령과 딘 러스크 국무장관의 거짓말이 있다. 그들은 CIA가 1961년의 쿠바 침공을 계획하고 주도했는데도 미국은 그에 대해 아무 책임이 없다고 국민들에게 말했다.

베트남전쟁의 확전은 통킹만 사건에 관한 (1964년 8월의) 일련의 거짓말과 더불어 시작됐다. 미국은 북베트남 선박들이 미국 구축함을 "아무 이유 없이" 두 차례나 공격했다고 발표했다. 그 가운데 한 번은 아예 있지도 않은 공격이었음이 거의 확실하다. 다른 한 번의 공격은 구축함이 베트남 해안에 근접(10마일)하고 CIA가 일련의 해안 기습작전을 벌임으로써 유발된 것임이 분명하다.

그때부터 거짓말은 기하급수로 증가했다. 그 가운데 하나는 미국 공군은 오로지 '군사 목표물'만을 폭격하고 있다는 존슨 대통령의 발표였다. 또 하나는 리처드 닉슨의 거짓말이다. 그는 미국과 평화적인 관계를 유지하고 있다고 믿었던 캄보디아에 1969~70년 동안 가했던 대규모 폭격을 미국 국민들에게 숨겼다.

조언자들

현대 자유주의가 갖는 가치에 온갖 수사修辭를 늘어놓는 대통령 자문역과 보좌관들은 마키아벨리의 칭찬을 받을 만한 기만 행위에 거듭 참여해 왔다. 마키아벨리의 목적은 군주와 국력에 봉사하는 것이었다. 그들도 마찬가지였다. 그들은 자유주의적인 민주국가를 위해 일하는 조언자들이었기 때문에 그런 국가의 힘을 신장시키는 것이 도덕적 목적이라고 간주했으며, 그로써 무력과 기만을 모두 정당화시켰다. 그러나 과연 자유주의 국가가 비도덕적 정책을 수행할 수는 없는 것일까? 이런 경우라면 조언자들은 (이번에는 자기 자신을 속여가며) 자신들이 권력의 최고 핵심부에 근접해 있는 만큼 그런 정책에 영향을 미치고 심지어는 뒤집을 수도 있는 위치에 서 있다고 생각하게 될 것이다.

국가에 대한 봉사라는 덫에 빠지는 것에 관해, 그리고 조언자 자신이 정부의 고위 위원회에 좋은 방향으로 영향을 미칠 수 있다고 생각하는 자기기만에 관해 지식인들에게 경고한 이는 마키아벨리와 동시대 인물인 토머스 모어였다. 모어의 책 『유토피아』에서 대변인 격 인물인 라파엘은 마틴 루터 킹이나 랠프 네이더처럼 정부 밖에서 정부를 비판하는 사회비판자가 되고자 하는 오늘날의 젊은이들에게 흔히 주어지는 충고를 듣게 된다. 그 충고는 내부로 들어가라는 것이다. 라파엘이 듣는 말은 이렇다. "나는 만약 당신이 군주들의 궁정에 대해 갖고 있는 혐오감을 극복할 수만 있다면, 당신이 제공할 조언을 통해 인류에 헤아릴 수 없이 많은 도움을 주게 될 것이라고 여전히 믿고 있습니다."

라파엘은 이렇게 대답한다. "만일 제가 어떤 왕의 궁정에 들어가 현명한 법률을 제안하고 그에게서 위험하기 그지없는 악의 씨앗을 없애려 노력한다면, 그의 궁정에서 내팽개쳐지거나 조롱거리가 될 것이라고 생각지는 않으십니까?" 그는 계속 말한다.

프랑스 왕의 궁정에 있는 제 모습을 상상해 보십시오. 저는 국왕이 친히 주재하는 회의석상에 앉아 있고, 현명함을 자랑하는 이들이 모여 앉아 국왕이 밀라노를 계속 틀어쥐고 또 너무 자주 빼앗기는 나폴리 왕국을 되찾으며, 나아가 베네치아인들을 정복하고 이탈리아 전역을 복속시키려면, 아울러 플랑드르와 브라반트공국, 심지어 부르고뉴 전역을 국왕의 영토에 더하고 왕이 일찍이 침략하기로 계획한 다른 나라들까지 공략하려면 어떤 수단과 책모를 쓸 것인지 열띤 토의를 하고 있습니다. 자 이제, 그토록 많은 잘난 이들이 머리를 맞대고 앉아 어떻게 전쟁을 수행할지 논하고 있는 이처럼 끓어오르는 열기의 한가운데서 저처럼 겸손한 사람이 일어나 그 모든 계획을 변경해야 한다고 설득하는 광경을 상상해 보십시오.

모어는 쿠바혁명 2년 뒤인 1961년에 피그스만 침공[4]을 추진하는 것은 "끔찍한 발상"이라고 생각한 케네디 대통령 자문역이었던 역사학자 아서 슐레진저 2세의 모습을 그리고 있었는지도 모른다. 그러나 그는 자신이 훗날 인정한 것처럼 "국무장관, 국방장관, 합참의장 같은 어마어마한 인물들"의 면전에서 감히 항의의 목소리를 낼수 없었다. 그는 이렇게 말했다. "피그스만 침공작전 이후 몇 달 동안, 나는 각료회의실에서 그토록 중대한 논의가 벌어지고 있는 내내한 마디도 하지 못한 것에 대해 쓰디쓴 자책감을 느꼈다."

그러나 자문역 슐레진저가 느꼈던 위축감은 각료회의실에서 침묵하는 정도에서 끝난 게 아니었다. 그로 인해 그는 쿠바 침공 직전케네디 대통령에게 아홉 페이지짜리 비망록을 제출해 침공작전에서미국이 맡은 역할을 국민 대중에게 숨기기 위해 기만책을 사용할 것을 마키아벨리처럼 노골적으로 촉구했다. 이런 기만책이 필요한 이유는 "현 시점에서 상당수의 사람들은 쿠바가 우리의 국가안보에 심각하고도 중대한 위협이 된다고는 보고 있지 않으며, 따라서 세계대다수 나라들은 이 일련의 행동을 한 작은 나라에 대한 계산된 침략으로 해석할 것이기 때문"이라는 것이었다.

---

4. 1961년 4월 17일, 쿠바 혁명으로 건설된 카스트로(Fidel Castro, 1927~) 정권을 전복하고자, 미국 정부가 CIA의 군사 훈련을 받고 무기를 지원받은 3천여 명의 쿠바 망명자들을 쿠바 남서 해안에 있는 피그스만에 침투시킨 사건. 이들은 쿠바군에게 전멸됐다.

비망록은 계속 이어진다. "케네디 대통령의 인격과 명성은 우리의 크나큰 국가적 자산 가운데 하나입니다. 이토록 소중한 자산을 위험에 빠뜨리는 일은 결코 없어야 합니다. 어쩔 수 없이 거짓말을 해야 할 때는 반드시 아랫사람들이 하도록 해야 합니다." 비망록은 더 나아가 "대통령이 아닌 누군가가, 나중에 사태가 크게 잘못될 경우 그의 머리를 단두대에 올리게 될 누군가가 대통령이 없는 자리에서 최종결정을 내리도록 할 것"을 제안하고 있다(피문은 칼만 없을 뿐 체사레 보르지아가 다시 등장한 셈이다).

슐레진저는 기자회견에서 침공 문제가 제기될 경우에 대비해서 비망록에 몇 가지 견본 질문과 거짓 답변을 적어 놓았다.

문: 대통령 귀하, CIA가 이 사건과 관련되어 있습니까?
답: 미국은 카스트로 정권을 전복시키기 위해 무력을 사용할 의도가
    전혀 없음을 분명히 밝히는 바입니다.

시나리오는 계속 이어졌다. 침공 4일 전에 케네디 대통령은 한 기자회견에서 이렇게 밝혔다. "어떤 상황에서도 미국 군대는 쿠바에 개입하지 않을 것입니다."

슐레진저는 베트남과 라틴아메리카의 혁명들로 미국 정부 내에 신경질적인 반응이 형성됐던 시절, 작은 마키아벨리인 양 행동했던 수십 명의 대통령 조언자들 중 한 사람일 뿐이다. 이 지식인들은 국력에 봉사하는 역할 외에는 다른 좋은 역할을 찾을 수 없었다.

닉슨의 국무장관 키신저는 슐레진저 같은 약간의 양심의 가책조차도 느끼지 않았다. 그는 전쟁과 파괴의 군주에게 쉽사리 굴복했다.

베트남전쟁이 부도덕한 짓이라고 생각하는 하버드 시절의 동료들과 나눈 사적인 대화에서 그는 전쟁을 끝내고 싶어하는 인물인 듯이 처신했지만, 공인으로서의 그는 베트남에서 대규모 민간인 학살을 초래한 정책을 기꺼이 추진하는 지적인 도구에 불과했다.

키신저는 캄보디아 폭격과 침공을 승인했는데, 이는 민감한 캄보디아 사회를 분열시켜 이 나라에서 살인적인 폴 포트 정권이 등장하게 되는 중대 계기가 된 것으로 간주되고 있다. 1972년 말 그와 북베트남 대표단이 전쟁을 종식시키기 위한 평화협상을 갖던 중, 그는 대화를 일방적으로 중단하고 당시 가장 파괴력이 강한 폭격기 B-52로 하노이의 주거지역을 무지막지하게 폭격할 것을 승인했다.

키신저의 전기작가들은 그의 역할을 이렇게 묘사했다. "만약 그가 닉슨의 정책을 승인하지 않았다면, 캄보디아 공격에 반대하는 주장을 펼 수도 있었을 것이다. 그러나 그가 공격을 중단하라고 대통령을 설득하기 위해 자신의 무시 못할 영향력을 행사했다는 흔적은 전혀 찾아볼 수 없다. 또한 항의의 뜻으로 사임을 고려했던 적도 없었다. 오히려 키신저는 닉슨의 정책을 지지했다."

1972년의 크리스마스 폭격 당시 『뉴욕타임스』 칼럼니스트 제임스 레스턴은 다음과 같이 지적했다.

키신저 씨가 국무장관 윌리엄 로저스와 대부분의 국무부 고위관료들과 마찬가지로 대통령의 북베트남 폭격 공세에 반대했었다는 것은 어쩌면, 아니 아마도 사실일 것이다. [……] 그러나 키신저 씨는 훌륭한 유머감각과 역사감각을 두루 지닌 뛰어난 학자이며 따라서 대통령 앞에서 자신의 생각을 내세우기에는 무리가 있었을 것이다.

언론인들 또한 마키아벨리주의자가 될 수 있는 소지가 충분한 것으로 보인다.

국력에 대한 봉사

마키아벨리는 국력과 군주의 지위가 본연의 목적임을 한번도 의심하지 않았다. "또한 군주는……자신의 권력을 유지하기 위해서 종종 신의 없이, 무자비하게, 비인도적으로 행동하고 종교의 계율을 무시하도록 강요당하기 때문에, 보통 사람들에게 있어 선이라고 간주되는 모든 것들을 준수할 수는 없는 일이다."

국력이라는 목적은 군주는 물론이거니와 야심 찬 패거리인 군주의 조언자들에게도 이로운 것일 수 있다. 그러나 그것이 왜 보통 시민들에게까지 좋은 목적으로 간주되어야 하는가? 왜 시민들이 그 또는 그녀 자신의 운명을 정치가나 기업 중역, 군 장성들의 권력과 이익, 명예를 위해 자국 시민의 생명과 자유를 기꺼이 희생시킬 태세가 완벽하게 되어 있는 민족국가에 묶어두어야 하는가?

군주나 독재자, 폭군의 경우 국력은 의문의 여지가 없는 목적이 된다. 하지만 선거로 뽑은 대통령이 군주를 대신하는 민주주의 국가에서는 국력이 자유와 정의, 인류애 등에 봉사하는 자비로운 것으로 제시되어야 한다. 민주주의와 자유라는 수사로 치장되어 있고 실제로도 양자 모두를 일정하게 갖춘 이런 민주주의 국가가 부도덕하고 사악하기가 그지없는 적에 맞서 싸우는 것이 분명한 전쟁을 수행한다면, 그 목적은 너무나도 순수하고 투명한 것이어서 그 적을 물리치기 위해 동원하는 어떤 수단도 정당화되는 것처럼 보일 수 있다.

미국이 바로 그런 국가였고 독일, 이탈리아, 일본으로 대표되는 파시즘이 그런 적이었다. 따라서 승전을 앞당기기 위한 수단으로 원자폭탄이 등장하자 거의 아무 주저도 없이 사용할 수 있었다.

우리 가운데 자기 자신이 대통령 자문역이 되어 그들의 도덕적 딜레마(그들이 정말 그것을 딜레마라 여길 만큼 정직성을 갖춘 경우)에 대처하는 모습을 상상할 수 있는 이는 거의 없다고 해도 무방하다. 내 생각에는, 보통 시민으로서는 자신이 제2차 세계대전 시기에 원자폭탄을 만들기 위해 뉴멕시코에 비밀리에 모여든 과학자 중 한 명이라고 생각해보는 것이 훨씬 쉬울 것이다. 각자 나름대로 자기 직업이나 전문분야, 특수한 숙련기능 등을 발휘해 국가정책에 봉사하기 위해 소집됐다고 상상해볼 수 있다. 로켓 전문가 베르너 폰 브라운처럼 히틀러를 위해 일했던 과학자들은 자신의 학문을 바쳐 공헌함에 있어 마키아벨리만큼이나 냉정할 수 있었을 것이다. 그들은 추호의 의심도 없이 국력에 봉사했던 것이다. 그들은 전문가로서 전력을 다해 "일을 잘 해냈으며" 누가 권력의 자리에 있었든지 간에 자신들의 직무를 했을 것이다. 그리하여 히틀러가 패배하고 폰 브라운이 군 정보요원들에 의해 미국으로 송환된 뒤, 그는 히틀러를 위해 일했던 것처럼 미국을 위해 다시 로켓을 만들기 시작했다.

로켓이야 한번 올라가고 나면
누군들 어디에 떨어질지 상관이나 하나?
그건 우리 분야가 아닙니다,
베르너 폰 브라운은 말하네.[5]

맨해튼 프로젝트[제2차 세계대전 당시 미국의 원자탄 개발 계획]에 참여했던 과학자들은 그와는 달랐다. 히틀러가 승리했더라도 그들이 그에게로 돌아서 그를 위해 일했으리라고 상상하기는 쉽지 않다. 그들은 정도의 차이가 있긴 했지만 이 전쟁이 파시즘에 대항하는 전쟁이자 강력한 도덕적 대의를 지닌 전쟁이라는 사실을 알고 있었다. 따라서 이 믿을 수 없을 만큼 강력한 무기를 만드는 것은 끔찍한 수단을 사용하는 일인 동시에 고귀한 목적을 위한 일이었다.

그렇지만 이들 과학자들은 베르너 폰 브라운과 한 가지 공통점을 갖고 있었다. 일을 잘 해내거나 전문가로서의 유능함을 발휘하거나 과학적 발견을 해냈을 때 느끼는 더 없는 기쁨으로 인해, 그들은 자신들의 연구가 인류에게 가져다줄 결과에 대한 의문을 잊어버리거나 적어도 뒷전으로 밀어둘 수 있었다.

전쟁이 끝난 뒤, 히로시마에 투하된 폭탄보다 파괴력이 천 배나 강한 수소폭탄을 만들자는 제안을 받은 J. 로버트 오펜하이머는 비록 개인적으로는 그런 발상에 전율을 느끼기는 했으나, 결국 에드워드 텔러와 스태니슬로 울럼의 제조 계획이 "기술적으로 볼 때 매력적"이라고 단언하는 쪽으로 선회했다. 텔러는 자신의 계획을 인종말살이라고 보는 과학자들에 맞서 옹호론을 펴며 이렇게 말했다. "어떤 과학에서든 관건적인 문제는 할 수 있는 일을 하는 것입니다." 그가 겪은 도덕적 거리낌이 무엇이었든 간에 엔리코 퍼미(그는 맨해튼 프로젝트에 참여한 최고 과학자 중 하나였다)도 결국 이 폭탄 제조 계획이 "물리학이 도달할 수 있는 최고단계"라고 단언했다.

---

5. 미국의 유명한 풍자노래 작곡가 탐 레러(Tom Lehrer, 1928~)가 만든 「베르너 폰 브라운 Werner von Braun: That Was The Year That Was」(1965)의 가사.

원자폭탄 제조에 참여한 많은 과학자들을 인터뷰한 독일 연구자 로베르트 융크는 히로시마에 원자탄을 투하하는 데 그들이 반대하지 않은 이유를 이해해보고자 애썼다. "그들은 자신들이 거대한 기계의 부속품에 불과하다고 생각했거니와 정치, 전략적 상황에 관해 제대로 된 정보를 알고 있지 못했음이 분명하다." 그러나 그는 그들의 무기력함을 용서하지는 않았다. "만약 어느 시점에서든 그들이 순수하게 인도적인 견지에서 원자폭탄 투하에 반대하는 도덕적 힘을 발휘했다면, 그들의 태도가 대통령과 각료, 군 장성들에게 깊은 영향을 미쳤을 것임은 의심의 여지가 없다."

미국 정치 지도자들의 도덕적 어휘들은 인구가 밀집한 도시에 원자폭탄을 사용한 행위를 정당화시켰다. 원자폭탄 사용 여부의 결정권을 갖고 있던 임시위원회 의장 헨리 스팀슨[6]은 훗날 "군 장병들의 인명 손실을 가능한 최소화시키면서 전쟁을 승리로 끝내기 위해" 그렇게 했다고 말했다. 그의 말은 원자폭탄을 사용하지 않았을 경우 일본 침공이 필요하게 되고 그렇게 되면 많은 미국인들이 목숨을 잃었을 것이라는 가정에 근거하고 있다.

그것은 민족주의, 아니 심지어 인종차별주의에 의해 재단된 도덕성이었다. 미국인의 생명을 구하는 일이 일본인의 생명을 구하는 것보다 훨씬 더 중요한 것으로 간주됐다. 숫자들이 정신 없이 허공을 갈랐지만(가령 국무장관 제임스 번즈는 일본을 침공할 경우 "백만

---

6. Henry Stimson(1867~1950). 당시 전쟁장관이자 원자력 정책에 관한 대통령 수석 자문역. 그가 임명한 일곱 명의 민간인을 위원으로 하는 임시위원회(정식 명칭은 <원자력에 관한 임시위원회 Interim Committee on Nuclear Power>)는 과학자와 장성들의 자문을 받아 대통령에게 최종 권고안을 제출했다.

명의 사상자"가 예상된다고 말했다), 미국인 사상자 수를 진지하게
추산해보거나 이를 일본인 남자와 여자, 노인과 갓난아기의 사상자
수와 비교해보려는 시도는 전혀 없었다(그런 시도에 근접이나마 해
본 것으로는 일본 최남단 섬[규슈]을 침공할 경우 미국인 3만 명이
죽거나 부상할 것이라는 군의 한 추정치였다).

　오늘날 드러난 증거들은 전쟁을 끝내기 위해 일본 침공이 필요
하지 않았다는 사실을 보여주는 쪽이 압도적으로 많다. 일본은 혼란
속에 패배하는 중이었고 이미 항복할 준비가 되어 있었다. 전쟁 뒤
에 7백 명의 일본 군 및 정치 관료들을 인터뷰한 <미국 전략폭격조
사단 Strategic Bombing Survey>은 이런 결론에 이르렀다.

　　모든 사실에 대한 세부적인 조사를 토대로 하고 관련된 일본인 생
　　존 지도자들의 증언을 통해 이를 확인해볼 때, 본 조사단은, 설령 러
　　시아가 [태평양]전쟁에 개입하지 않고 [일본 본토에 대한] 어떤 침공
　　도 계획되거나 기도되지 않았다 하더라도, 확실히 1945년 12월 31일
　　이전에, 아니 아마도 11월 1일 이전에 일본이 항복했을 것이라는 견
　　해를 밝히는 바이다.

　전쟁이 끝나고 미국 학자 로버트 뷰토는 일본 외무성의 문서와
(일본 지도자들을 전범으로 재판한) 극동국제군사재판소의 기록, 미
육군의 심문 파일 등을 자세히 살펴보았다. 그는 또한 많은 일본 요
인들과 인터뷰를 했으며 이런 결론에 다다랐다. "연합국측이 대공
(평화를 위한 소련의 중재를 이끌어내기 위해 모스크바에 특사로 파
견된 고노에 대공[당시 수상 고노에 후미마로 近衛文檈])에게 항복 제

의 수락에 대한 정부의 지지를 얻어내기 위한 일주일 간의 은전만 베풀었더라면, 원자폭탄도, 소련의 개입도 없이 7월 하순이나 늦어도 8월 초에 전쟁은 끝났을 것이다."

뉴멕시코에서 최초의 원폭 실험이 성공을 거두기 3일 전인 1945년 7월 13일, 미국은 일본 외무장관 도고東鄕茂德가 모스크바 주재 사토佐藤尙武 대사에게 보낸 비밀전신을 도청했는데, 그 내용은 사토에게 소련측에 중재를 요청하라고 주문하는 것으로서 일본이 무조건적인 항복만 아니라면 전쟁을 끝낼 준비가 되어 있음을 가리키는 것이었다.

8월 2일 일본 외무성은 모스크바 주재 일본 대사에게 전문을 보냈다. "전쟁을 끝내기 위한 준비를 할 수 있는 날이 며칠밖에 남지 않았다. [……] 구체적 조건에 대해서는……우리는 [무조건적인 항복을 요구한] 포츠담 선언을 기본으로 삼아 이들 조건에 관한 검토를 수행할 계획이다."

공식 문서를 세밀하게 검토한 스탠퍼드대학의 역사학자 바턴 번스틴은 이렇게 지적했다.

아마 미국의 정보기관은 앞서 보낸 것과 마찬가지로 이 전문도 중간에서 가로채 해독했을 것이다. 그렇지만 미국의 정책에는 아무런 영향도 미치지 못했다. 트루먼 대통령이나 번즈 국무장관이 이 전문을 전달받았다는 증거도, 그들이 포츠담 회담 동안 이 가로챈 전문에 따라 회담을 진행했다는 증거도 없다. 그들은 일본인들의 생명을 구하기 위해 위험을 무릅쓸 생각은 없었다.

원폭 제조에 관한 세밀하고도 설득력 있는 역사서에서 리처드 로즈는 이렇게 말했다. "이 폭탄[의 투하]을 승인한 것은 일본인들이 항복을 거부했기 때문이 아니라 무조건적 항복을 거부했기 때문이었다."

일본이 전쟁을 끝내기 위해 필요로 했던 단 한 가지 조건은 일본인들에게 신과 같은 인물인 천황의 존엄성 유지에 관한 동의뿐이었다. 전 주일본 대사 조지프 그루는 일본의 문화에 관한 자신의 지식을 토대로 미국 정부에게 천황의 존재를 그대로 놔두는 것이 얼마나 중요한지를 설득하려고 애썼다.

국무부 파일과 맨해튼 프로젝트 기록에 대해 유일하게 접근할 수 있었던 허버트 페이즈[전쟁 당시 전쟁장관의 특별고문]는 결국 미국이 일본인들이 천황에 대해 요구한 바를 보장해줬다는 사실을 지적했다. 그는 이렇게 말했다. "결국 나중에는 한술 더 떠서 들어주게 될 일본인들의 다양한 요구에 대해 왜 미국 정부가 그토록 시간을 질질 끌었는지에 관한 의구심이 가시질 않는다."

생명을 구한다는 이유가 말뿐인 것이었고 본토를 침공하지 않았어도 일본인들이 항복했을 가능성이 충분했다면, 도대체 왜 미국은 서둘러 원자폭탄을 떨어뜨린 것일까? 역사학자 가어 앨퍼로비츠는 최종 결정에 가장 큰 영향력을 미친 트루먼의 최측근 관료들의 서류, 그 가운데서도 특히 헨리 스팀슨의 일기를 면밀히 검토한 후, 원폭 투하는 소련에 깊은 인상을 주기 위한 것으로 전후 세계에서 미국의 힘을 확립하기 위한 첫 번째 행동이었다고 결론지었다. 그는 소련이 8월 8일에 일본과의 전쟁에 참가하기로 약속했음을 지적하고 있다. 원자폭탄은 8월 6일에 투하됐다.

1945년 5월 트루먼의 핵심 정책 자문역을 만난 바 있는 과학자 리오 실러드는 훗날 이렇게 말했다. "번즈는 일본 도시들에 원폭을 사용하는 이유가 전쟁에 승리하기 위함이 아니라고 역설했다. [……] 번즈 씨는 우리가 원폭을 보유하고 있고, 그것을 과시함으로써 러시아를 다루기 쉽게 만들 수 있다고 보았다."

여러 증거를 보건대, 원폭을 투하한 **목적**은 이미 확실했던 전쟁의 승리가 아니었고 또 미국의 일본 침공이 거의 전혀 필요치 않았으므로 생명을 구하기 위함도 아니었으며, 단지 전쟁 당시와 전후 시기에 미국의 국력을 강화시키기 위한 것이었다. 이런 목적을 위해 동원된 수단은 인류가 고안해낸 것 가운데 가장 무시무시한 발명품이었다 —— 즉, 사람을 산 채로 태워버리고 끔찍하게 불구로 만들었으며 방사능 후유증으로 엄청난 고통에 시달리며 서서히 죽어가게 만든 것이다.

미국 같은 민주주의 국가와 '전체주의 국가들'의 차이점은 "그들은 목적이 수단을 정당화한다고 보는 데 반해 우리는 그렇게 보지 않는 데 있다"고 말하던 중학교 시절 사회 선생님이 생각난다. 그러나 그것은 히로시마와 나가사키가 있기 전의 일이었다.

올바른 도덕적 판단을 내리려면 희생자들의 증언으로 균형을 잡아야 한다. 여기 세 명의 생존자들의 말이 있는데 원폭이 야기한 전체 상황을 보려면 수만 배로 곱해봐야 할 것이다.

35세 남자: "턱이 사라지고 입 밖으로 혀가 축 늘어진 한 여자가 억수로 퍼붓는 검은 비[핵폭발에 의해 대기 중에 방출된 방사성 물질이 함유된 비]를 맞으며 신쇼오마치 지역을 헤매고 있었습니다. 그 여자는 도와달라고 외치며 북쪽으로 걸어갔습니다."

17세 소녀: "히로시마 역을 지나 걷고 있었는데……창자와 뇌수가 흘러나온 사람들이 보였어요……젖먹이를 안고 있는 할머니……죽은 엄마 곁에 있는……수많은 아이들……제가 느낀 공포는 차마 말로 할 수 없어요."

5학년 여자아이: "대피소에 있던 사람들은 전부 큰소리로 울부짖었어요. 그 목소리들은……울음이 아니라 뼛속까지 파고들고 머리칼을 곤두서게 만드는 신음소리였어요……불타버린 제 팔과 다리를 제발 잘라달라고 얼마나 애원했는지 몰라요."

1966년 여름, 아내와 나는 원폭 투하를 상기하고 전쟁이 없는 세계를 만들기 위해 히로시마에서 열린 한 국제회의에 초청받았다. 8월 6일 아침, 히로시마의 한 공원에 모여든 수만 명의 사람들은 1945년 8월 6일 원폭이 떨어진 정확한 시간(오전 8시 16분)이 되기를, 완전한 침묵, 거의 질식할 것만 같은 침묵 속에서 기다리고 있었다. 그 시각이 되자 하늘에서 갑자기 등골까지 오싹해지는 굉음이 터져 나와 순식간에 침묵이 깨졌다. 정신을 차리고 하늘을 보니 그 소리는 평화로운 세계라는 목적을 선포하기 위해 그 순간 날려보낸 수천 마리의 비둘기들이 한꺼번에 날개를 퍼덕인 소리였다.

며칠 후 우리 일행 중 몇 명은 원폭 희생자들이 함께 시간을 보내면서 다 같이 겪고 있는 문제를 논의하기도 하는 센터로 지어진 히로시마의 한 집에 초대받았다. 누군가 우리에게 사람들에게 한 마디씩 하라고 했다. 내 차례가 되어 자리에서 일어나는 순간, 나는 내 양심 속 응어리를 털어놔야겠다고 생각했다. 내가 유럽에서 항공대 폭격수로 복무했다고, 폭탄을 떨어뜨려 사람들을 죽이고 불구로 만들었다고, 지금 이 순간까지도 내가 떨어뜨린 폭탄이 인간들에게 미친 결과를 보지 못했다고, 내가 한 일을 부끄러워하고 있으며 그런 일이 두 번 다시는 일어나지 않도록 하는 데 보탬이 되고 싶다고 말 하고 싶었다.

나는 한 마디 말도 입 밖으로 꺼내지 못했다. 입을 떼려는 순간, 마룻바닥에 앉아 있는 남자와 여자들, 팔이 없는 사람들, 다리가 없 는 사람들, 나를 바라보며 뭔가 말하기를 조용히 기다리고 있는 사 람들의 모습이 보였기 때문이다. 말이 목에 걸려 잠시 동안 아무 말 도 할 수 없었지만 가까스로 마음을 가다듬고 결국 초대해주어 고맙 다는 인사만을 하고 자리에 앉았다.

국력이라는 목적을 이루기 위해서는 그 어떤 수단(대규모 살육, 과학의 오용, 전문가 의식의 타락)도 받아들일 수 있다는 사고를 우 리 시대에 가장 극명하게 보여주는 예가 바로 히로시마다. 우리 시 민들에게는 히로시마와 나가사키의 경험은 마키아벨리를 거부해야 한다는 것, 군주에게든 대통령에게든 굴종을 해선 안 된다는 것, 공 적 정책이 실제로 누구의 이해관계에 봉사하는가를 알아내기 위해 그런 정책의 목적을 우리가 스스로 검토해야만 한다는 것을 시사해 준다. 우리는 그런 목적이 지구상 모든 인류의 동등한 정의와 양립 할 수 있는지 알아보기 위해 목적을 이루는 데 사용되는 수단을 검 토해 봐야 한다.

반마키아벨리주의자들

언제나 지배적인 이데올로기에 맞서 주체적으로 사고하고 행동하는 사람들이 있어 왔으며, 그런 사람들이 충분히 많아질 때 역사는 찬란한 순간들을 맞이했다. 전쟁이 중지되고 폭군이 타도됐으며 노예들이 자유를 쟁취하고 가난한 사람들이 작은 승리를 얻었다. 권력 핵심부에 있는 몇몇 사람들조차도 순응을 요구하는 압도적인 압력이 잦아들 경우에는 반대의 목소리를 낼 수 있는 도덕적 힘을 발휘하면서 목적에 의문을 품지 말고 수단을 검토하지 말라는 마키아벨리의 조언에 도전했다.

모든 원자공학 과학자들이 원자폭탄의 제조가 야기한 흥분에 빠져든 것은 아니었다. 훗날 오펜하이머가 원자력위원회에 말했듯이, 그가 맨해튼 프로젝트에 참여할 과학자들을 모집했을 때 대부분은 이를 수락했다. "종국에는 이런 흥분감, 헌신성, 애국심이 보편화됐습니다." 그러나 오펜하이머로부터 로스앨러모스[7]에서 자신의 부소장을 맡아줄 것을 요청받은 물리학자 I. I. 래비는 그의 제안을 거절했다. 그는 전쟁에서 중요한 역할을 하리라고 생각한 레이더 개발에 깊이 관여하고 있었는데, 오펜하이머의 말에 따르면, 대량살상무기가 "3세기에 걸친 물리학 역사의 정점"이 된다는 생각에는 혐오감만을 느꼈다.

원자폭탄이 실험을 거쳐 사용되기 직전, 래비는 전쟁에서 과학자들이 수행하는 역할에 우려감을 느꼈다.

만일 우리가 우리의 목적이 단지 다음 전쟁을 더 거대하고 더 편리하게 만드는 것이라는 입장을 취한다면, 우리는 결국 대중의 존경을 잃고 말 것이다. [……] 우리는 스스로 생각하듯 자기희생적이고 공

---

7. 오펜하이머가 소장을 맡았던 <로스앨러모스 연구소 Los Alamos National Laboratory>는 맨해튼 프로젝트의 중심이었다.

적 책임감을 지닌 시민이기는커녕 군수업체에 노력 봉사하는 하인
이자 단순한 기술자가 되어버릴 것이다.

노벨상 수상자인 물리화학자 제임스 프랑크는 시카고대학 금속
공학연구소에서 원자폭탄 제조에 따르는 문제들에 관해 연구하면서
이 신무기가 갖는 사회적, 정치적 함의에 관한 한 위원회를 이끌었
다. 1945년 6월 프랑크위원회는 일본에 대한 기습적인 원폭 투하에
반대하는 조언을 담은 보고서를 작성했다. "핵전쟁 전면 방지에 관
한 국제적 합의가 우리의 최고 목표라고 본다면……세계에 이런 식
으로 핵무기를 소개하는 것은 우리가 가진 모든 성공의 기회를 쉽사
리 날려보내는 일이 될 것이다." 원폭 투하는 "무제한적인 무기 경쟁
을 알리는 신호탄이 될 것"이라고 보고서는 지적했다.

위원회는 헨리 스팀슨에게 직접 보고서를 전달하려고 워싱턴에
갔지만 그는 여행중이라는 거짓 답변만을 받았다. 스팀슨이든 그에
게 조언을 해주는 과학자 자문단이든 프랑크 보고서의 주장을 받아
들일 심사가 아니었다.

원자폭탄 개발 프로젝트를 제안한 알베르트 아인슈타인의 편지
를 프랭클린 루스벨트에게 전달하도록 다리를 놔준 바 있는 과학자
리오 실러드 또한 일본 도시에 대한 원폭 투하에 맞서 힘들고 성과
없는 싸움을 벌였다. 뉴멕시코에서 원폭 실험에 성공한 때인 1945년
7월, 그는 과학자들에게 원폭 투하 계획에 반대하는 청원서를 돌리
면서 "이 새롭게 풀려난 자연력을 파괴라는 목적을 위해 사용한 선
례를 남기는 나라는 상상할 수 없는 규모의 참화의 시대를 향한 문
을 열어젖힌 책임을 져야만 할 것"이라고 역설했다. 원자폭탄 사용

을 향해 치달아 가는 기세를 막기 위해 할 수 있는 최대한의 노력을 하기로 마음을 굳게 먹은 실라드는 자기 친구 아인슈타인에게 루스벨트 대통령 앞으로 소개장을 하나 써달라고 부탁했다. 하지만 약속이 막 잡히던 순간 라디오를 통해 루스벨트가 목숨을 거뒀다는 발표가 흘러나왔다.

명성을 떨치던 아인슈타인이 나섰더라면 원폭 투하 결정을 움직일 수 있었을까? 확실치는 않다. 사회주의와 평화주의에 공감하고 있다고 알려진 아인슈타인은 맨해튼 프로젝트에서 배제된 상태였으며 히로시마와 나가사키에 대한 원폭 투하라는 중대한 결정이 내려지고 있는지 알지도 못했다.

해리 트루먼의 한 자문역 —— 해군부 차관 랠프 바드 —— 은 일본 원폭에 반대하는 강력한 입장을 견지했다. 스팀슨의 임시위원회 위원 가운데 한 사람이었던 그는 처음에는 일본의 한 도시에 원자폭탄을 사용한다는 결정에 동의했지만 나중에 생각을 바꿨다. 그는 위원회에 비망록을 제출해 미국이 '위대한 인도주의 국가'라는 명성을 누리고 있다고 언급하면서 일본인들에게 [원폭을 투하할 수도 있다는] 경고를 보내고 천황에 대한 대우를 일정하게 보장해 준다면 일본이 항복하게 될 것이라고 지적했다. 그의 비망록은 아무 효과도 거두지 못했다.

몇몇 고위 군 장성들 또한 결정에 반대했다. 유럽에서 연합군을 승리로 이끌고 막 돌아온 드와이트 아이젠하워 장군은 로스앨러모스의 원폭 실험 성공 직후에 스팀슨과 만났다. 그는 일본은 이미 항복할 준비가 되어 있으므로 원폭 사용에 반대한다고 스팀슨에게 말했다. 훗날 아이젠하워는 "나는 우리 나라가 그런 무기를 최초로 사용한 국가가 되는 모습을 결코 보고 싶지 않았다"고 회고했다. 육군 항공대장 햅 아널드 장군은 원자폭탄을 사용하지 않아도 일본이 항복하게 될 것이라 확신했다. 주요 군 지도자들이 원폭 투하의 필요성을 느끼지 않았다는 점은 히로시마와 나가사키에 원자폭탄을 떨어뜨린 이유가 정치적인 것이었다는 생각에 무게를 실어준다.

제2차 세계대전 이후 미국 대외정책이 작동되는 과정에서 마키아벨리적 굴종을 거부하고 정통 교의에 편입되기를 마다한 몇몇 용감한 사람들이 있었다. 아칸소 주 출신 윌리엄 풀브라이트 상원의원은 케네디 대통령이 쿠바 침공 계획을 계속 진척시킬지 여부에 관한 결정을 내릴 중요한 자문회의에 참여하고 있었다. 그 자리에 참석했던 슐레진저는 훗날 "풀브라이트는 단호하면서도 의심의 눈초리를 거두지 않는 어조로 계획 전체를 비난했다"고 회고했다.

베트남전쟁 당시 MIT와 하버드 출신 자문역들은 대부분 가차없는 폭격을 열렬히 옹호하는 쪽이었지만 몇몇은 반기를 들었다. 처음으로 반대한 인물 가운데 하나인 국무부 극동문제 전문가 제임스 톰슨은 자리를 박차고 나와 미국의 베트남 개입을 비난하는 웅변적인 글을 『애틀랜틱 먼슬리』에 기고했다.

헨리 키신저가 군주 닉슨 앞에서 마키아벨리 역할을 하는 동안, 그의 참모 가운데 적어도 세 명이 1970년의 캄보디아 침공을 지지하는 것에 반대했다. 윌리엄 와츠는 캄보디아 침공에 관한 백악관 발표문을 작성하라는 지시를 받고는 이를 거절하고 사직서를 썼다. 키신저의 참모 앨 헤이그 장군이 다급히 그를 찾아와 쏘아붙였다. "당신은 최고사령관한테 명령을 받은 거요." 헤이그의 말인즉슨 따라서 사임할 수 없다는 것이었다. 와츠는 대꾸했다. "천만에요, 할 수 있지요 —— 게다가 이미 했는 걸요!" 닉슨 대통령을 위해 침공을 정당화하는 연설문을 작성하라는 지시를 받은 로저 모리스와 앤서니 레이크는 이를 거절하고는 대신 공동 사직서를 썼다.

베트남전쟁 당시 가장 극적인 반대 행동을 한 이는 하버드 경제학 박사 출신으로 해병대에서 복무하고 국방부와 국무부, 사이공 주재 대사관 등에서 요직을 두루 걸친 대니얼 엘스버그였다. 그는 헨리 키신저의 특별보좌관을 역임하고 랜드연구소에서 일하고 있었는데, 그곳은 미국 정부를 위해 극비 연구를 수행하기로 계약을 맺은 명석한 사람들로 이뤄진 민간 '두뇌집단'이었다. 랜드연구소가 기밀 문서에 근거해 베트남전쟁의 역사를 총정리해달라는 주문을 받자 엘스버그는 그 프로젝트의 지휘자 중 한 명으로 임명됐다. 그러나 그는 이미 자신의 정부가 벌이고 있는 전쟁의 야만성에 대해 양심의 가책을 느끼고 있었다. 그는 군과 함께 베트남 격전지에 가본 적이 있었고 자신이 직접 목격한 사실로 인해 베트남은 미국 땅이 아니라는 사실을 깨닫게 됐다. 그리고 이제 문서를 읽고 역사를 취합하는 일에 일조하게 되면서 그는 대중을 상대로 얼마나 많은 거짓말이 행해졌는지를 보았으며 그의 생각은 더욱 굳혀져갔다.

엘스버그는 베트남에서 만난 적이 있는 랜드연구소 전 직원 앤서니 루소의 도움을 받아 총 7천 쪽 분량의 전사(훗날 '국방부 문서'라 불리게 됐다)를 비밀리에 복사해서 몇몇 의원과 『뉴욕타임스』에 배포했다. 『뉴욕타임스』가 언론 특유의 센세이션을 불러일으키며 이 '최고기밀' 문서를 인쇄하기 시작했을 때, 엘스버그는 체포되어 재판에 회부됐다. 그에 대한 기소내용을 모두 합하면 최고 130년의 징역형을 선고받을 수도 있었다. 그러나 배심원단이 심의를 진행하는 동안, 판사는 워터게이트 스캔들을 통해 닉슨의 '배관공[정부 기밀 정보의 누설을 막기 위해 투입되는 사람을 가리키는 속어]'들이 엘스버그의 평판을 떨어뜨릴 자료를 찾기 위해 그의 정신과 담당의사 사무실에 불법적으로 침입을 시도한 사실을 알게 됐으며 따라서 사건이 의미를 잃었다고 선언하고 재판을 취소시켰다.

엘스버그의 경우는 베트남전쟁 당시와 이후에 잇따른 일련의 정부직 사임 파동 가운데 하나일 뿐이다. 1960년대 후반과 70년대 초반에 수많은 CIA 요원들이 일을 그만두고 CIA의 비밀활동에 관해 글과 말로 발언하기 시작했다. 몇 명만 예로 들자면 빅터 마체티, 필립 에이지, 존 스톡웰, 프랭크 스넵, 랠프 맥기 등이 그들이다.

다른 나라들과 마찬가지로 마키아벨리주의가 미국의 대외정책을 지배하고 있지만, 소수 반대자들이 보여준 용기를 통해 우리는 언젠가 좀더 많은 대중이 그런 종류의 '현실주의'를 받아들이지 않을 것이라는 가능성을 엿볼 수 있다. 마키아벨리라면 아마도 거드름을 피우며 냉소적으로 대꾸할 테다. "시간 낭비하고 있군요. 그 어떤 것도 바꾸지 못할 겁니다. 그건 인간본성이니까요."

과연 그렇게 될지 한번 탐구해볼 만한 주장이다.

20
침략적 자유주의

다른 많은 사람들의 경우와 마찬가지로 나 역시 베트남전쟁을 계기로 세계 역사에서 미국이 행한 역할, 특히 아메리카 대륙과 해외 모두에서 영토를 확장시킨 기록에 관해 좀더 원대한 질문을 던지게 됐다. 이 글은 그런 질문의 일환으로 쓴 것으로 『역사의 정치학 *The Politics of History*(비컨프레스, 1970; 일리노이대학출판부, 1990)』에 수록됐다.

역설이라는 개념은 우리가 결백함을 주장하는 데 유용하다. 우리는 역설을 최후의 방어물로 설치해 놓고 우선 다른 두 개의 방책을 세운다. 첫째 방책은 우리 가슴속 깊이 자리한 신념에 의문을 제기하는 사실을 찾아보지 않거나 아예 눈길을 돌려버리는 것이다. 둘째는 (세계가 우리의 무지를 용납하려 하지 않을 때) 한데 결합될 경우 우리 문화가 가진 신화들을 폭발시켜버리게 될 요소들을 우리의 의식 속에서 분리시키는 것이다. 장벽을 지탱하고 있는 이 두 방책이 무너져 내리면 우리는 긴급조치의 일환으로 해명이라는 진지로 후퇴한다. 그건 믿기지 않는 사실들이 조합된 역설의 하나라고.

이런 삼중의 방어물을 갖춘 서구세계의 자유민주주의는 보편선거권, 의회대표제, 기술진보, 대중교육, 보편인권, 사회복지 등의 장식물을 더함으로써 —— 제국주의, 전쟁, 인종차별주의, 착취 등으로 점철된 기록에도 불구하고 —— 자비로운 체제라는 평판을 유지해 왔다. 불쾌한 사실은 일단 무시된다(또는 현명하게도 다른 나라들이 저지르는 더욱 노골적인 죄악을 병렬시킴으로써 무색하게 만들어버 린다). 그러면 이런 사실들은 두뇌의 다른 칸막이 속으로 들어가 버 린다. 그리고 이 사실들이 두뇌 속에서 서로 충돌해 더 이상 분리 유 지하는 게 불가능해지더라도, 이른바 서구문명이라는 필수불가결한 선 善은 역설이라는 개념에 의해 전혀 손상되지 않는다. 따라서 자 유주의는 가장 난잡한 병렬에 의해 상처받지 않고 유지될 수 있으 며, 자유주의라는 속기로 휘갈긴 상징(서투른 상징일 수도, 능숙한 상징일 수도 있다)을 부여받은 전체 사회체제는 의문시되지 않은 채 그대로 자리를 지킬 수 있다.

　이 글에서 다루고자 하는 것은 첫 번째 방책선(당혹스러운 사실 은 잊어버리는 것)이다. 미국은 자국 내 행동에서 기대되는 것만큼 이나 대외적으로도 각별히 고상한 나라라는 점은 당혹스러움을 거 부하는 신화이다.

　아마 우리는 이 신화를 모유 母乳와도 같은 영국식 자유주의로부 터 가져온 것일 테다. 영국의 역사학자 제프리 배러클러프는 제1차 세계대전 시기의 독일 팽창주의에 관한 저술에서 이렇게 지적했다. "아프리카나 중국에 대한 프랑스와 영국의 제국주의를 비난하기는 쉽지만, 그들의 가장 극악무도한 범죄행위와는 비교가 되지 않는다. 영국 제국주의는 그 모든 죄악에도 불구하고 진실한 이상주의적 요 소를 갖고 있었던 바, 그것은 일종의 봉사의식이나 사명감으로 인도 에서는 커즌[인도 총독]이, 이집트에서는 크로머[주이집트 총영사]가

잘 보여준 바 있다.”

국제적인 침략 행위에 있어 ‘이상주의적 요소’는 언제나 손쉽게
쓸 수 있게 준비되어 있는 것이었다. 트로이전쟁에서 헬레네가 보여
준 정숙함이나 십자군전쟁에서 예수 탄생지가 지녔던 거룩함(이런
이상주의적 요소들은 무한정 나열할 수 있다) 등은 정복, 살육, 착취
라는 기본적인 사실을 바꿀 수 없으며, 보어전쟁에서 영국 자유주의
자들이 짜낸 훨씬 복잡한 이론적 근거 역시 마찬가지이다. D. A. N.
존스는 당시 윈스턴 처칠이 맡은 역할에 관해 이렇게 말했다.

> 처칠은 추악한 현실에 고상함이라는 외양을 부여했다. 1901년 남아
> 프리카에서 돌아온 종군특파원 자격으로 의회에 출석한 그는 보어
> 전쟁이 친형제 사이의 위대한 결투라고 소개할 수 있었다. 이 처녀
> 연설에서 그는 말하기를, 일각에서는 “이 전쟁을 탐욕의 전쟁이라
> 고 오명을 씌울” 태세가 되어 있었다. “이 전쟁은 처음부터 끝까지
> 성스러운 의무의 전쟁이었을 뿐이다.”

처칠은 흑인 주민들을 무장시키지 않았다고 백인 적국을 칭찬했
다. “흑화론1)이야말로……유럽 민족들을 단결시키는 결속력이다.”
1907년에 부인에게 보낸 한 편지에서 자유당 정부의 젊은 장관 처칠
은 “15만여 명의 원주민이 우리의 직접 통치 아래 있소”라고 말했다.
“내 보기에는 유혈사태는 전혀 없을 것 같소. [……] 결국 제국은 급
진정부[자유당 정부] 치하에서 뻗어나갈 것이오!”

---

1. Black Peril. 빌헬름 2세의 ‘황화론 Yellow Peril’에 빗댄 말로 흑인종이 서양 문명을 압도할
   것이라는 백인들의 공포 관념.

이것이 영국 자유주의의 '역설'이었을까? 오직 국내에서의 자유
주의가 해외 전쟁과 유사한 특징을 띠게 됨으로써 서구의 자유민주
주의에 관한 전통적인 무조건적 칭찬에 의구심을 품게 만들었다는
사실을 무시할 때만 그러하다. 가령 처칠은 "가난한 사람들을 돕고,
철로와 수로를 공공소유로 전환시키고, 전국적인 최저임금을 확립
하기 위한 정부 개입에 적극적으로 찬성"하고 있다. "그것은 모두 말
뿐이었다." 그는 또한 이렇게 말했다. "떠돌이와 부랑자들은 적절한
노역 식민지를 만들어 그곳으로 보내버려야 하며……국가를 위해
해야 할 직분이 무엇인지 깨닫게 해야 한다." 내무장관을 지낼 때인
1911년, 처칠은 무정부주의자라는 혐의를 받고 있던 외국 태생 강도
들을 뒤쫓는 경찰관들과 동행했다. 용의자들의 집은 싸그리 불태워
졌다. 시신 두 구를 찾은 처칠은 수상에게 이렇게 보고했다.

> 그 흉포한 악당들을 구하려고 선량한 영국인들의 생명을 희생시키
> 기보다는 그냥 다 타버리게 놔두는 게 좋겠다고 생각했습니다. 외국
> 인관리에 관한 법령을 좀더 강력히 집행해야 할 듯합니다.

미국식 자유주의에 '역설'이 내재해 있다는 주장에 답하려면, 미
국의 대외적 행동과 국내정책을 나란히 놓고 봐야 할 것이다. 그러
나 우선 대외적 행동 자체에 대해 통상적인 것 —— 미국이 벌인 전
쟁을 미화하는 초등학교 교과서나 미국의 대외정책은 선량한 동기
와 '이상주의적 요소'를 토대로 한 것이기 때문에 다른 나라의 경우
와는 비교가 되지 않을 정도로 훌륭한 것이라고 생각하는 학계의 좀
더 복잡한 주장[2) —— 보다 철저한 검토가 필요하다.

ROR

미국의 대외정책을 휘리릭 훑어보기만 해도 우리가 국가를 형성한 초기부터 줄곧 침략성과 폭력, 기만이 그와 동일한 국내적 전개 과정에도 동반됐으며 (다른 국내적 특징을 떼어놓고 보면) 이것이야말로 서구 자유민주주의의 원형을 이뤘다. 이런 검토는 물론 선별적인 것이지만, 사회적 위기의 시기에 우리 나라를 냉정하게 바라본다는 목적을 위해서는 정통적인 선별을 바로잡는 데 유용하다. 비판적인 선별이라는 사고를 지지하는 개인과 국가 사이에는 중요한 차이가 있을 것이라 생각한다. 한 개인으로서는 과거의 악행을 보고도 못본 체 하는 것이 변화를 위한 심리적 자극으로서 미래의 행동에 긍정적인 역할을 할 수도 있다. 국가의 경우에는 그런 감수성이 존재하지 않는다. 이 딱딱하게 굳어지고 지각이 없는 메카니즘에는 심리적 자극이 필요치 않으며, 단지 시민들이 분해하고 재조립 —— 이런 과제는 극히 힘든 것으로서 엄청난 위기감에 의해 자극받고 이 메카니즘이 작동에 실패한 사례의 수를 집약적으로 다시 수집함으로써만 강화된다 —— 할 필요가 있을 뿐이다.

독립을 위한 전쟁에 동반된 정서의 고결함과 독립선언서의 목적에도 불구하고 신생 국가로서 우리가 최초로 행한 외교적 노력(영국과의 강화조약 체결)은 우리 조상들의 탐욕을 보여주기 시작한 것이었다. 브래드퍼드 퍼킨스는 리처드 B. 모리스의 『강화조약 조인자들

---

2. [저자주] 우리가 순수하다는 이런 주장은 우스꽝스러운 수준에까지 다다른다. 1968년 『라이프』는 미군 헬리콥터의 총격으로 한쪽 다리를 절단한 한 베트남 소녀의 사진을 게재했다. <세계재건기금 World Rehabilitation Fund> 총재 하워드 러스크 박사는 이렇게 말했다. "『라이프』 독자들은 <국제개발청 Agency for International Development> 직원으로 활동하는 미국인들이 도와주지 않았더라면 트란이라는 어린이가 의족을 달지 못했을 것이라는 점을 유념해야만 한다."

Peacemakers』에 대한 서평에서 이 사실에 대해 더없이 정확한 논점을 제시한 바 있다.

> [……] 대다수 미국 역사학자들과 마찬가지로, 리처드 모리스는, 미국 대표단이 고결한 사람들을 위해 일한 것이었기 때문에 그들의 냉소적이고 심지어 정직하지 못한 노력조차도 변명의 여지가 있는 반면, 유럽측 인사들은 계몽이 덜 된 나라들을 섬기고 있었으므로 비난받아 마땅하다고 가정하고 있는 것으로 보인다. 사실 존 제이와 벤자민 프랭클린, 존 애덤스 등이 개가를 올린 이유는 다름이 아니라 그들이 동시대인들의 야만적인 도덕성을 받아들였기 때문이었다. 그들은 자기 나라를 위해 더 큰 이득을 얻으려고 자신들의 가르침과 프랑스와의 동맹 정신을 저버렸다. 모리스 스스로도 넌지시 암시하는 듯한데, 도덕적 견지에서 그들을 옹호할 수는 없다. 미국은 원초적으로 다른 나라 정치인들보다 우월한 도덕성을 갖고 행동한다는 그릇된 주장은 그들이 창시해 동시대인들의 반향을 얻고 그 이래로 미국 국민들이 거듭 받아들이게 된 것이다.

독립전쟁에 뒤이은 평화는 불안정하기 그지없는 것이었으며 독립 이후의 민족주의적 열정의 첫 번째 물결을 동반했다. 영국인들은 북쪽 변경지대에 군 주둔지와 무역 거점을 여전히 유지하고 있었고 스페인인들은 남쪽 플로리다 반도를 차지하고 있었으며, 프랑스인들은 곧이어 북쪽으로 뉴올리언즈와 광활한 루이지애나를 수중에 넣었고 인디언들은 곳곳에 자리잡고 있었다. 그 시절 내내 워싱턴이 이끄는 대영 항전, (프랑스혁명의 여파로 더욱 격렬해진) 애덤스 휘하의 대불 항전, 그리고 우리가 독립전쟁 당시 지녔던 것과 똑같은 격렬한 반영 감정을 갖고 이 나라로 온 아일랜드 혁명가들에 맞선 항전(역설적이다. 하지만 역설이야말로 국제 문제에서는 정상적인 것이다) 등 전쟁의 열기가 오르락내리락하며 가시질 않았다.

애초부터 공격적 팽창은 정부가 '자유주의'인가 '보수주의'인가 —— 즉, 연방주의자인가 공화주의자인가, 휘그파인가 민주파인가, 민주당인가 공화당인가 —— 에 관계없이 국가 이데올로기와 정책에 항존해 온 구성물이었다. 최초이자 가장 거대한 영토 팽창 행위는 제퍼슨이 주역을 맡은 것으로, 이 대통령은 법적인 측면에서 보자면 의심스럽기 그지없는 구매를 통해 자신이 실은 훔친 물건을 받고 있다는 사실은 편리하게 간과해버렸다(나폴레옹이 루이지애나를 판매한 것은 스페인과의 조약을 위반한 행위였다).

팽창주의에는 도덕적 정당화가 주어졌다. 서구의 국가는 안전이라는 '자연권'을 갖는다는 말이었다. 이것은 식민지배로부터의 독립을 정당화하기 위해 동원된 이상주의적 민족주의로부터 신생 국가의 타국 영토로의 팽창으로 나아간, 근대 역사에서 흔히 있는 도약이었다. "새로운 인도적 민족주의에 가장 깊이 심취했던 바로 그 사람들이 팽창주의적 도취에 가장 빠르게 굴복했으며 나아가 제국주의의 시대를 열어 젖혔다." 아서 K. 와인버그가 자신의 고전적 저작 『명백한 운명 *Manifest Destiny*』[3]에서 한 말이다.

---

3. '명백한 운명'이란 표현은 1845년 미국의 텍사스 병합 당시 『민주주의평론 *Democratic Review*』 주필이던 J. L. 오설리번이 게재한 논설 중 "아메리카대륙에 뻗어나가야 할 우리의 명백한 운명은 해마다 증가하는 수백만 인구의 자유로운 발전을 위해 하느님이 베풀어 주신 것이다"라고 말한 데서 비롯됐다. 그 이래로 미국의 영토팽창 이념의 표어가 된 이 말은 텍사스 병합에 뒤이은 뉴멕시코, 캘리포니아, 오리건의 합병 등의 논거로 이용됐다.

프랑스는 루소에서 나폴레옹으로 도약했고 미국은 독립선언서에서 (와인버그가 지적한 것처럼) "외래종족(인디언)들의 동의도 받지 않고 그들에게 자신의 지배를 팽창시키는 쪽"으로 나아갔다. 또 루이지애나 준주準州 구입 당시 인디언들의 소요를 막기 위해 군대를 파견한 이는 다름아닌 "통치받는 자들의 동의"[독립선언서의 문구]라는 구절의 입안자인 제퍼슨 자신이었다. 일찍이 1787년에 그는 "인디언들의 동의 없이는 그들로부터 단 한 조각의 땅도 취하지 않을 것임을 확실히 말할 수 있다"고 쓴 바 있었다. 이제 인디언들로부터 이 땅을 취하는 것을 정당화하는 데 사용된 주장은 그들이 땅을 경작하고 있지 않다는 것이었다. 그러나 20여 년 뒤 인디언들이 남부에 정착해 토지를 경작하기 시작하자 그들을 몰아냈다(제퍼슨의 '자유주의' 전통을 계승한 앤드루 잭슨이 그 주인공이었다).4)

다채로운 구실을 동반한 팽창주의는 자유주의건 보수주의건, 사회주의건 자본주의건 민족국가가 갖고 있는 불변하는 특징인 것으로 보인다. 자유민주주의 국가가 특히 나쁘다는 게 아니라 다른 나라들보다 결코 덜하지 않다는 주장을 하려는 것이다. 러시아의 동유럽 팽창, 중국의 티벳 진출이나 인도와의 국경 분쟁 등은 앞선 혁명적 어정뱅이인 미국의 행동만큼이나 호전적이다. 이들 나라의 경우에는 최초의 혁명에 뒤이어 계속 혁명이 잇따랐으며 실제적인 잠재력을 넘어서는 혁명에 대한 과대 망상적인 공포를 야기했다.

그리하여 미국혁명 6년 후 프랑스에서는 대소동이 일어났다. 세기 전환기가 지난 후 라틴아메리카는 불길에 휩싸였다. 수상쩍게도

---

4. [저자주] 인디언들을 상대로 벌인 길고도 잔인한 전쟁에 관해서는 다음을 참조하라. John Tebbel and Keith Jennison, *The American Indian Wars*, New York: Harper & Row, 1960.

미국 해안에 근접한 아이티가 그 첫 번째였고, 베네수엘라, 아르헨티나, 칠레 등지가 뒤를 이었다. 오늘날 우리가 세계 어느 곳에서든 우르르거리는 변화의 물결이 등장할 때마다 소련(나중에는 중국이나 쿠바까지도)을 들먹이는 것처럼, 유럽의 전제군주들은 힐난하듯 미국을 가리켰다. 미국의 '명백한 운명'이라는 철학은 (와인버그의 표현을 빌자면) "한 나라가 걸출한 사회적 가치와 뚜렷이 구별되는 고원한 임무, 그리고 그 결과 도덕원칙의 적용에 있어 독특한 권리를 갖는다"는 점에 있어서 오늘날 소련의 원리와 거리가 먼 것이 아니었다. 사회주의와 자유주의는 양자 공히 사악한 행동에 온화한 불빛을 비추는 능력에 있어서 봉건군주제보다 유능하다.

1812년 전쟁 전야에 매디슨 행정부는 파괴적인 선동과 기만책이라는 양동작전을 펼쳐 스페인의 바로 눈앞에서, 멕시코만을 따라 서쪽으로 배튼루즈에 이르는 긴 땅덩어리인 웨스트플로리다 영토를 가로챘다. 매디슨 행정부에 의해 고무받고 아마도 물질적 지원까지 받았을 남부 여러 주의 팽창주의 집단들은 스페인 당국에 맞서 반란을 일으켜 론스타공화국(Lone Star Republic)을 수립하고 미국에 합류하겠다고 요청했다. 그것은 어떤 면에서 훗날의 텍사스 병합 과정을 미리 보여준 예고편이었다. 토머스 A. 베일리에 따르면, 국무장관 제임스 먼로는 그 지역이 루이지애나 구입 당시 함께 사들인 미국 영토임을 보이기 위해 "중요한 문서들의 날짜를 위조하기까지 했다." 스페인은 나폴레옹과의 전쟁에 몰두하느라 어찌할 도리가 없었지만, 몇 년 뒤에 『런던타임즈』는 이렇게 말했다. "루이지애나와 플로리다 반도를 둘러싸고 벌인 매디슨 씨의 더럽고 기만적인 책동은 아직 응분의 대가를 치르지 않았다."

한 세기하고도 50년이나 역사적 연구가 있었지만 1812년에 미국이 영국과 전쟁에 돌입한 정확한 이유가 무엇인지 하는 문제는 여전히 풀리지 않았다. 영국이 미국인 수병들을 강제징모한 것[5]은 팽창주의적 목적과는 쉽사리 결부되기 힘들어 보인다. 그러나 복잡한 실제 원인이 무엇이었든지 간에 미국 역사의 이 시점에서 팽창주의적 정서가 강력하게 발산됐다는 사실에는 의문의 여지가 없다. 존 캘훈과 헨리 클레이[6]의 제국주의적 속셈을 의심의 눈초리로 바라본 버지니아 주 출신 하원의원 존 랜돌프는 하원에서 강제징모 문제는 거짓 구실에 불과하다고 말했다. "해상의 권리가 아니라 토지에 대한 탐욕이 전쟁을 촉발시키고 있습니다"라고 그는 말했다. "위원회 보고서[7]가 발간된 이래……우리가 들은 말이라곤 단 한 마디뿐이었습니다. 쏙독새가 지저귀듯 하지만 끝도 없이 단조로운 어조로 말입니다. 캐나다! 캐나다! 캐나다!"

이런 비난을 뒷받침이라도 하듯 『내시빌클래리언 *Nashville Clarion*』은 이렇게 물었다. "아메리카공화국이 [동서로는] 체서피크 곳에서

---

5. 심각한 병력 부족에 시달리고 있던 영국은 18세기 말부터 19세기 초까지 강제징모에 박차를 가했으며, 강제로 모집한 선원들이 탈주하는 사태가 급증하자 탈주병의 도피처로 지목된 미국 선박은 물론 미국의 군함에 대해서까지 강제징모를 확대했다. 1803년에서 1812년 사이에 영국은 만여 명의 미국 선원, 수병들을 강제징모했으며 주류 역사학계에서는 흔히 이를 영미전쟁의 발발 원인 가운데 하나이자 직접적인 계기로 보고 있다.

6. 켄터키 주 출신 하원의원 캘훈(John Calhoun, 1782~1850)과 사우스캘리포니아 주 출신 하원의원이자 하원의장이었던 클레이(Henry Clay, 1777~1852)는 당시의 하원을 이끌던 지도자들로서 '주전파 War Hawks'를 이끌었다.

7. 또 다른 주전파 피터 포터(Peter Porter, 1780~1852)가 위원장을 맡고 있던 <하원외교위원회 House Committee of Foreign Affairs>에서 1811년 12월에 제출한, 수천 명의 신규 병력 모집을 위한 법안을 요청하는 보고서를 가리키는 듯하다.

누트카 해협까지, [남북으로는] 파나마지협에서 허드슨만까지로 영토를 국한시켜야 한다고 운명서 어디에 쓰여 있기라도 하단 말인가?" 북아메리카 대륙 전역이 기다리고 있는 터였다.

1812년 전쟁은 너무 엉거주춤하게 끝나버려 미국은 영국으로부터 충분한 땅을 뺏을 수 없었다. 그러나 플로리다를 장악하고 있는 스페인이 있었다. 1817년 앤드루 잭슨은 행동에 들어갔다. 미국 정부에 약탈자 —— 세미놀족 인디언, 탈주노예, 백인 배교자들 —— 를 쫓아 플로리다 경계선을 넘을 수 있는 권리가 주어진 상태에서 그는 딱 그만큼 했으며 그 뒤에는 더 나아갔다. 그는 플로리다의 주요 거점 대부분을 장악하고 스페인 왕립문서보관소를 몰수했으며 스페인 총독을 미국인으로 교체하고 두 명의 영국인을 처형하고는 플로리다에서는 미국의 과세법이 적용된다고 선포했다. 이로 인해 그는 국가적 영웅이 됐다.

이 사건은 자비롭게도 우리의 교과서 연대기에 '플로리다 구입'이라 기재되어 있다. 국무장관 존 퀸시 애덤스[존 애덤스의 아들]는 스페인이 플로리다를 할양했다고 주장하면서 미국 시민들이 갚아야 할 5백만 달러에 달하는 배상금을 처리하겠다고 약속했지만 플로리다 영토에 대해 스페인에 단 1센트도 지불하지 않았다. 베일리는 이렇게 요약하고 있다.

애덤스의 대가다운 외교술에 얼마나 많은 박수갈채를 보내든, 협상 과정을 보면 전적으로 훌륭하지만은 않은 특징들이 발견된다. 분명 스페인은 대충 얼버무리면서 시간을 질질 끌었고 무책임했다. 반면 미국은 난폭하고 고압적인 태도로 거드름을 피웠다. 몇몇 저자들은 플로리다 획득을 국제적 협박이라 지칭했다. 다른 이들은 '명백한 운명'(익을 대로 익은 과일이 떨어진 것)이라 이름 붙였다.

먼로 독트린은 무수한 애국적 정서로 치장됐지만 그것이 정확히 무엇을 뜻하는지는 모호하기만 했다. 1920년대에 크리스천 사이언스[8] 지도자 메어리 베이커 에디는 『뉴욕타임스』에 "나는 먼로 독트린과 우리의 헌법, 하느님의 율법을 굳건히 믿습니다"라는 제목의 전면광고를 게재했다.

자세히 살펴보면, 먼로 독트린은 자국 주변에 일종의 완충지대를 구축하고 더 나아가 자위에 필요한 것을 훨씬 넘어 뻗어나가려는, 신생 국가들에 일반적인 경향인 듯이 보인다. 러시아, 중국, 이집트는 각각 동유럽, 동남아시아, 중동에서 모두 이와 같은 행태를 보여줬다. 또 1960년 8월 가나의 총리 콰메 응크루마는 국회에서 행한 연설에서 자신은 "아프리카에 먼로 독트린을 주장할 만큼 뻔뻔스럽지 않다"고 말했지만, 아프리카의 문제는 아프리카 국가들에 의해 해결되어야 한다고 생각했다. 그의 발언은, 1823년 제임스 먼로가 대통령 의회 교서를 통해 미국은 유럽 여러 나라의 국내 문제에 전혀 간섭하지 않겠다고 약속하는 동시에 "유럽 나라들이 이 서반구[미주대륙] 어느 나라에든 자신들의 제도를 확대시키려 한다면 우리의 평화와 안전에 대한 위협으로 간주할 것"이라고 경고했을 당시 미국을 특징 지웠던 정당함의 어조와 가부장적인 감독의 어조를 모두 띤 것이라고 할 수 있다.

---

8. Christian Science. 1866년 메어리 베이커 에디(Mary Baker Eddy, 1821~1910)가 창시한 신흥 종교로 신앙의 힘으로 병을 고치는 정신요법이 특징이다.

먼로 독트린이 라틴아메리카에서 독립이나 민주주의를 지켰는 지는 상당히 의문스럽지만 포크 대통령과 뒷날 시어도어 루스벨트 대통령이 라틴아메리카에 대한 미국의 세력 확장을 정당화시키는 데 이바지했음은 의심의 여지가 없다. 흥미롭게도 중부유럽의 메테르니히는 근대 민족주의의 이런 진부한 행동을 미국이 소련과 다른 공산주의 국가들을 바라볼 때 느꼈던 것과 동일한 이데올로기적 공포증을 갖고 바라보았다. 그는 먼로 독트린에 대해 이렇게 대답했다. "이 아메리카합중국 제국 諸國들은……선동의 사도들에게 새로운 힘을 주고 있으며 모든 음모자들의 용기를 소생시키고 있다. 이런 사악한 교의와 유해한 사례의 물결이 아메리카 전역에 넘쳐흐른다면, 우리의 종교 및 정치 제도들은 어떻게 될 것인가."

미국이 스스로를 자유민주주의 체제로 특징지우면서 여러 제도 (참정권 확대, 대통령 보통선거, 대중교육 확산, 문학의 만개)를 창출하고 있던 19세기 초반 수십 년 동안 '명백한 운명'이라는 정신은 매우 강력했다. 이 나라 최고의 웅변가 중 한 명인 에드워드 에버렛은 1836년 벙커힐 전투 기념 연설에서 청중들에게 이렇게 말했다.

[……] 사람들이 살고 노동하고 고생하고 기쁨을 느끼는 곳마다 우리 형제들이 있습니다. 그리고 더 나아가 해외에서 활동하는 명예로운 벗들과 애국자들을 보십시오! 머나먼 나라들에서, 지구 저편 사반구에서, 여러분이 이룩한 성취와 사례가 사회 개선 과정을 자극시키고 있는 광경을 바라보십시오. 개혁이라는 강대한 정신이 문명세계 전역을 거인처럼 활보하면서 그 발걸음 마디마디 기존 악폐들을 짓밟는 모습을 보십시오! [……] 프랑스에서 그의 기적이 이뤄지는

모습을, 스페인땅 아메리카[중남미]의 이웃나라들을 꽁꽁 묶고 있는
족쇄를 깨부수는 모습을, 때로는 의기양양하게, 때로는 잠시 짓밟히
고 거짓 친구들에게 배신당하고 우월한 힘에 압도당하면서, 하지만
이에 굴하지 않고 스페인, 포르투갈, 이탈리아, 독일, 그리스로 전진
또 전진하는 모습을!

이제 비옥하고 부유하며 전 세계에 날개를 펼치고 있는 자유주
의 서구는 어정뱅이 공산주의 국가들의 정당함과 아시아, 아프리카
의 신생 민족주의의 구세주적인 열정을 다급히 환기시키고 있다. 그
러나 발전 초기 국면의 자유주의는 이들과 동일한 특징을 보여줬다.
1830년대에 토크빌은 이렇게 썼다. "평상적인 교제에서 이와 같은
미국인들의 성마른 애국심보다 더 당혹스러운 일은 없다."

이 시대에 미국에서 가장 인기 있는 역사학자는 조지 밴크로프
트였는데 그는 미국의 민주주의가 신이 우주에 내려준 특별한 선물
이라고 보았다. 그는 자신의 미국사 연구의 목적은 "하느님의 순조
로운 섭리가 우리의 여러 제도를 생기게 하면서 이 나라를 오늘날과
같은 행복과 영광으로 이끈 그 발걸음을 좇는 것"이라고 했다.

때때로 뉴딜정책의 선구자로, 제퍼슨의 자유주의 전통의 전달자
로 간주되곤 하는 앤드루 잭슨의 행정부가 특히 흉포했다. 체로키족
은 미국과 조인한 여러 차례의 조약을 통해 남부에서 독자적인 국가
로 자리잡고 있었다. 그들은 근면하고 진취적이었으며 평화를 사랑
했다. 그들의 정부는 조지아나 노스캐롤라이나, 테네시 등 체로키족
들이 자신들의 사회를 유지하고 있는 산채山砦가 있는 주들의 정부
보다도 민주적이었고 교육제도 또한 잘 발달되어 있었다. 1832년 조

지아 주가 연방정부만이 체로키 영토에 대한 관할권을 갖는다는 대법원의 판결에 공공연하게 도전했을 때, 앤드루 잭슨은 유명한 발언으로 조지아 주를 지지했다. "존 마셜[당시 대법원장]이 자신의 판결을 내렸으니 이제 그에게 집행하게 합시다."

어쨌거나 잭슨은 왕년의 인디언 사냥꾼이었고 체로키족을 강제로 몰아내기 위해 인디언추방령을 의회에 밀어붙였다. 몇 년 후 윈필드 스코트 장군은 7천 병력을 이끌고 침공했다. 체로키족은 집단수용소에 갇히고 가옥은 불태워졌으며, 그들 중 만 4천 명이 서쪽을 향해 "눈물의 행로"라는 기나긴 고된 여정을 하는 과정에서 4천 명의 남자, 여자, 어린이가 목숨을 잃었다.

이 에피소드를 보면 '민주주의' 국가의 대외정책이 각별히 자비롭다는 어떤 확신도 최소한 흔들릴 수밖에 없다. 헝가리 봉기를 분쇄한 지 4년 뒤에 소련 서기장 흐루시초프는 헝가리의 상황이 이제 모두가 만족하는 쪽으로 해결됐다고 선언했다. 앤드루 잭슨이 직접 고른 후계자인 마틴 밴 뷰런 대통령은 체로키족 추방 작전에 관해 이렇게 말했다. "의회가 마지막 회기에서 승인한 이 조치들은 더없이 행복한 결과를 낳았습니다. [……] 체로키족은 못마땅하다는 기색 하나 없이 기꺼이 이주했습니다."

이 나라의 국경선을 태평양까지 확대시킨 것은 바로 멕시코 침략전쟁이었다. 1819년 스페인과 맺은 조약으로 미국은 텍사스에 대한 일체의 소유권을 포기한 바 있었다. 그러나 그렇다고 해서 멕시코 관료들을 매수해서 텍사스를 팔게 만들려는 노력이 중단될 리는 만무했고, 잭슨 행정부의 대리공사(Minister) 앤서니 버틀러가 바로 그런 노력을 기울였다. 이런 시도가 실패함에 따라 미국은 텍사스를 멕시코에서 분리시켜 10년 동안 유지된 론스타국을 세우게 된 혁명을 적극적으로 지지했다. 미국은 텍사스만이 아니라 캘리포니아, 그리고 당시 멕시코 영토의 거의 절반에 가까운 땅에도 눈독을 들였다. 1845년에 텍사스를 병합한 뒤, 포크 대통령은 캘리포니아의 비밀요원 토머스 O. 라킨에게 병합을 위해 공작을 펴라는 극비 명령을 하달하기도 했다.

포크는 우선 캘리포니아와 뉴멕시코를 구매하려 시도했지만 멕시코는 거절했고, 그래서 당시 텍사스와 멕시코가 동시에 소유권을 주장하고 있던 누에세스 강과 리오그란데 강 사이의 국경분쟁지역에 병력을 파견했다. 포크가 전쟁 문제를 각료들에게 꺼내자 누군가가 멕시코로 하여금 전쟁을 시작하게 하는 게 더 좋을 것이라 제안했다. 놀라운 우연의 일치로 바로 그 날 밤 멕시코인들이 국경분쟁지역에 진입해서 전투가 발발했으며 미국측에서 여섯 명의 사상자가 발생했다는 급보가 날라들었다. 포크는 의회에 선전포고를 요청하면서 멕시코가 "영토를 침략해서 미국 땅에 미국인의 피가 흐르게 만들었다"고 말했다. 9년 동안 멕시코가 텍사스를 되찾기 위해 아무런 시도도 하지 않았다는 사실에 비춰보면, 텍사스를 보호한다는 포크의 주장은 다소 설득력이 없는 것이었다.

전쟁은 별다른 어려움 없이 승리로 끝났고, 1848년의 과달루페이달고 조약으로 미국은 원하던 바를 얻었다. 뉴멕시코와 캘리포니아, 그리고 텍사스의 국경분쟁지역, 이 지역을 모두 합하면 멕시코 땅의 절반이었다. 미국은 자신이 자제력을 발휘해 멕시코 전체를 집어삼키지 않았다고 주장할 수도 있다. 전쟁 당시에는 이런 생각이 널리 퍼져 있었다. 한 잭슨기념일 만찬 석상에서 뉴욕주 출신 상원

의원 디킨슨은 "북아메리카 대륙 전체를 감싸안는 좀더 완전한 합중
국"을 위해 건배를 하자고 제안했다. 자유주의 성향의 『뉴욕이브닝
포스트』는 미국이 멕시코에서 철수해서는 안 된다고 촉구하며 다음
과 같이 말했다.

이제 우리는 묻는다. 지금 우리가 차지하고 있는 영토에서 우리 군
대를 불러들이고……지난 25년 동안 통치해온 무식한 겁쟁이와 방
탕한 무법자들에게 이 아름다운 나라를 관리하게 내버려두자는 제
안에 관해 냉정하고 침착하게 생각해볼 수 있는 사람이 단 하나라
도 있느냐고. 문명과 기독교는 이의를 제기한다.

팽창주의는 자유주의도 보수주의도, 남부도 북부도 예외가 아니
었다. 그것은 다른 나라들과 마찬가지로, 경쟁하는 무법천지 세계에
서 힘과 특권으로 팽만해 있는 모든 구성체와 마찬가지로, 미국이라
는 나라가 갖는 특성이었다. 『뉴욕이브닝포스트』의 정서는 남북전
쟁 직전에 다음과 같이 말한 미시시피주 출신 상원의원 제퍼슨 데이
비스가 갖고 있던 정서와 크게 다르지 않았다.

우리가 전 세계를 다 포괄할 만큼 팽창할지도 모릅니다. 멕시코, 중
앙아메리카, 남아메리카, 쿠바, 서인도제도, 그리고 영국과 프랑스까
지도 귀찮은 일 하나 없이 병합하게 될지도 모르는 일입니다. [……]
각 지역의 문제는 그들 나름의 방식으로 규제할 수 있게 지방 입법
을 허용하면 될 테지요. 이것이야말로 이 공화국의 천직이자 그 궁
극의 운명인 것입니다.

　미국 정부가 움직여간 방향은 실제로 전 세계적 권력을 향한 쪽이었다. 독립혁명과 남북전쟁 사이의 시기에 미국은 대서양 연안을 따라 얄팍하고 길게 이어진 땅에서부터 두 대양을 면한 거대한 대륙 규모의 강국으로 팽창했다. 팽창에 쓰인 수단은 구입, 압력, 침략, 기만, 전쟁 등이다. 미국은 자신들은 정당하다는 오만한 태도와 미국 국기를 더 멀리 더 넓게 펄럭이게 하는 일은 다른 민족들에게 세계에서 가장 값진 선물을 선사하는 것이라는 관념과 더불어 스페인, 프랑스, 인디언, 멕시코 등에 이 다양한 무기들을 사용했다.

　1890년 이후 우리는 카리브해와 나아가 태평양 쪽으로는 중국 연안 근해까지 진출했다. 이 이야기는 너무 잘 알려져 있으므로 자세한 내용을 일일이 열거할 필요는 없을 듯하다. 스페인과 치른 '눈부신 소규모 전쟁,' 하와이 및 필리핀 병합과 필리핀 반란자들을 상대로 벌인 추악한 절멸전쟁, 푸에르토리코 획득과 쿠바 보호령 창설, 콜롬비아로부터 운하지대를 가로채기 위한 것이었던 약삭빠른 파나마공화국 수립, 아이티·도미니카공화국·니카라과 등 카리브해로 출동한 해병대의 물결, 베라크루스 폭격과 점령, 다른 한편으로는 포함과 달러, 외교를 적절하게 배합함으로써 중국과 일본에서 이윤과 영향력에 기울인 관심 등등. 제1차 세계대전과 더불어 우리는 세계의 은행가가 됐으며, 제2차 세계대전을 계기로 세계 모든 대륙과 모든 바다에 군사기지를 확산시키고 그리스, 레바논, 과테말라, 쿠바, 도미니카공화국, 한국, 베트남 등에 공공연하게, 또는 은밀하게 개입했다. 1969년, 일본인들은 자신들의 섬이었던 오키나와를 미군이 군사 용도의 치명적인 신경가스를 쌓아두는 곳으로 사용하는 데 대해 항의해야 했다.

간명하게 요약해본 이 사실들을 우리는 아예 무시해버리거나 아니면 어떻게든 가려보려고 미국 역사의 진한 포푸리 향기에 뒤섞어버리기 쉽다. 이들 사실이 망각과 어둠을 헤쳐 나오면 우리는 세계 역사에서 자유와 민주의 절정을 이뤘다는 식의 우리 사회에 대한 찬란한 시각과 나란히 그 사실들을 다루지 않을 수 없게 된다. 해외에서 벌인 침략으로부터 국내의 '자유주의'를 단순히 분리시키지 않음으로써, 또 '역설'을 말하는 것으로 논쟁을 마무리해버리지 않음으로써, 우리는 이러저러한 방향에서 화해를 시도할 수 있다.

즉, 우리는 해외에서 우리가 벌인 행동이 처음 볼 때만큼 나쁘지만은 않음을, 사실 국내적 자유주의에서 보이는 것과 같은 일정한 미덕도 갖추고 있음을 알 수 있게 된다. 일예로, 프레드릭 머크는 『미국역사의 명백한 운명과 직분에 관한 재해석 *Manifest Destiny and Mission in American History, a Reinterpretation*』에서 명백한 운명과 제국주의가 사실상의 미국정신을 표상한다는 관념에 불편한 심기를 드러낸다. 그는 그것들은 예외일 뿐이고, 진정한 미국의 분위기는 다른 민족을 해방시킨다는 '직분'으로 대표되며 미국은 대체로 "확신을 갖지는 못했지만 이상주의적이고 무사공평하며 희망적으로 민족적 열망이라는 성스러운 열정을 대해 왔다"는 사실을 찾아낸다.

나는 역사적 사실을 바라보는 다른 방법을 제시하고 싶다. 국내문제와 대외문제에서 작동되는 유사한 원칙이 존재한다는 것이다. 다른 나라들과 마찬가지로, 자유주의 국가들에 있어서도 말이다. 아직 인도적인 협력을 위한 정신이나 기제를 발전시키지 못한 세계에서는, 힘과 특권이 희생자들의 저항의 수위가 허용하는 만큼 탐욕스러워지는 경향이 존재한다. 국내에서 벌어진 공격이 해외 침략보다

노골적이지 않고 드물고 조심스럽게 이뤄진 이유는 해외의 저항 세력들은 보통 습격해오는 외국세력 앞에서 어찌할 도리가 없었던 반면 자국 내에서는 대항하는 세력들이 성장한 때문이다. 국내의 집단들이 이와 유사하게 속수무책으로 당할 때, 그들은 전시의 적들만큼이나 무자비하게 다뤄졌다. 흑인과 인디언, 노동조합으로 조직되기 전의 노동자들, 감히 권위에 도전한 학생들이 그러했다.

이와 같은 모든 사실은 우리가 중고등학교와 대학교에서 사용되는 수백만 권의 교과서에서 '서구문명'으로 표상되는 일군의 서구 국가들을 특별한 선호감을 갖고 바라보는 일을 그만두어야 함을 시사한다. 그들 국가의 대외적 행동은 원래 갖고 있는 성격에서 부적절하게 이탈한 게 아니다. (근대 산업발전에 필수적인) 문자 해독률과 경제활동 참여율이 높아짐으로써 적어도 부분적으로 저항할 수 있게 된 국민들이 제지하지 않는다면 국내적으로도 똑같은 모습을 보이게 될 것이다.

자유주의 국가들의 대외정책을 둘러싸고 있는 이상주의적 미사여구는 과거의 침략적 문명들이 사용했던 수사들을 변형시킨 것에 불과하다. 그리스인들은 멜로스섬 사람들을 멸망시키면서도 숭고한 구실이 있었고 교황들은 성지를 정결하게 해야 한다는 말로 기독교 군대를 전장으로 내몰았으며 사회주의 국가들은 자신들의 침공을 설명하는 사회주의적 변명을 만들어냈다. 약간의 역사적 관점만 갖추더라도 우리 자신의 시대에 다른 나라와 우리 나라의 선교사-군대에 맞서는 데 도움이 될 것이다.

21
정당한 전쟁, 부당한 전쟁

제2차 세계대전 당시 나는 육군 항공대에 입대해 폭격수가 됐고 파시즘을 물리치기 위해서라면 물불을 가리지 않겠다고 굳게 다짐했다. 그러나 전쟁 막바지에 이르러 몇 안 되는 추억거리들 —— 사진, 내가 출격했던 항공일지 —— 을 꾸리던 중 아무 생각 없이 서류철에다가 "다시는 안 돼"라고 끼적거리고는 나 스스로도 놀랐다. 전쟁이 끝나고 난 후, 나는 그와 같은 무의식적인 반응을 낳은 이유들을 탐구하기 시작했으며, 『오만한 제국』에 한 장으로 실린 아래의 글에서 서술한 바와 같은 결론에 다다랐다. 오래 전에 (『전후의 미국 Postwar America』[봅스메릴, 1973]에서) 나는 「최고의 전쟁 The Best of Wars」이라는 글을 쓰면서 제2차 세계대전에 대한 전면적인 찬사에 의문을 제기했다(당시 다른 누군가가 나와 같은 의문을 던지고 있는지는 알지 못했다). 제2차 세계대전을 직접 경험한 후 나는 전쟁에는 정당한 전쟁과 부당한 전쟁이 있다는 다소 정통적인 시각에서 벗어나, 인류의 어떤 문제를 푸는 데 있어서도 전쟁은 전혀 해결책이 아니라는 쪽으로 나아갔다. 그 동안 역사와 정치에서 제기되는 문제들에 관해 내가 취해온 모든 입장들 가운데서 이것이야말로 의심할 여지 없이 가장 커다란 논쟁을 불러일으킨 것이었다. 이런 관점을 설득력 있게 제시하기는 너무도 어렵다. 여기서 한번 시도해 보겠지만, 과연 내가 성공을 거뒀는지는 독자들이 판단할 몫이다.

어떤 사람들은 전쟁에 의문을 품지 않는다. 1972년 미국 전략공군사령부 사령관은 한 인터뷰에서 이렇게 말했다. "만약 수소폭탄을 탑재한 비행기를 출격시켜야 한다면 도덕적인 가책을 느끼지 않겠느냐는 질문을 종종 받곤 합니다. 제 대답은 항상 같습니다. 저는 제가 맡은 직업적 책임에만 관심을 둔다는 것입니다."

이것은 마키아벨리적인 대답이다. 마키아벨리는 전쟁을 일으키는 행위가 옳으냐 그르냐 하는 것은 묻지 않았다. 그든 단지 적을 정복하기 위해 전쟁을 수행하는 최선의 방법에 관해서만 썼을 뿐이다. 그의 저서 가운데 하나는 『전쟁의 예술 *The Art of War*』[1]이라는 제목을 달고 있다.

이런 제목은 예술가들의 심기를 불편하게 만들 법하다. 실제로 예술가들 —— 시인, 소설가, 극작가, 음악가, 화가, 배우 —— 은 전쟁에 남다른 혐오감을 표출해 왔다. 아마도 극작가 아서 밀러가 언젠가 말했듯이, "총구에서 불을 뿜을 때 예술은 죽기" 때문이리라. 하지만 이렇게 말한다면, 이것은 [전쟁에 대한] 그들의 관심을 너무 자기중심적인 것으로 몰아가는 일이 될 터이다. 사실 예술가들은 언제나 그들을 둘러싼 훨씬 큰 사회의 운명에 민감했다. 그들은 기원전 5세기의 에우리피데스의 연극이나 현대의 고야와 피카소의 회화 등에 이르기까지 전쟁에 의문을 품어 왔다.

마키아벨리는 **현실주의적** 태도를 취하고 있었다. 전쟁은 일어나게 되어 있는 것이었다. 그렇다면 유일한 문제는 어떻게 전쟁에서 승리할 수 있는가 하는 것뿐이었다.

어떤 사람들은 전쟁은 불가피할 뿐더러 바람직한 것이기도 하다고 믿어 왔다. 전쟁은 모험이자 자극제일 뿐만 아니라 남자들에게

---

1. *Libro dell'arte della guerra*, 1521. 흔히 '전술론'으로 소개되고 있으나 여기서는 저자의 논지상 '전쟁의 예술'이라 옮겼다. [국역: 이상두 옮김, 『군주론·전술론 외』, 범우사, 1995.]

지고한 특징(용기, 동지애, 자기희생)을 가져다 준다는 것이다. 전쟁
은 어떤 나라에는 존경과 영광을 가져온다. 시어도어 루스벨트는
1897년에 한 친구에게 보낸 편지에서 이렇게 말했다. "우리끼리만
은밀하게 하는 얘기지만……나는 거의 어떤 전쟁이든 환영해 마땅
하다고 보네. 이 나라에는 전쟁이 필요하기 때문이네."

우리 시대의 파시스트 정권들은 전쟁을 영웅적이고 고귀한 것으
로 미화했다. 무솔리니의 사위 치아노 백작은 1935년에 에티오피아
를 폭격하면서 지상에서 폭발하는 광경이 마치 꽃이 만개하는 아름
다움과 같은 미학적 스릴을 보여준다고 묘사했다.

1980년대에 전쟁에 관한 책을 공동 집필한 두 명의 저자는 전쟁
이 국가정책을 수행하는 효과적인 도구라고 보면서 일정한 조건 아
래서는 핵전쟁까지도 정당화될 수 있다고 말했다. 그들은 "평화주의
적 열정"이란 "방종과 두려움"에 불과한 것이라며 "승리가 케케묵은
개념이라고 믿고 있는 미국 정치인들"을 경멸했다. 그들은 "전쟁, 그
리고 정치투쟁에서의 핵심은 누가 땅에 묻히고 누가 태양 아래를 걷
게 되느냐는 것이다"라고 말했다.

사람들은 대부분 그 정도까지 전쟁을 좋아하지는 않는다. 사람들
은 전쟁을 나쁘다고 보지만, 뭔가 좋은 것을 얻기 위해 사용할 수 있
는 수단이라고도 생각한다. 따라서 사람들은 정당한 전쟁과 부당한
전쟁을 구별한다. 서구와 중동의 종교(유대교, 기독교, 이슬람교)는
일정 조건을 갖출 경우 폭력과 전쟁을 허용한다. 카톨릭교회의 경우
'정당한' 전쟁과 '부당한' 전쟁에 관한 상당히 구체적인 교리가 있
다. 오늘날의 정치철학자들은 어떤 전쟁이나 전쟁시의 어떤 행동이
정당한 것이고 부당한 것인지에 관해 논쟁을 벌이고 있다.

이 두 가지 시각, 즉 전쟁에 대한 미화와 좋은 전쟁과 나쁜 전쟁을 비교 검토하는 것을 넘어서는 세 번째 시각이 있다. 전쟁이란 너무나도 악한 것이므로 그 어떤 전쟁도 정당하지 않다는 것이다. 16세기 초반에 집필 활동을 했던 수도사 에라스무스는 모든 전쟁을 혐오하게 됐다. 그의 제자 한 명이 전투에서 죽었기 때문이다. 그는 극심한 고통을 이렇게 토로했다.

> 말해 다오, 뮤즈의 신들에게, 아니 그리스도에게 바쳐진 그대가, 시인의 모든 신들 중에서도 가장 어리석은 자인 마르스와 무슨 관계가 있었는지를. 그대의 젊음, 그대의 아름다움, 그대의 온화한 본성, 그대의 정직한 마음 —— 이 모든 것이 어지럽게 흩날리는 나팔소리와 포화와 칼과 도대체 무슨 관계가 있었던가?

에라스무스는 전쟁을 이렇게 묘사했다. "그보다 더 사악하고, 그보다 더 비참하고, 그보다 더 많은 파괴를 가져오고, 그보다 더 교묘하게 집요하고, 그보다 더 역겨운 것은 없다." 그는 전쟁은 자연에 위배된다고 말했다. "인간들이 도처에서 그렇게 하듯이, 수십만 마리의 동물이 서로를 도살하려고 떼를 지어 돌진한다는 말을 들어본 사람이 있는가?"

에라스무스는 전쟁이 정부에게는 유용하다고 보았는데, 전쟁을 통해 정부는 신민들에 대한 지배력을 강화할 수 있기 때문이었다. "일단 전쟁이 선포되고 나면, 국가의 모든 일은 소수의 입맛에 따라 좌지우지되게 마련이다."

모든 전쟁을 향한 이런 절대적 반감은 근대의 정통적인 사고 외부에 있는 것이다. 1970년대 옥스퍼드대학에서 행한 연속강연에서 영국 학자 마이클 하워드는 에라스무스에 대해 힐난조로 말했다. 그는 에라스무스를 가리켜 극히 단순하고 순진하며 전쟁이라는 '표면적인 현상' 너머를 보지 못하는 인물이라고 묘사했다.

천재적인 자질에도 불구하고 에라스무스는 깊이 있는 정치분석가가 아니었으며, 권력에 뒤따르는 책임을 수행해야 하는 자리에 올라본 적도 없었다. 오히려 그는 전쟁을 비난하기 위해 전쟁이 낳는 참사를 나열하는 것으로 만족하는 인도주의 사상가로 이뤄진 긴 대열의 선구자였을 뿐이다.

하워드는 토머스 모어를 칭찬했다. "에라스무스의 친구 토머스 모어의 접근은 이와는 매우 달랐다. 그는 정치적 책임이 있는 지위에 있었으며[모어는 영국에서 의원과 대법관을 지냈다], 아마도 그렇기 때문이겠지만 전쟁이라는 문제에 수반되는 모든 복잡성을 이해했다." 하워드에 따르면 모어는 현실주의자였다.

모어는, 이후 2백 년간 다른 사상가들이 그러했듯이, 유럽 사회가 여러 국가로 이뤄진 하나의 체계로 편재되어 있으며, 공통된 최고 사법권을 갖추지 못한 조건에서 전쟁이 나라 간의 분쟁을 해결하기 위한 불가피한 과정이라는 사실을 받아들였다. 상황이 이러할진대, 가급적 피해를 최소화하는 방식으로 전쟁을 수행해야 한다는 것이 인간본성과 종교와 상식이 요구하는 바였다. [……] 옳든 그르든 전쟁은 국제체제에서 제거할 수 없는 하나의 제도였다. 전쟁에 관해 할 수 있는 일이라고는 가능한 한 그 이론적 근거를 성문화하고 그 수단을 문명화하는 것뿐이었다.

그렇기 때문에 마키아벨리는 이렇게 말한 것이다. 군주의 목적에 의문을 품지 말 것이며, 다만 그가 원하는 바를 어떻게 하면 잘 수행할 수 있는지를 고하고 수단을 좀더 **효율적**이 되게끔 하라고. 토머스 모어는 이렇게 말했다. 목적에 관해서는 어떤 것도 할 수 없으며, 그저 그 수단을 좀더 **도덕적**으로 바꾸기 위해 애쓸 수 있을 뿐이라고.

마키아벨리와 모어의 시대 이후 4백 년 동안, 전쟁을 좀더 인도적이게끔 만드는 것이 자유주의적 '현실주의자'들의 으뜸 과제가 됐다. 모어보다 1세기 뒤에 저술활동을 한 후고 그로티우스는 전쟁 수행을 관리하는 법률을 제안했다(『전쟁과 평화의 법에 관해 *Concerning the Law of War and Peace*』). 20세기 초에는 네덜란드 헤이그와 스위스 제네바에서 열린 국제회의에서 전쟁 수행 방법에 관한 합의를 이끌어내기도 했다.

그러나 이런 현실주의적 접근은 현실의 전쟁에 거의 아무런 영향도 미치지 못했다. 전쟁은 좀더 통제되기는커녕 더욱 통제불가능하고 치명적인 것이 됐으며, 인류 역사상 그 어느 때보다도 더 끔찍한 수단을 사용해서 더 많은 비전투원들의 목숨을 앗아갔다. 우리는 제1차 세계대전에서의 독가스 사용, 제2차 세계대전에서의 도시 폭격, 제2차 세계대전 끝무렵 원자폭탄에 의한 히로시마와 나가사키의 파괴, 베트남에서의 네이팜탄 사용, 그리고 1980년대 초 이란-이라크 전쟁 당시의 화학전을 잊지 않고 있다.

알베르트 아인슈타인은 전쟁을 '인간화'하려 한 시도가 낳은 결과를 지켜보면서 점점 더 고뇌에 빠져들었다. 1932년 60개국이 제네바에 모인 한 회의에 참석한 그는, 어떤 무기는 허용되고 어떤 것은 허용되지 않는지, 어떤 형태의 살해방법은 합법적이고 어떤 것은 그렇지 않은지에 대한 장황한 토론에 귀를 기울였다.

아인슈타인은 수줍음이 많고 사람들 앞에 나서기를 싫어하는 성격의 소유자였지만 그로서는 좀처럼 드문 일을 벌였다. 제네바에서 기자회견을 자청한 것이다. 이미 상대성이론으로 국제적 명성을 누리고 있던 아인슈타인의 말을 듣기 위해 세계 언론이 대거 모여들었다. 아인슈타인은 모여든 기자들에게 이렇게 말했다. "교전의 규범을 만든다고 해서 전쟁이 일어날 가능성이 줄어들지는 않습니다. [……] 전쟁은 인간화될 수 있는 게 아니에요. 단지 폐기될 수 있을 뿐이죠." 그러나 제네바회담은 계속됐고 '인간적인' 전쟁을 위한 규범이 작성됐지만, 그 규범은 곧이어 닥친 세계대전에서, 끝없는 잔학행위로 점철된 그 전쟁에서 되풀이해 무시됐다.

1990년 초, 새로운 핵탄두(미국은 이미 3만 개나 보유하고 있었다) 무기체제를 승인하는 한편 소련을 본받아 핵실험을 중단하지는 않겠다고 한 조지 부시 대통령은 화학무기를 폐기하는 데는 기꺼이 동의했지만, 10년 시한을 두고 시행하겠다고 밝혔다. '인간화된' 전쟁의 황당무계함을 잘 보여주는 일화이다.

자유주의 국가와 정당한 전쟁: 아테네

정당한 전쟁도 있다는 주장은 종종 전쟁을 수행하는 나라의 사회체제에 그 근거를 두곤 한다. '자유주의' 국가가 '전체주의' 국가와 전쟁을 벌이는 경우에 그 전쟁은 정당한 것으로 간주된다. 어떤 정부가 본성상 선하다면, 그 정부가 수행하는 전쟁은 정당성을 부여받은 것으로 간주된다.

고대 아테네는 모든 사회체제 가운데 가장 선망받는 사회 중 하나였으며 민주적 제도와 찬란한 문화적 업적으로 칭송받아 왔다. 아테네에는 지혜로운 정치가(솔론과 페리클레스), 선구적 역사가(헤로도투스와 투키디데스), 위대한 철학자(플라톤과 아리스토텔레스), 그리고 네 명의 비범한 극작가(아이스퀼로스, 소포클레스, 에우리피데스, 아리스토파네스)가 있었다. 기원전 431년 아테네가 세력을 다투는 도시국가 스파르타와 전쟁에 돌입했을 때, 그것은 민주주의 사회와 군사독재 사이의 전쟁인 것처럼 보였다.

전쟁 발발 직후 아테네의 지도자 페리클레스는 죽은 전사와 살아있는 전사들을 찬양하는 대중의례에서 아테네의 위대성을 묘사했다. 죽은 자들의 뼈가 상자에 안치되어 있었고 실종된 자들을 위한 빈 들것이 놓여져 있었다. 장송행렬과 매장식에 뒤이어 페리클레스가 연설을 했다. 투키디데스는 『펠로폰네소스 전쟁사』[2]에 페리클레스의 연설을 기록해 뒀다.

죽은 자들을 칭송하기에 앞서, 저는 우리가 어떤 행동 원칙에 따라 힘을 키워왔는지, 어떤 제도와 삶의 방식을 통해 우리 제국이 위대해졌는지를 지적하고 싶습니다. 우리의 정부형태는 다른 나라의 제도와는 비교가 되지 않습니다. [……] 실제로 우리의 정치제도는 민주주의라고 불리는데, 통치권이 소수가 아니라 다수의 수중에 있기 때문입니다. [……] 모든 사람은 법 앞에서 동등한 권리를 갖습니다. [……] 가난하다고 해서 장애가 되지 않으며……우리의 공적 생활에는 배타성이란 없습니다. [……] 가정에서의 우리의 생활양식은

2. *Ton Peloponnêsioi polemos.* [국역: 박광순 옮김, 『펠로폰네소스 전쟁사』, 범우사, 2001.]

품위가 있습니다. [……] 우리 도시의 위대함으로 말미암아 세계의 도처에서 좋은 것들이 모두 흘러 들어옵니다. [……] 그리고 비록 지금 우리의 적들은 자신들의 고향과 집을 지키기 위해 싸우고 있고 우리는 외지에서 싸우고 있을지언정, 그들을 물리치는 데 어려움을 겪은 적은 별로 없었습니다. [……] 제가 아테네의 위대성을 길게 논한 까닭은, 지금 우리는 이런 특권들 중 단 하나도 누리지 못하는 사람들보다 더 고귀한 전리품을 얻기 위해 싸우고 있음을 여러분에게 보여주고자 해서입니다.

이와 유사하게 전시의 미국 대통령들은 미국 체제의 우월성을 근거로 대의의 정당함을 주장했다. 우드로우 윌슨과 프랭클린 루스벨트는 자유주의자였는데, 이 때문에 두 차례의 세계대전에 대한 그들의 찬양은 신뢰성을 부여받았으며, 이와 마찬가지로 트루먼의 자유주의는 한국전쟁 개입을 기꺼이 받아들일 수 있는 일로 만들었고 케네디의 '뉴프런티어'와 존슨의 '위대한 사회'는 베트남전쟁 초기에 우리는 정의롭다는 만족감을 부여해줬다.

그러나 우리는 국내적으로 자유주의가 뿌리내린 나라는 국외의 군사행동에서도 자유주의적인 모습을 보일 것이라는 이런 주장에 대해 면밀히 검토해 봐야 할 것이다.

우리 자신과 상대방 사이의 차이를 과장하고 양자의 갈등을 절대선과 절대악의 투쟁으로 간주하는 경향은 특히 전시에 두드러지게 나타난다. 아테네가 정치적 민주주의의 특징을 어느 정도 갖췄던 것은 사실이다. 10개 부족이 각각 다수결로 50명의 대표를 뽑아 5백인회라는 정치기구를 구성했다. 재판의 배심원단은 백 명에서 천 명

정도의 대규모로 구성됐으며, 재판관이나 전문적인 법률가는 없었다. 소송은 관련된 사람들에 의해 처리됐다.

하지만 이런 민주적인 제도는 오직 전체 인구 중 소수에게만 적용됐다. 인구 대다수 —— 22만5천 명 가운데 12만5천 명 —— 는 노예였다. 자유민 중에서도 남성만이 정치과정에 참여할 권리가 있는 시민으로 간주됐다.

노예 가운데 5만 명은 산업부문(이것은 1990년 현재 미국의 산업부문에서 5천만 명이 노예로 일하고 있는 것과 같다)에서, 만 명은 광산에서 일했다. 그리스 문명을 연구하는 탁월한 학자이자 아테네 찬미자인 H. D. 키토는 이렇게 말했다. "광부에 대한 처우는 극도로 가혹했으며, 이는 아테네인들의 보편적인 인간애에 있어 유일하고도 심각한 오점이었다. [……] 노예들은 보통 죽을 때까지 일했다"(키토를 비롯한 이들에게는 노예는 그것만 아니었다면 훌륭했을 사회의 '오점'에 불과했다).

아테네의 배심원 제도는 분명 폭군의 즉결재판보다는 바람직한 것이었다. 그렇지만 소크라테스는 이 제도 아래서 젊은이들에게 자신의 생각을 이야기했다고 해서 사형에 처해지기도 했다.

아테네는 스파르타보다 민주적이었지만, 그렇다고 해서 전투와 영토확장과 힘없는 민족들에 대한 무자비한 전쟁으로 빠져드는 중독증에서 벗어날 수는 없었다. 근대에 들어서도 우리는 의회민주주의와 입헌공화제가 손쉽게 가장 지독한 제국주의로 탈바꿈하는 모습을 봐 왔다. 우리는 19세기의 영국 및 프랑스 제국과 금세기의 세계적인 제국주의 강대국인 미국을 떠올릴 수 있다.

스파르타와의 오랜 전쟁 동안에도 아테네의 민주적 제도와 예술적 업적은 계속됐다. 그러나 사망자 수는 어마어마했다. 전쟁 전야에 페리클레스는 전쟁을 미연에 방지할 수도 있는 양보조치를 거부했다. 전쟁 2년째로 접어들어 사망자가 급속히 증가하자[3] 페리클레스는 동료 시민들에게 유약해지지 말라고 촉구했다. "우리에게는 위대한 폴리스와 위대한 명성이 있습니다. 우리는 이것들을 누릴 자격이 있습니다. 세계의 절반(바다)이 우리 것입니다. 우리에게 있어 제국이 아닌 대안은 노예일 뿐입니다."

페리클레스식의 논증("우리는 위대한 국가이다. 우리나라를 위해 기꺼이 목숨을 바칠 수 있다")은 오늘날까지도 면면히 이어져오면서 경탄을 자아내고 있다. 키토는 페리클레스의 이 연설에 주석을 달면서 감탄에 겨워 이렇게 말했다.

이 역병이 런던 대역병(Plague of London) 만큼 끔찍했고 아울러 아테네인들이 외부의 적에 의해 요새 안에 갇히는 것을 두려워했다는 사실을 돌이켜볼 때, 동료 시민들에게 이렇게 말할 수 있었던 그 사나이의 위대성과 그 같은 때에 그런 연설을 경청했을 뿐만 아니라 실제로 그의 연설에 설복됐던 사람들의 위대성에 경탄을 금하지 않을 수 없다.

아테네 사람들이 그의 연설에 설복된 나머지 스파르타와의 전쟁은 27년간이나 지속됐다. 아테네는 역병과 전쟁으로 (키토의 추산에 따르면) 인구의 약 4분의 1을 잃었다.

---

3. 기원전 430년, 스파르타의 외곽 침략으로 아테네로 인구가 몰려들며 역병이 발발해 사망자가 속출했고, 그 뒤 기원전 427~426년에 다시 역병이 창궐한 바 있다.

자국의 자유민 남성 시민들이 얼마나 자유로웠는지 몰라도, 아테네는 전쟁의 희생자들에게는, 적국인 스파르타에게는 물론이거니와 두 적대국간의 교전에 휘말린 모든 사람들에게까지도 점점 더 잔인해져갔다. 전쟁에 계속되면서, 키토 자신의 표현처럼, "어느 정도의 무책임성이 퍼져나갔다."

과연 멜로스섬 주민들을 다룬 방식을 "어느 정도의 무책임성"이라고 묘사할 수 있을까? 아테네는 멜로스인들에게 자신의 지배에 복종할 것을 요구했다. 하지만 (투키디데스의 기록에 따르면) 멜로스인들은 이렇게 주장했다. "당신들이 우리의 주인이 되는 것이 당신들에게는 이익이 될지 모르겠소만, 당신들의 노예가 되는 것이 어떻게 우리에게 이익이 되겠소?" 멜로스인들은 복종하려 하지 않았다. 그들은 싸웠고 패배했다. 투키디데스는 이렇게 기록했다. "그리하여 아테네인들은 군대에 갈 나이가 된 이들은 모두 죽였고 여자와 아이들은 노예로 만들었다"(에우리피데스가 위대한 반전 희곡 『트로이아의 여인들』[4]을 쓴 것은 바로 이 사건이 일어난 직후였다).

아테네의 경험이 시사하는 바는, 한 나라가 국내에서는 상대적으로 자유주의적이면서도 국외에서는 가차없이 무자비할 수 있다는 사실이다. 실제로 국내에서 누리는 이점을 지적함으로써 좀더 쉽게 주민들을 다른 나라에 대한 잔혹행위에 동원할 수 있다. 민족 전체가 용병이 되어 국내에서 누리는 한줌의 민주주의를 보수로 받고 그 대가로 국외의 인명을 파괴하는 일에 가담하는 것이다.

---

4. [국역: 천병희 옮김, 『에우리피데스 비극: 메데이아, 히폴뤼토스, 트로이아의 여인들 외』, 단국대학교출판부, 1999.]

전시의 자유주의

그러나 국내의 자유주의는 해외에서 벌이는 전쟁에 의해 더럽혀지는 것으로 보인다. 프랑스의 철학자 장 자크 루소는 정복국가는 "적국에 대해 전쟁을 벌이는 것만큼이나 자국 신민들과도 전쟁을 수행한다"고 지적했다. 미국의 탐 페인은 전쟁은 각국 정부가 만들어낸 피조물로서, 그 나라 시민을 위한 정의가 아니라 정부만의 이해관계에 복무한다고 보았다. "인간은 인간의 적이 아니지만 그릇된 정부체제를 매개로 적이 된다." 우리 시대에 조지 오웰은 전쟁이 주로 '국내적인 것'이라고 썼다.

전쟁이 낳는 한 가지 분명한 결과는 표현의 자유를 위축시키는 것이다. 애국심은 시대의 명령이 되고, 전쟁에 의문을 품는 이들은 반역자가 되어 침묵을 강요당하거나 투옥된다.

미국이 세기 전환기에 쿠바와 필리핀에서 벌인 전쟁을 지켜본 마크 트웨인은『불가사의한 이방인』[5]에서 처음에는 국민 대다수에게 불필요한 것으로 여겨졌던 전쟁이 '정당한' 전쟁으로 뒤바뀌는 과정을 이렇게 묘사했다.

한줌의 목소리 큰 사람들이 전쟁에 환호성을 울린다. 목사들은 처음에는 조심스럽고 신중하게 항의한다. [……] 국민의 절대다수는 졸린 눈을 비비면서 전쟁을 왜 해야 하는지 이해하려 애쓰고는 진지

---

5. Mark Twain, *The Mysterious Stranger*, Illustration by N. C. Wyeth, New York: Harper & Brothers Publishers, 1916. [국역: 성종태 옮김, 『불가사의한 이방인』. 떡갈나무, 1996.]

하고도 분연하게 말한다. "이것은 부당하고도 불명예스러운 일이며, 전쟁을 벌일 필요는 전혀 없습니다."

그러면 소수는 더욱 더 큰 소리로 이렇게 외친다. [……] 머지 않아 당신들은 이상한 광경을 목격하게 된다. 전쟁을 반대하는 연사들이 연단에서 돌을 맞고, 여전히 연사들의 말에 동의하지만 감히 입 밖으로 표현하지 못하는 일군의 성난 사람들은 자유로운 발언을 질식시킨다.

그 다음, 정치인들은 값싼 거짓말을 발명해낸다 [……] 사람들은 자신의 양심을 달래주는 이 거짓말에 각자 만족하며 배우게 되고, 그리하여 이윽고 이 전쟁은 정당한 것이라고 스스로를 확신시키면서 자기기만 덕에 편안하게 잠을 이룰 수 있음에 하느님께 감사드리게 된다.

마크 트웨인은 1910년에 죽었다. 1917년, 미국은 유럽전쟁[제1차 세계대전]의 도살장에 개입하게 되고, 트웨인이 예측한 것처럼 반대의 목소리를 침묵시키고 살육을 정당한 전쟁으로 뒤바꿔버리는 과정이 벌어진다.

우드로우 윌슨 대통령은 성전聖戰이라는 용어를 사용해 국민들을 진작시키려 온갖 노력을 다 했다. 그의 말을 빌리자면 그것은 "모든 전쟁을 종식시키기 위한" 전쟁이었지만, 대다수 미국인은 전쟁에 가담하고 싶은 마음이 없었다. 백만 명의 병력이 필요했지만, 선전포고 뒤 첫 6주 동안 자원 입대한 수는 7만3천 명에 불과했다. 전장에서 싸우도록 강요하려면 투옥이라는 무기가 필요해 보였고, 의회는 징병법을 제정했다.

당시 사회당은 전국적으로 얕잡아볼 수 없는 영향력을 지니고 있었다. 사회당은 10만 당원을 보유하고 있었고 340개 소도시와 도시에서 천여 명의 당원이 공직에 선출되어 있는 상태였다. 약 백만 명의 미국인들이 사회당에서 발간하는 여러 신문을 구독하고 있었다. 오클라호마, 텍사스, 루이지애나, 아칸소만 따져도 55종의 사회당 신문이 있었으며, 오클라호마에서만 백여 명의 사회당원이 공직에 선출됐다. 사회당 대통령 후보 유진 뎁스는 1912년 선거에서 90만 표를 얻었다(윌슨은 6백만 표로 당선됐다).

미국이 유럽전쟁에 참전하기 1년 전, 맹인이자 농아이며 헌신적인 사회당원이었던 헬렌 켈러는 카네기홀에 운집한 청중들에게 이렇게 말했다.

전쟁에 맞서 파업을 벌이십시오! 여러분 없이는 어떤 전투도 할 수 없습니다! 유산탄과 독가스탄, 모든 종류의 살인도구를 만드는 일을 거부하는 파업을 벌이십시오! 수백만 인류의 죽음과 고통을 뜻하는 전시태세에 맞서 파업을 벌이십시오! 파멸을 행하는 군대에 들어가 어리석고 순종적인 노예가 되지 마십시오! [사회주의를] 건설하는 군대의 영웅이 되십시오!

의회가 전쟁을 선포한 다음날, 사회당은 비상총회를 소집하고 선전포고를 "미국민에 대한 범죄"라고 규탄했다. 전국 곳곳에서 반전집회가 열렸다. 1917년의 지방선거에서 사회당은 두드러진 성과를 얻었다. 10명의 사회당원이 뉴욕 주의회 의원으로 선출됐다. 1915년에 3.6퍼센트를 득표했던 시카고에서는 1917년에는 34.7퍼센트를 얻었다. 그러나 전쟁이 도래함에 따라 반전 발언은 범죄가 됐다. 뎁스를 비롯한 수백 명의 사회당원이 투옥됐다.

전쟁이 끝났을 때, 여러 나라의 천만 명의 사람들이 목숨을 잃었고 수백만 명이 눈이 멀거나 불구가 되거나 탄환충격증에 걸렸으며 정신이상이 됐다. 그런 고통과 죽음을 정당화할 수 있을 만큼 전쟁이 인류에게 가져다 준 이득이 있었는지는 찾기 쉽지 않았다.

실제로 훗날 전쟁에 관한 연구가 수행됐을 때, 도덕적 원칙에 입각한 합리적인 결정으로 각국이 전쟁에 돌입한 것이 전혀 아니었음이 자명하게 밝혀졌다. 단지 경쟁하는 제국주의, 좀더 넓은 영토에 대한 탐욕, 국가적 위신을 향한 갈망, 어리석은 복수심 등이 있었을 뿐이다. 그리고 전쟁 막판에는 위협에는 위협, 동원에는 동원, 최후통첩에는 최후통첩 하는 식의 일련의 행태에 사로잡힌 각국 정부의 무모한 돌진만이 있었으며, 그로 인해 형성된 타성으로 2류 지도자들은 전쟁을 중단할 용기도 의지도 잃어버렸다. 바바라 터크먼은 그녀의 저서 『8월의 포성 *Guns of August*』에서 이렇게 묘사했다.

전쟁은 모든 국경에 밀어닥쳤다. 갑자기 당황한 각국 정부는 전쟁을 비켜가려고 발버둥쳤다. 아무 소용이 없었다. 국경지대의 첩자들은 기병순찰이 있을 때마다 적군이 배치되고 있다고 보고함으로써 성급한 동원령을 불러 왔다. 가차없는 시간표에 쫓기던 참모들은 적들이 한발이라도 먼저 움직일까봐 책상을 탕탕 두드려대며 신호를 보냈다. 조국의 운명을 최종적으로 책임져야 할 국가지도자들은 마지막 순간에야 간담이 서늘해짐을 느끼며 사태를 되돌리려 했지만, 군사 일정표라는 인력에 떠밀려 앞으로 나아갈 수밖에 없었다.

종전과 더불어 쓰라린 환멸이 뒤따랐으며, 어니스트 헤밍웨이의
『무기여 잘 있거라』,[6] 존 도스 패서스의 『유에스에이』, 포드 매독스
포드의 『더 이상 행진은 없다』 등 당대의 문학 작품들은 이 환멸을
반영해 주고 있다. 유럽에서는 독일의 참전군인 에리히 마리아 레마
르크가 신랄한 반전 소설 『서부전선 이상 없다』[7]를 썼다.

프랑스의 극작가 장 지로두는 1935년에 『트로이아 전쟁은 일어
나지 않으리 *La guerre de Troi n'aura pas lieu*』(영어권에서는 『문 앞의
호랑이 *Tigers at the Gates*』라는 제목으로 소개됐다)를 썼다. 전설에 따
르면 기원전 1천여 년 전에 트로이아인들이 아름다운 헬레네를 납
치해 그리스인들이 트로이아를 상대로 전쟁을 벌였다고 한다. 극의
한 부분에서 지로두는 늙은 여인 헤카베와 트로이아 병사 데모코스
의 입을 빌려, 전쟁의 추악함이 어떻게 매혹적인 대의라는 가면 아
래, 즉 이 경우에는 헬레네를 되찾아온다는 가면 아래 그 모습을 감
추는지를 보여준다.

데모코스: 가시기 전에, 헤카베여, 당신은 전쟁이 어떤 모습이라고
　　　생각하는지 말해 주오.
헤카베: 개코원숭이 엉덩이지. 개코원숭이가 나무 위에서 일어설라
　　　치면 궁둥짝이 보이는데, 그게 바로 전쟁이란 놈의 뻔뻔스런 얼
　　　굴이야. 새빨갛고 더러운 데다가 번들거리기까지 하고 가장자리
　　　는 추잡한 털이 엉겨붙어 있는 그 모양 말야.

---

6. Ernest Hemingway, *A Farewell to Arms*, 1929. [국역: 김병철 옮김, 『무기여 잘 있거라』, 범우사, 1987.]

7. Erich Maria Remarque, *Im Westen nichts neues*, 1929. [국역: 박환덕 옮김, 『서부전선 이상 없다』, 범우사, 1989.]

데모코스: 그러면 전쟁은 얼굴이 두 개로군요. 당신이 말한 그 얼굴
하고 헬레나의 얼굴하고 말입니다.

열성적인 폭격수

내가 전쟁이라 불리는 것에 대해 첫인상을 갖게 된 때는 열 살 무렵
의 일로, 당시 나는 '소년연합대'(프랑스, 영국, 미국, 러시아의 소년
네 명이 친구가 되어 제1차 세계대전에서 독일을 무찌르자는 멋진
목적 아래 단결한다)를 다룬 시리즈 도서를 흥분에 휩싸여 읽었다.
그것은 동지애와 영웅주의에 관한 줄거리로 가득 찬 모험이자 공상
이었다. 그것은 죽음과 고통을 깨끗이 씻어낸 전쟁이었다.

돌턴 트럼보라는 할리우드의 시나리오 작가가 쓴 책을 읽은 열
여덟 살 때에는 그나마 그때까지 남아 있었을는지도 모를, 전쟁에
관한 그와 같은 공상소설식 시각은 깡그리 없어졌다(트럼보는 1950
년대에 하원 비미활동조사위원회에서 자신의 정치적 성향과 교우관
계에 관한 진술을 거부해 감옥에 갔다). 『자니 총을 들다 *Johnny Got
His Gun*』라는 책이었다. 아마도 이 책은 지금까지 씌어진 것 가운데
가장 강력한 반전소설일 것이다.

거기에는 전쟁의 궁극을 보여주는 참화가 있었다. 전장에서 발견
된 미군 제복 속의 아직 숨이 붙어있는 살덩이는 다리도, 팔도, 얼굴
도 없고 귀가 먹고 눈이 먼데다가 말도 할 수 없지만, 두뇌는 기능을
정지하지 않아 자신의 과거를 회상하고 현재 상황에 관해 곰곰이 생
각하며 자신이 다시 바깥 세계와 소통할 수 있게 될까 궁금해한다.

그를 전쟁터로 내몬 정치인들의 미사여구 —— 자유, 민주주의, 정의라는 말들 —— 는 이제 그에게 위선의 극치에 불과한 것으로밖에는 보이지 않는다. 병원 침대의 생각하는 벙어리 토르소인 그는 친절한 간호사의 도움으로 의사소통하는 방법을 찾아내고, 군 고위급 시찰단이 그의 몸뚱어리에 훈장을 달아주려고 방문하자 몸통을 톡톡 두드려 의사를 표시한다. 그는 말한다. 나를 일터로, 학교로 데려가서 꼬마애들과 대학생들에게 내 모습을 보여주고 전쟁이 어떤 것인지 그들이 직접 두 눈으로 목격하게 하시오.

온 세계 모든 나라의 국회의사당으로 나를 데려가시오. 국회의원들이 명예와 정의를 논하고, 민주주의와 [윌슨 대통령의] 14개조 평화원칙과 민족자결을 이루기 위해 세계의 안전을 수호하자고 말하는 자리에 있고 싶소. [……] 국회의장석에 내가 담긴 유리상자를 올려두어 그가 의사봉을 내리칠 때마다 내가 그 진동을 느낄 수 있게 해주시오. [……] 그리고 그들에게 무역정책과 통상제재와 새로운 식민지와 해묵은 원한에 관해 발언하게 하시오. 황인종의 위협과 백인의 짐[8]과 제국의 진로와 그리고 독일이든 그 뒤를 이을 어떤 나라든 이 모든 쓰레기를 우리가 왜 치워야 하는지 논쟁하게 하시오. [……] 더 많은 탄약과 비행기와 전함과 탱크와 독가스와 그리고 왜 우리가 이 모든 것들을 가졌어야 했고 이것들이 없이는 왜 살아갈 수 없

---

8. White Man's Burden. 19세기 세계정복에 나선 영국을 필두로 유럽인들이 인류를 야만에서 구원하겠다고 내세운 사회철학. 사회다윈주의(Social Darwinism)에 이론적 토대를 둔 이 이데올로기는, 백인에게는 미개한 원주민을 보호하고 정신적으로 교화, 종교적으로 개종시켜야만 할 의무가 있으며, 이것은 선택에 의한 것이 아니라 어쩔 수 없이 짊어지게 된 짐이라고 주장해 자신들의 제국주의적 사명을 정당화했다.

는지, 이것들을 보유하지 않는다면 어떻게 세계에서 평화를 지킬 수 있겠는지 말하게 하시오.

그러나 그들이 의결을 하기 전에, 모든 젊은이들에게 서로 죽이라고 명령을 내리기 전에, 저 우두머리 친구에게 내가 담긴 유리상자를 의사봉으로 톡톡 치고 나를 가리키면서, 여기 이 신사분이 본 의회에 계류되어 있는 유일한 쟁점이니 아무튼 여러분은 이 물건에 찬성합니까 아니면 반대합니까, 라고 묻게 하시오.

『자니 총을 들다』를 읽고 나는 더없이 강한 충격을 받았다. 이 책은 내게 전쟁에 대한 뼛속 깊은 혐오감을 남겨줬다.

그 무렵에 월터 밀리스의 『전쟁으로 가는 길 *The Road to War*』도 읽었는데, 이 책은 미국이 어떻게 일련의 거짓말과 기만책으로 제1차 세계대전에 개입하게 됐는지를 상세하게 기술하고 있었다. 그 뒤 나는 그런 거짓말에 관해 더 많이 알게 됐다. 가령, 독일 잠수함의 루시테이니아호 격침은 무고한 여객선에 대한 야만적이고 아무 이유 없는 행위로 묘사되곤 했었다. 뒷날 루시테이니아호가 독일군 공격에 사용될 탄약을 적재하고 있었음이 밝혀졌다. 이를 숨기기 위해 배의 하물 적재목록이 조작되어 있었던 것이다. 그렇다고 해서 격침의 추악함이 덜어지지는 않겠지만, 어쨌든 이 사건은 각국을 전쟁으로 꾀어 들이는 방법에 관해 모종의 진실을 가르쳐주고 있다.

전쟁에 관한 나의 감정에는 계급의식이 일정한 역할을 했다. 나는 "가난한 사람들은 다른 이들의 유희와 부와 사치를 위해 전쟁에 나가 싸우고 죽는다"고 말한 로마의 전기작가 플루타르크의 판단에 동의한다.

하지만 1943년 초 스물한 살의 나이로 나는 미 육군 항공대에 입대했다. 미군 부대는 이미 북아프리카, 이탈리아, 영국에 진주해 있었다. 소련 전선에서는 격렬한 전투가 벌어지고 있었고 미국과 영국은 서유럽 침공을 준비하고 있었다. 대륙에는 날마다 공습이 이뤄졌는데, 낮에는 미군 비행기가 폭격했고 밤이면 영국 폭격기가 출격했다. 해외로 나가 폭격을 하고 싶어 안달이 나 있던 나는 총포학교와 폭격학교에서 훈련을 마치자 나보다 먼저 해외로 파병될 예정이었던 사람과 순번을 바꾸기까지 했다.

나는 이미 전쟁을 혐오하고 있었다. 그러나 이 전쟁은 달랐다. 이 전쟁은 이윤이나 제국을 위한 게 아니라 인민의 전쟁이었으며 말로 표현할 수 없는 파시즘의 야만성에 대항하는 전쟁이었다. 나는 언론인 조지 셀즈가 무솔리니에 대해 쓴 『톱밥 카이사르 *Sawdust Caesar*』라는 책을 통해 이탈리아 파시즘에 관해 알고 있었다. 이탈리아 하원에서 자리를 박차고 일어나 독재 수립을 비난한 사회당원 마테오티[당시 이탈리아통일사회당 서기장]에 관한 그의 서술은 내게 큰 감명을 줬다. 무솔리니 당의 검은 셔츠단 살인자들은 어느 날 아침 마테오티의 집 앞에서 그를 납치해 총으로 쏘아 죽였다. 파시즘이란 그런 것이었다.

고대 로마제국의 영광을 되찾기로 결정한 무솔리니의 이탈리아는 동아프리카의 비참하도록 가난한 나라 에티오피아를 침공했다. 창과 머스켓총으로 무장한 에티오피아 국민들은 최신식 무기와 공군을 갖춘 이탈리아 군대를 물리치려 애썼지만, 이탈리아 공군은 아무 저항도 받지 않고 에티오피아의 소도시와 촌락에 폭격을 가해 민간인들을 살상했다. 끝까지 저항한 에티오피아인들은 학살당했고 결국 항복할 수밖에 없었다.

미국의 흑인 시인 랭스턴 휴즈는 이렇게 썼다.

작은 여우는 고요하다 ──
전쟁의 개들[dogs of war. '전쟁의 참화'란 뜻도 있음]은 자기 몫의 살육
을 해치웠다.

이 침공이 있을 당시 나는 열세 살이었고 "이탈리아 비행기, 아
디스아바바 공습" 같은 신문의 헤드라인이나 막연하게 알고 있는 정
도였다. 하지만 그 뒤 나는 그 사건과 독일 나치즘에 관해 읽게 됐다.
존 건서의 『유럽의 내막 *Inside Europe*』을 통해 나는 히틀러와 나치돌
격대, 나치친위대, 유태인에 대한 공격, 콧수염이 난 작은 사나이의
목청을 찢는 격렬한 웅변, 운동경기장에 모여 일제히 "하일 히틀러!
하일 히틀러!"를 외치는 독일인들의 거대한 집회 등이 등장하는 과
정을 알게 됐다. 반대자들은 몰매를 맞고 살해됐다. **강제수용소**라는
말도 접하게 됐다.

『나치 테러와 관한 갈서 *The Brown Book of the Nazi Terror*』["갈서
Brown Book"는 영국 에너지부에서 발행하는 연례보고서]라는 책도 우
연히 읽게 됐다. 이 책에는 히틀러가 권력을 장악한 직후 독일 제국
의사당에 화재가 나고 조작임이 분명한 방화혐의로 공산당원들이
체포된 사건이 상세히 실려 있었다. 또 법정에서 일어나 히틀러의
부관 헤르만 괴링을 손가락질하며 비난한 불가리아의 저명한 공산
당원 게오르기 디미트로프의 일화와 그의 주도 아래 비범한 용기를
보여준 피고인들의 이야기도 담겨 있었다. 디미트로프는 검찰측의

논거를 일일이 반박하고 나치 정권을 비난했다. 법정은 피고인들을 무죄방면했다. 이는 실로 놀라운 순간이었지만, 그 같은 일은 히틀러 치하에서 다시는 되풀이되지 않았다.[9]

1936년, 히틀러와 무솔리니는 온건한 사회주의 정부를 전복시키려고 조국을 내전으로 몰아넣은 스페인의 파시스트 프랑코를 지원하기 위해 병력과 비행기를 파견했다. 스페인내전은 파시즘에 대한 저항의 전 세계적인 상징이 됐으며, 십여 개 국가의 젊은이들 —— 그들 대부분은 사회주의자, 공산당원, 무정부주의자들이었다 —— 이 자원해 국제여단(미국인들이 중심이 된 것은 에이브러햄 링컨 여단이었다)을 결성하고 프랑코의 훨씬 잘 무장된 군대에 맞서 즉시 전투에 돌입했다. 그들은 영웅적으로 싸웠고 많은 수가 죽었다. 승리는 파시스트들의 몫이었다.

뒤이어 유럽, 즉 오스트리아, 체코슬로바키아, 폴란드에 대한 히틀러의 맹공격이 시작됐다. 프랑스와 영국이 전쟁에 뛰어들었고 프랑스가 순식간에 무너진 지 1년 뒤, 3백만 명의 독일군이 탱크와 대포, 급강하 폭격기를 등에 업고 동쪽으로 기수를 돌려 천 마일의 전선을 따라 소련을 공격했다('바르바로사 작전'[10]).

---

9. 나치 정권 수립 직후인 1933년 2월 27일 밤, 베를린의 제국의사당에 화재가 나 전소하는 사건이 벌어졌다. 나치는 이 사건을 독일공산당의 계획적 범행이라고 공표하고, 다음날인 28일 '민족과 국가의 보호'를 위한 대통령긴급명령을 공포해 공산주의자를 비롯해 사회주의자, 민주주의자에게 탄압을 가했으며, 그 결과 나치는 3월 5일 실시된 총선거에서 대승을 거뒀다. 그 해 12월 국사재판소는 디미트로프 등에게 무죄판결을 내리고 현장에서 체포된 네덜란드인 좌익급진파 마리누스 루페 한 사람만 유죄를 판결, 사형에 처했다.

10. Operation Barbarossa. 신성로마제국(독일) 황제인 '붉은 수염' 프리드리히 1세의 별명을 딴 암호명이다. 프리드리히 1세는 여섯 차례에 걸친 대규모 이탈리아 원정과 3차 십자군 원정을 지휘한 인물이었다.

파시즘은 맞서 싸워야 했고 물리쳐야 했다. 나는 믿어 의심치 않았다. 이것은 정당한 전쟁이었다.

나는 유럽 대륙을 향해 동쪽으로 툭 튀어나온 영국 동부의 교외 (디스와 아이 사이)에 있는 한 비행장에 배치됐다. 영국 동부에는 군용 비행장이 빽빽하게 들어차 있었고 이 비행장들에서는 날마다 수백 대의 폭격기가 도버해협을 가로질러 출격하고 있었다.

우리가 있던 작은 비행장은 제490 폭격비행대대가 주둔해 있는 곳이었다. 대대의 임무는 (번쩍거리는 기체에 날개가 낮은 4발 중폭격기인) B-17 12기가 전기방열복 위에 양가죽 재킷과 모피 안감을 댄 부츠를 걸치고 산소마스크와 목부착마이크를 착용한 승무원 아홉 명씩을 탑승시켜 매일 아침 출격할 수 있도록 준비를 갖추는 것이었다. 우리는 새벽 무렵 이륙해 12대로 편성된 다른 비행편대들과 합류한 다음, 거대한 비행 선단을 이뤄 동쪽으로 날아갔다. 폭격기의 폭탄투하실은 가득 차 있었고, 50구경 기관총은 (4정은 기수 쪽, 1정은 상부 총좌, 1정은 구형 총좌, 2정은 기체 중앙부, 1정은 꼬리 쪽에) 장전된 채 적 전투기를 공격할 태세를 갖추고 있었다.

어느 날 아침 비행장에 서서 다른 폭격수와 누가 그 날 아침 작전 출격이 예정되어 있는지를 놓고 논쟁을 벌인 기억이 난다. 목표 지점은 레겐스부르크로, 군 정보부에 따르면 대공포로 중무장된 지역이었는데도 우리는 누가 출격해야 하는지를 놓고 열띤 설전을 벌인 것이었다.

지금 생각해 보면 그의 동기가 나와 같은 것이었는지, 즉 파시즘의 패배를 한발이라도 앞당기려고 한 번이라도 더 출격을 하고 싶었던 것이었는지 궁금하다. 아니면, 춥고 깜깜한 영국의 3월, 새벽 1시에 기상해 짐짝처럼 트럭에 올라타고, 온몸을 내리누르는 무거운 장비를 둘러매고 하는 이 모든 일과를 거쳤는데, 항공대 수훈장을 따기 위한 또 한번의 기회인 출격을 놓치고 싶지 않았던지도 모르겠다.[11] 목숨을 잃을지도 모르는데 말이다.

아마 나 또한 부분적으로나마 그런 동기가 있었는지도 모르겠다. 하지만 나에게 있어 이 전쟁은 고결한 원칙을 수호하기 위한 것이었으며 모든 폭격비행은 그런 원칙을 수행하는 임무였다. 도덕적 논점은 더할 나위 없이 분명했다. 적은 더없이 명백한 악이었다. 그들은 백인 아리아족의 우월성을 공공연하게 신봉하고, 다른 민족들에게 광적으로 폭력적이고 잔학하고, 자국 국민조차 강제수용소로 몰아넣고, 감히 반대하는 자가 있으면 가차없이 처형했다. 나치는 병적인 살인마들이었다. 그들을 처지해야만 했고 무력 외에는 다른 방법이 없는 듯 보였다.

만약 정당한 전쟁이라는 게 존재한다면, 이 전쟁이 바로 그러했다. 『자니 총을 들다』를 썼던 돌턴 트럼보조차도 파시즘에 맞서 전쟁을 치러야 하는 그때에는 자신의 책이 재판되어 그 강렬한 반전 메시지가 미국 대중에게 전달되기를 바라지 않았다.

따라서 만약 누군가 (내가 지금 하려는 것처럼) 세상에 정당한 전쟁이란 존재하지 않는다고 주장하려 한다면, 제2차 세계대전이야말로 다시없는 시금석이 될 것이다.

나는 그 전쟁에서 마지막 폭격임무를 수행했고 수훈장과 종군기

---

11. 수훈장은 항공대에서 주는 훈장으로 제2차 세계대전 당시 폭격대원은 통상 20회의 전투출격을 마치면 수훈장을 받고 전투비행 임무에서 해제되어 다른 임무로, 대개는 비전투 임무로 배치됐다.

장을 받았다. 파시즘을 물리치기 위한 위대한 전쟁에 참여했다는 사실에 내심 자부심을 느꼈다. 그러나 전쟁이 끝나 내 물품을 챙기고 낡은 항공일지와 몇 장의 사진을 비롯한 기념품을 서류철에 끼우던 중 아무 생각 없이 이렇게 끼적거렸다. "다시는 안 돼."

그때 왜 그랬는지는 아직도 잘 모르겠는데, 왜냐하면 오랜 세월이 지난 뒤에야 파시즘에 대항하는 그 성전의 동기와 진행과정, 결과에 의식적으로 의문을 품게 됐기 때문이다. 어쨌든 파시즘에 대한 혐오감이 줄어든 것은 아니었다. 나는 여전히 파시즘을 저지하기 위해 뭔가를 해야 한다고 믿고 있었다. 그러나 항공대에 들어가 열렬한 폭격수가 되도록 나를 떼밀었던 도덕적 올바름을 지탱하는 명쾌한 확실성 위로 바야흐로 많은 생각들이 드리워지고 있었다.

아마도 내게 『요가수행자와 인민위원 *The Yogi and the Commissar*』을 빌려줬던 다른 승무조 사수와 나눈 대화를 통해 최초로 의구심이 지펴진 듯했다. 그는 이 전쟁이 '제국주의 전쟁'이며 양 진영 모두 국가적 힘을 위해 싸우는 것에 불과하다고 말했다. 영국과 미국이 파시즘에 반대하는 이유는 단지 파시즘이 자국의 자원과 국민에 대한 자신들의 지배권을 위협하고 있기 때문이라는 것이었다. 그렇다. 히틀러는 미치광이 독재자이자 침략자였다. 하지만 그렇다면 대영제국은, 이윤과 제국의 영광을 위해 곳곳의 원주민을 상대로 정복전쟁을 벌인 대영제국의 기나긴 역사는 무엇인가? 또 소련을 보라. 역시 야만적인 독재는 아니지만, 전 세계 노동계급이 아니라 자신의 국가적 힘에만 관심이 있지 않았던가?

당혹스러웠다. 그 친구에게 물었다. "그러면 너는 왜 믿지도 않는 전쟁에서 목숨을 담보로 출격임무를 수행하고 있는 거야?" 그의 대답에 나는 흠칫 놀랐다. "너 같은 녀석들에게 말해주려고."

　나중에 나는 그가 사회주의노동자당[12]의 당원임을 알게 됐다. 그들은 전쟁에 반대했지만, 군 입대를 회피하는 대신 적극적으로 참전해 기회가 있을 때마다 전쟁 반대 선전활동을 수행해야 한다는 신념을 갖고 있었다. 나로서는 이해하기 쉽지 않은 태도였지만 깊은 인상을 받았다. 나와 대화를 나누고 난 2주일 뒤 그는 독일 상공에서 임무를 수행하다가 죽었다.

　전쟁이 끝난 뒤 의구심은 커져갔다. 나는 역사책을 읽었다. 미국이 제2차 세계대전에서 여러 민족의 독립과 자결권을 위해 싸운 것일까? 그렇다면 전쟁과 정복을 통해 팽창해온 미국 자신의 역사는 도대체 무엇일까? 미국은 아메리카 원주민과 백 년에 걸친 전쟁을 벌여 조상 대대로 살아온 땅에서 그들을 몰아냈다. 미국은 멕시코와의 전쟁을 부추겨 거의 절반에 가까운 멕시코 땅을 빼앗았고, 지배력과 이윤을 위해 카리브해 국가들에 최소한 20차례 해병대를 파병했다. 하와이를 강탈했고 필리핀인들을 정복하기 위해 야만적인 전쟁을 벌였으며, 1926년에는 니카라과에 5천 병력의 해병대를 파견했다. 우리나라는, 경우에 따라 선택적인 것이 아닌 한, 민족자결권을 신봉한다고 주장할 수 없었다.

　실제로 미국은 파시즘의 팽창을 별 강력한 대응 없이 지켜보기만 했었다. 이탈리아가 에티오피아를 침공했을 때, 미국은 군수품에 대한 금수조치를 시행하고 있었음에도 미국 기업들이 이탈리아에게 대 對에티오피아 전쟁 수행에 절대적으로 필요했던 석유를 보내는

---

12. Socialist Workers Party. 미국 공산당에서 축출된 제임스 캐넌을 비롯한 트로츠키주의자들이 1930년 창설한 당으로, 제4인터내셔널의 미국 지부였다.

것을 허용했다. 미국 국무부 관료 제임스 E. 밀러는 미국과 무솔리니 간의 관계를 다룬 한 책을 평하면서 "미국의 지원으로 확실히 파시즘의 지배력이 강화됐다"고 인정했다.

스페인내전 당시 파시스트측은 히틀러와 무솔리니로부터 무기를 받고 있었지만, 루스벨트 행정부는 중립법13) 제정을 뒷받침해 프랑코와 싸우는 스페인 정부에 대한 지원을 차단했다.

오스트리아, 체코슬로바키아, 폴란드가 차례로 나치 독일의 침공을 받아도 미국은 파시즘과의 무력대결에 착수하지 않았다. 우리가 점령하고 있던 하와이가 공격당하고 일본의 폭격으로 우리 해군이 무력화된 뒤에야 우리는 전쟁에 뛰어들었다. 일본이 진주만에서 민간인을 폭격해 우리가 전쟁을 선포하게 됐다는 생각은 전혀 근거가 없는 것이었다. 일본은 1937년 중국을 공격해 난징에서 민간인을 대량학살하고 무방비 상태의 중국 도시들을 폭격했지만, 이 때문에 미국이 전쟁을 벌이지는 않았다.

일본에 대한 급작스러운 분노에는 결코 적지 않은 위선이 담겨 있었다. 미국은 일본·유럽 강대국들과 더불어 중국을 착취하는 데 가담한 바 있었다. 1901년 우리가 주창한 문호개방 정책14)은 중국에

---

13. Neutrality Act. 제국주의 간 경쟁이 격화되어 세계 전쟁의 분위기가 무르익게 되자 미국의 중립을 유지하기 위해 1935년부터 미국 연방의회가 제정한 법률. 1935년의 입법은 교전국에 대한 군수품 판매와 수송을 금지했고, 1936년에는 차관제공까지 금지했으며, 1937년에는 전쟁뿐 아니라 내란에도 적용되는 것으로 강화됐다. 그러나 1939년 제2차 세계대전이 발발하자 침략국과 피침략국을 차별하는 새로운 입법이 제정됐다. 중립법은 미국의 대외정책이 고립주의로부터 국제(간섭)주의로 전환하는 과정을 잘 보여준다.

14. Open Door Policy. 미국-스페인전쟁(1898)으로 필리핀을 차지해 극동 진출의 발판을 얻은 미국이 극동에서의 세력 경쟁에 뒤진 자국의 입장을 만회하기 위해 내세운 정책. 1921~22년 워싱턴 9개국 조약에서 정식으로 각국의 승인을 받았으나, 훗날 미-일 관계를 악화

대한 바로 그 같은 강대국들의 집단습격을 승인한 것이었다. 미국은 1917년에 일본과 교환한 각서에서 "미국 정부는 일본이 중국에 특별한 이해관계를 갖고 있음을 인정한다"고 말했으며, 1928년에는 중국 주재 미국 영사들이 일본 군대의 중국 진출에 찬성했다.

일본이 중국을 집어삼키려 하면서 미국의 잠재적 시장을 위협하고 특히 동남아시아의 주석, 고무, 원유를 향해 달려들고 나서야 미국은 화들짝 놀라 대응조치(1941년 여름에 내려진 고철·석유의 전면 금수조치)를 취했고 그러자 일본의 진주만 공격이 이어졌다.

일본의 팽창과 관련해 진주만 공격 1년 전에 작성된 국무부의 한 비망록은 중국의 독립이나 민족자결의 원칙에 관해 언급조차 하지 않았다. 비망록은 이렇게 말하고 있다.

고무·주석·황마 등 아시아와 오세아니아의 극히 중요한 자원에 대한 접근이 회복 불가능할 정도로 제한되면, 더 나아가 중국·인도·남태평양 시장을 잃게 되면 (그리고 일본이 자급능력이 향상되어 우리 상품에 대한 일본 시장의 상당 부분을 잃어버리게 되면), 우리의 전반적인 외교 및 전략적 입지가 심각하게 약화될 것이다.

유태인을 구하기 위한 전쟁?

미국은 히틀러가 유태인을 다루는 방식에 분개해 전쟁에 뛰어들었을까? 미국 상원에서 독일에서 벌어지고 있는 사태에 대해 "경악과

시켜 태평양전쟁이 발발하는 간접적인 원인이 됐다.

비통함"을 표명하고 유태인 권리의 회복을 요구하는 결의안이 제출된 1934년 1월 당시, 히틀러는 집권 1년째로 그의 유태인 배격운동이 이미 시작된 상태였다. 미 국무부는 영향력을 행사해 위원회에서 결의안이 사장되게 만들었다.

독일을 상대로 전쟁에 돌입하고 (진주만 공격 이후 미국이 아니라 독일 쪽에서 먼저 전쟁을 선포했다는 사실을 주목하라) 히틀러가 유태인들을 절멸시킬 계획을 진행하고 있다는 보고가 속속 들어 왔는데도 불구하고, 루스벨트 행정부는 수많은 생명을 구할 수도 있었을 조치를 취하지 않았다.

히틀러 독일의 선전장관 괴벨스는 1942년 12월 13일자 일기에 이렇게 썼다. "하지만 실상은 영국인이나 미국인들 모두 우리가 유태인 쓰레기들을 싹 쓸어버리는 걸 좋아한다고 믿는다." 물론 괴벨스는 안이한 생각에 빠져 있는 것이었지만, 실제로 영국과 미국 정부는 자신들이 유태인에게 깊은 관심을 갖고 있음을 행동으로 보여주지 않았다. 루스벨트의 경우 유태인 문제를 국무부에 떠넘겼지만 국무부에서는 그 문제가 선결과제가 아니었다.

당시 상황에 제대로 대처하지 못한 사례로서, 유태인대학살 분야의 지도적 학자인 롤 힐버그는 1942년에 일어난 한 사건을 지적하고 있다. 이미 150만 명의 유태인이 학살된 뒤였던 그해 8월 초, 유태인 지도자 스티븐 와이즈는 한 독일 대기업가를 통해 히틀러 사령부에서 모든 유태인을 절멸시키려는 계획을 짜놓았다는 정보를 간접적으로 입수했고 이 정보를 국무차관 섬너 웰즈에게 전달했다. 웰즈는 조사를 통해 사실 여부를 확인하기 전까지 정보를 발설하지 말라고 와이즈에게 주문했다. 보고서를 검토하느라 3개월이라는 시간이 훌

러갔다. 그 동안 유럽에서 백만 명의 유태인이 학살당했다.

그 유태인들을 모두 구할 수는 없었을는지도 모른다. 그렇지만 수많은 생명을 살릴 수는 있었다. 제 몸 지키기에 급급했던 모든 정부와 조직들이 이 문제를 등한시한 것이다.

영국인들은 바로 대응하지 않은 채 신중한 태도를 취했다. 1943년 3월, 프랭클린 D. 루스벨트와 같이한 자리에서 국무장관 헐은 영국 외무장관 앤서니 이든에게 불가리아에서 죽음의 위협에 직면한 6만 유태인을 구할 수 있는 계획을 세우라고 압박했다. 그 자리에 동석한 루스벨트의 보좌관 해리 홉킨즈가 작성한 메모에 따르면, 이든은 그럴 경우 폴란드와 독일의 유태인들도 구조를 요청하게 될 것이라고 우려를 표명했다. "만약 그런 제안을 할 경우 히틀러가 우리를 옭아맬 게 당연하고, 뿐만 아니라 그들을 처리할 만큼 전 세계에 충분한 배와 운송수단이 있지도 않습니다." 아우슈비츠의 독가스실로 연결되는 철로를 폭격해 유태인 수송을 저지할 수 있는 가능성이 제기됐지만, 그런 기회는 묵살당했다.

유태인 조직들 자체도 수치스럽게 행동했음을 주목해야만 한다. 1984년, 유태인대학살에 관한 미국유태인위원회에서 역사적 기록을 재검토했다. 위원회는 제2차 세계대전 당시 여러 유태인 단체들이 결성한 구호기구인 미국유태인합동배급위원회가 "미국 유태인들 중 좀더 부유하고 '미국적인' 사람들에 의해 지배됐고……따라서 배급위원회의 정책은 미국 정부가 공식적으로 지지하지 못할 일은 전시에 일절 벌이지 않는다는 것"이었음을 밝혀냈다.

롤 힐버그는 독일과 거래를 했다면 헝가리의 유태인들을 구할 수도 있었다고 지적했다. 독일이 유태인들을 추방하지 않고 도시지

역에 그대로 놔두면, 연합국측에서 헝가리 공습을 하지 않겠다고 제
안할 수도 있었다. 그러나 "유태인들은 전쟁 수행을 방해한다는 생
각은 엄두도 내지 못했고 연합국측으로서는 그런 약속을 할 수도 있
다는 상상조차 하지 못했다. [……] 연합국 폭격기들은 헝가리 상공
을 마음대로 날아다니며 헝가리인과 유태인을 모두 죽였다."

이 글을 읽으면서 나는 나 역시 헝가리의 한 도시를 폭격한 일이
있음을 떠올렸다.

히틀러와 벌인 전쟁은 유태인을 구하는 데 실패했을 뿐만 아니
라, 어쩌면 전쟁 자체가 인종말살이라는 '최종해결책'[15]을 가져온
것일 수도 있다. 물론 그렇다고 히틀러와 나치의 책임이 덜어지는
건 아니지만, 이미 왜곡된 정신상태에 전쟁이 심리적 왜곡을 더 가
하지 않았더라면 이미 잔인할 대로 잔인하기는 했지만 독일의 반反
유태인 행위가 대규모 살육으로까지는 가지 않았으리라는 증거는
많이 있다. 히틀러가 처음 의도한 것은 강제이주이지 절멸이 아니었
지만, 전쟁의 광포함으로 초기의 정책이 인종말살로 전화되는 분위
기가 만들어졌다. 이것은 프린스턴대학의 역사학자 아노 메이어가
그의 저서 『왜 하늘은 어두워지지 않았는가 *Why Did the Heavens Not
Darken*』에서 제시한 견해이며, 역사적 연대기(독일은 전쟁을 시작하
고 나서야 '최종해결책'을 택했다)에 의해 뒷받침된다.

힐버그는 유태인대학살에 관한 자신의 고전적 저작에서 이렇게
말했다. "1938년에서 1940년까지 히틀러는 대대적인 유태인 이주 계

---

15. Final Solution. '유태인 문제에 대한 최종해결책'이라고도 한다. 유럽에서 유태인을 완전히
말살시키겠다는 결론을 내린 1942년의 결정으로서, 이때부터 유럽 전역의 유태인들이
강제수용소로 이송되기 시작하고 아우슈비츠가 유태인 학살의 중심지가 됐다.

획을 추진하기 위해 보기 드문 엄청난 노력을 기울였다. [……] 유태인들은 이 이주 정책이 말 그대로 막다른 궁지에 몰리기 전까지는 살해당하지 않았다." 나치는 서방 강대국들이 유태인 이주에 협조하려 하지 않으며 어느 누구도 유태인들을 원치 않는다는 사실을 알게 됐던 것이다.

민족자결을 위한 전쟁?

제2차 세계대전이 자기 민족의 운명을 스스로 결정할 수 있는 모든 민족의 권리를 위한 싸움이었다는 주장을 검토해 보자. 이 주장은 윈스턴 처칠과 프랭클린 루스벨트가 뉴펀들랜드 앞바다[의 순양함]에서 회동한 자리에서 대서양헌장을 발표, 양국은 전후 세계를 내다보면서 "모든 민족이 자신들이 살아갈 정부의 형태를 선택할 권리"를 존중한다고 공언한 1941년 8월의 장엄한 팡파르와 함께 선포됐다. 그것은 전 세계 종속국가들, 특히 영국, 프랑스, 네덜란드, 벨기에의 식민지 국가들에게 전쟁이 끝나면 그들의 자결권이 장려될 것이라고 직접적으로 호소하는 것이었다. 파시즘을 물리치는 데는 非백인 식민지 국가들의 지지가 결정적인 것으로 간주됐다.

그렇지만 대서양헌장이 채택되기 2주일 전, 국무장관 직무대행 섬너 웰즈는 프랑스의 오랜 식민지였던 인도차이나를 특히 염두에 두고 프랑스측에 은밀한 보장을 해줬다. "프랑스와의 전통적인 우호관계를 한시도 잊지 않는 우리 정부는 자국의 영토를 유지하고 온전하게 보전하고자 하는 프랑스 국민의 바람에 깊이 공감하는 바이다." 그리고 1942년 말, 루스벨트로부터 친히 대리권을 부여받은 인물[비시(Vichy) 주재 대리공사로서 프랑스령 북아프리카 문제에 관한 전권을 위임받은 로버트 머피]은 프랑스의 앙리 지로 장군에게 이렇게 말했다. "본국이든 식민지든 1939년에 프랑스 국기가 휘날린 모든 영토에 대해 가능한 신속하게 프랑스의 주권이 재확립되어야 한다는 점은 전적으로 이해하고 있습니다"(미국의 이런 보장은, 미국이 베트남인들에게 스스로를 통치할 수 있는 권리를 찾아주기 위해 싸우고 있다고 한, 베트남전쟁 당시 미국의 주장에 견주어 볼 때 특히 흥미로운 것이다).

유태인을 구하는 것도 민족자결 원칙을 보장하기 위한 것도 미국의 전쟁목표가 아니었다면(그리고 이런 것들이 영국이나 소련의 목표였다는 증거도 없다), 도대체 주된 동기는 무엇이었을까? 히틀러, 무솔리니, 도조[태평양전쟁 당시 일본 전시내각의 수상] 정부를 무너뜨리는 것이 목표의 하나였음은 분명하다. 하지만 그런 바람이 인도주의에 기반을 둔 것이었을까, 아니면 이들 정권이 연합국들이 세계에서 차지하고 있는 지위를 위협했기 때문이었을까?

도덕성의 수사 —— 자유와 민주주의라는 언어 —— 는 많은 평범한 시민들에게 전쟁의 목표로 여겨졌다는 점에서 어느 정도 실재성을 가졌다. 그렇지만 전쟁의 수행 방식을 결정하고 전후의 세계를 재편할 권력을 보유한 이들은 시민이 아니라 각국 정부였다.

역사에서 거듭 보여졌듯이, 파시즘에 맞선 전쟁을 둘러싸고 있던 정당함이라는 후광 이면에는 국가의 세력확대, 부유한 엘리트층을 위한 훨씬 많은 이윤, 정치 지도자들의 더욱 강력한 권력 등 각국 정부의 통상적인 동기가 작용하고 있었다.

영국의 저명한 역사가 중 한 사람인 A.J.P. 테일러는 제2차 세계대전에 대해 평하면서 "영국과 미국 정부는 히틀러가 사라져야 한다는 것말고는 유럽에서 어떤 변화도 원치 않았다"고 지적했다. 언제나 계급문제를 의식하고 있던 소설가 조지 오웰은 전쟁 막바지에 이르러 "런던 대주택들의 정원에 하나둘씩 쇠울타리가 되돌아오고 스퀘어[작은 공원을 중심으로 정방형으로 빙 둘러선 고급주택지구]의 합법적인 거주자들이 다시 열쇠를 쓸 수 있고 가난한 집안 아이들은 쫓겨나게 되는 모습이 눈에 선하다"고 썼다.

제2차 세계대전은 미국 기업들이 그때까지 영국이 지배하고 있던 영역으로 침투해 들어가는 하나의 기회였다. 국무장관 헐은 전쟁 초기에 이렇게 말했다.

미국의 강대한 경제력으로 인해 무역을 비롯한 경제문제에서 국제관계의 새로운 체제를 수립하기 위한 지도력이 대부분 우리에게 이전될 것이다. 우리는 우선 우리의 순수한 국가적 이기주의라는 이유 때문에 이 지도력과 그에 따르는 책임을 떠맡아야 한다.

미국에서 가장 영향력 있는 세 잡지(『라이프』, 『타임』, 『포천』)의 소유주이자 워싱턴에 막강한 연줄을 갖고 있던 헨리 루스는 1941년 『라이프』에 「미국의 세기」라는 제목의 유명한 논설을 게재했다. 그에 따르면 현시대는 "세계에서 가장 강력하고 중요한 국가로서 우리의 의무와 우리의 기회를 전심을 다해 받아들여야 할 때이며, 또한 그 결과로서 우리가 적합하다고 보는 목적을 위해 그리고 우리가 적합하다고 보는 수단을 통해 세계에 우리의 영향력을 최대한 발휘해야 할 때이다."

전쟁으로 힘을 잃은 영국은 분명 그들의 낡은 제국을 더 이상 유지할 수 없었다. 1944년 영국과 미국은 '기회균등의 원칙'에 합의하는 내용의 석유 협정을 체결했다. 이는 미국이 중동의 석유에 대한 영국의 전통적인 지배권을 침범함을 의미했다. 영국의 언론인 앤서니 샘슨은 국제 석유사업을 다룬 연구에서 이렇게 결론지었다.

전쟁이 끝날 무렵, 사우디아라비아에 대한 지배적인 영향력은 의심할 여지없이 미국에게 있었다. 이븐 사우드 국왕은 이제 더 이상 거친 사막의 전사로 대접받지 못했으며, 다만 파워게임의 핵심 요소로 서구 여러 나라의 추파를 받는 존재일 뿐이었다. 루스벨트는 1945년 2월 얄타회담을 마치고 돌아가는 길에 국왕의 두 아들, 수상, 점성술사, 그리고 도살용 양떼 등 총 50명의 측근과 함께 국왕을 순양함 퀸시호로 초대해 만찬을 대접했다.

미국 정부 내에도 비판적인 인물이 있었으며, 그는 정치인이라기보다는 시인이었던 아치볼드 매클리시로 잠시 동안 국무차관보로 일했다. 그는 전후 세계를 염려하면서 이렇게 말했다. "작금의 사태 진행을 보건대, 우리가 만들 평화, 우리가 만들고 있는 것으로 보이는 평화는 석유의 평화, 금의 평화, 해운업의 평화, 요컨대……도덕적 목표나 인간적 관심이 결여된 평화가 될 것이다."

인종차별주의에 대항하는 전쟁?

만약 제2차 세계대전이 정말 도덕적 목적을 위한 전쟁, 우수인종과
열등인종이라는 나치의 이념에 대항하는 전쟁이었다면, 아마도 미
국 정부가 인종차별을 없애기 위해 행동하는 모습을 볼 수 있었을
것이다. 1896년 대법원은 인종차별이 합법적인 것이라고 선언했고
주 정부와 연방 정부 모두로부터 승인을 받은 인종차별은 남부와 북
부 전역에 존재했다.

　군대는 인종에 따라 나뉘어졌다. 1943년 미주리주의 제퍼슨부대
에서 기초훈련을 받을 당시, 전형적인 미국 백인이었던 나는 우리와
함께 훈련받는 흑인이 한 명도 없다는 사실을 전혀 눈치채지 못했
다. 그러나 그곳은 아주 넓은 부대였고, 어느 날 부대 끝까지 쭉 걸
어가던 나는 내 주위의 병사들이 모두 흑인이라는 사실을 갑자기 깨
달았다. 한 분대의 흑인 병사들이 뙤약볕 아래 구보를 하다 비스듬
한 잔디밭에 누워 10분간 휴식을 취하면서 「더 이상 전쟁을 배우지
않으리」라는 찬송가[원래는 「강변 따라 Down By the Riverside」라는 제
목의 흑인영가였다]를 부르고 있었다. 그 순간에는 깜짝 놀랐지만 뒷
날 생각해보니 그들이 처한 상황에 딱 어울리는 곡이었다.

　나와 동료 부대원들은 퀸메어리호를 타고 영국으로 향했다. 이
우아한 정기여객선은 군대 수송선으로 바뀌어 있었다. 만6천 명이
승선했는데 그 중 4천 명이 흑인이었다. 백인은 갑판과 갑판 바로 아
래 선실들을 차지했다. 흑인들은 배밑 짐칸 깊숙이 엔진실 근처의
가장 어둡고 더러운 구역에 따로 수용됐다. 식사는 4교대로 이뤄졌
는데 (샹들리에 불빛이 아롱거리는 연회장에서 전쟁 전의 퀸메어리

호 스타일로 식사를 한 장교들은 예외였다 —— 전쟁은 계급 특권을 무너뜨리기 위해 싸우는 것이 아니었다), 흑인들은 백인 3개조가 식사를 끝낼 때까지 기다려야 했다.

후방에서도 고용상의 인종차별이 계속됐으며, 흑인 노동자들의 조합인 <침대차운반인노동조합 Brotherhood of Sleeping Car Porters>의 위원장 A. 필립 랜돌프가 전시에 워싱턴에서 행진을 조직하겠다고 위협함으로써 전 세계가 보는 앞에서 루스벨트 행정부를 당혹스럽게 만들고 나서야 대통령은 <공정고용실행위원회 Fair Employment Practices Commission>의 설립 명령서에 서명했다. 그러나 위원회의 지시는 강제력이 없었고 일자리 차별은 계속됐다. 태평양 연안의 한 항공기 제조공장의 대변인은 이렇게 말했다. "검둥이들은 청소부나 기타 유사 직종의 직원으로서만 고려될 것입니다. [……] 항공기 제조 노동자로서 훈련을 받았든 어쨌든, 우리는 그들을 고용하지 않을 것입니다."

흑인들의 조직적인 반전운동은 없었지만, 파시즘에 대항한다고 하면서도 미국의 인종차별주의에 관해서는 아무 행동도 하지 않는 전쟁의 위선에 대해서는 많은 신랄한 반응의 조짐이 보였다. 한 흑인 언론인은 이렇게 썼다. "흑인들은……전쟁에 화내고 분개하며 완전히 냉담하다. '뭘 위해 싸우는 거지?'라고 그들은 묻고 있다. '이 전쟁은 나에게는 아무 의미도 없어. 우리가 승리하고 내가 진다면, 그게 도대체 뭔데?'"

한 흑인대학의 학생은 선생에게 이렇게 말했다. "육군은 우리를 차별대우하고 있습니다. 해군은 우리를 취사병으로만 복무하게 합니다. 적십자는 우리의 혈액을 받지 않습니다. 고용주와 노동조합들은 우리를 받아주지 않습니다. 우리는 공민권을 박탈당하고 차별받고 멸시받고 있어요. 히틀러라고 이 이상 무얼 더 할 수 있겠습니까?" 전국유색인지위향상협회의 지도자 월터 화이트는 중서부 지역의 한 모임에서 수천 명의 흑인 청중들에게 이 학생의 말을 그대로 전하면서 사람들이 동의하지 않으리라 예상했다. 그러나 그의 회상에 따르면, "놀랍고 당혹스럽게도, 청중들은 박수갈채를 퍼부어대서 그들을 진정시키는 데 삼사십 초나 걸렸다."

1943년 1월, 한 흑인신문에 '징집병의 기도문'이 실렸다.

사랑하는 주님, 오늘
저는 전쟁에 나갑니다.
싸우려고, 죽으려고요.
말해 주세요, 무엇을 위해서입니까?
사랑하는 주님, 저는 싸울 겁니다.
두렵지 않습니다,
독일인이든 일본놈(Jap)이든
제가 두려워하는 것들은 여기에 있습니다.
미국에요!

1944년 7월 17일 밤, 캘리포니아의 포트시카고 해군기지에서 수병들이 탄약을 적재하고 있던 두 척의 수송선이 갑자기 폭발한 사건은 제2차 세계대전에서 잘 알려지지 않은 사고 중 하나이다. 폭발은 엄청난 규모여서 35마일 떨어진 샌프란시스코에서도 그 섬광을 볼 수 있었다. 3백여 명의 수병이 목숨을 잃었는데, 탄약을 적재하는 고된 일은 흑인들의 몫이었기 때문에 사망자 중 3분의 2가 흑인이었다. "이 사고는 제2차 세계대전 중 후방에서 일어난 최악의 재난이었다"고 역사학자 로버트 앨런은 자신의 저서 『포트시카고의 반란 *The Port Chicago Mutiny*』에서 적고 있다.

3주 뒤, 328명의 생존자들에게 탄약 적재 임무가 다시 내려졌는데, 그 중 258명이 안전하지 못한 작업조건을 거론하며 작업을 거부했다. 그들은 즉시 구속됐다. 그 중 50명은 그 후 항명죄로 군사법정에 회부되어 8년에서 15년의 징역형을 선고받았다. 전국유색인지위향상협회와 고문변호사 서굿 마셜이 대규모 캠페인을 벌이고 나서야 그들의 형기를 줄일 수 있었다.

미국 태평양 연안지역에 거주하고 있던 일본인들에게 있어, 히틀러에 대항하는 전쟁이 인종평등의 정신을 동반하지는 않는다는 깨달음은 신속하고도 분명하게 다가 왔다. 일본의 진주만 공격 이후, 일본인 혈통의 사람들에 대한 분노가 거세게 일어났다. 한 하원의원은 이렇게 말했다. "나는 미국 본토와 알래스카, 하와이에 있는 모든 일본인들을 체포해 강제수용소에 집어넣는 것에 찬성한다. [……] 빌어먹을 일본놈들 같으니! 그놈들을 당장 쓸어버리자!"

집단적인 히스테리가 퍼져갔다. 태평양 연안지역의 일본인들이 국가안보에 위협이 된다는 군부 내 인종차별주의자들에게 설득당한 루스벨트는 1942년 2월에 대통령령 9066호에 서명했다. 이로써 영장이나 기소절차, 심문과정 없이도 태평양 연안지역의 모든 일본계 미국인(11만 명의 남자, 여자, 어린이)을 체포해 그들이 살고 있는 집에서 소개시키고 내륙의 수용소로 이송해 감옥과 동일한 조건 아래 구금할 수 있는 권한이 군에 부여됐다.

이렇게 하여 자신들의 거주지에서 격리된 일본인들의 4분의 3은 니세이 二世(일본인 부모 밑에서 미국에서 출생했으며 따라서 미국 시민)였다. 나머지 4분의 1(일본에서 태어난 이세이 一世)은 미국 시민이 되는 것이 법적으로 금지되어 있었다. 1944년, 미국 대법원은 군사적 필요에 따른 것이었다는 이유로 이 강제 소개 조치를 합법이라고 판결했다.

법률사학자 피터 아이언스가 1980년대에 발굴한 자료에 따르면, 군은 대법원에 제출한 소송사건 적요서에서 관련 사실을 위조했다. 의회에서 전쟁 당시 거주지로부터 소개되고 재산을 잃은 일본인들에 대한 금전적 보상을 고려하고 있던 1983년, 존 J. 맥클로이는『뉴욕타임스』에 기고한 글을 통해 당시 조치는 필요한 것이었다고 옹호론을 펴면서 보상안에 반대했다. 피터 아이언스가 자신의 연구를 통해 밝혀낸 것처럼, 대법원에 제출하는 법무부 적요서에서 핵심적인 각주, 즉 태평양 연안에 거주하는 일본인들이 미국의 안보에 위협이 된다는 군의 주장에 큰 의혹을 던지는 각주를 삭제하라고 명령한 이는 다름 아닌 당시 전쟁차관보였던 맥클로이였다.

미치 웨글린은 자신의 가족이 소개되어 구금됐을 때 어린 소녀였다. 그녀는 자신의 저서『오욕의 세월 Years of Infamy』에서 엉성하기 짝이 없는 소개조치와 그로 인해 겪어야 했던 비참함과 당혹감, 분노에 관해, 그리고 일본계 미국인들의 존엄과 저항에 관해 말하고 있다. 그들은 파업과 청원을 벌이고 대중집회를 열었으며, 충성서약에 서명을 거부하고 수용소 당국에 맞서 폭동을 일으켰다.

오직 소수의 미국인만이 공개적으로 항의했다. 언론은 종종 인종차별주의를 부추기는 데 일조했다.『타임』은 태평양의 섬 이오지마에서 벌어진 혈투를 보도하면서 이렇게 말했다. "사리를 분간 못하는 보통 일본놈들은 무식하다. 아마 그들도 인간이긴 할 테다. 어느 것 하나……그들이 인간이라는 징표를 보여주진 않지만."

1970년대에 스터즈 터클은 당시 57세이던 피터 오타와 인터뷰를 한 적이 있다. 오타의 부모는 1904년 일본에서 건너와 로스앤젤레스 지역사회에서 존경받는 일원이 됐다. 오타는 미국에서 태어났다. 그는 전쟁 중에 벌어진 일을 기억하고 있었다.

1941년 12월 7일 저녁, 아버지는 결혼식에 참석하고 있었지요. 턱시도 차림이었습니다. 피로연이 끝나고 보니 FBI 요원들이 기다리고 있었습니다. 그들은 적어도 여남은 명의 결혼식 손님들을 체포해서는 군 郡 유치장으로 끌고 갔습니다.

며칠 동안 우리는 도대체 어떻게 된 영문인지 몰랐습니다. 아무 소식도 듣지 못했어요. 무슨 일인지 알게 됐을 때 어머니와 여동생, 저 자신까지도 유치장으로 끌려갔습니다. [……] 아버지가 문으로 걸어 들어오는 순간 어머니는 굴욕감에 어쩔 줄 몰라했습니다. 어머니는 울음을 터뜨렸지요. 아버지는 죄수복을 입고 있었고 청재킷 등판에 수감번호가 붙어 있었습니다. 수치심과 굴욕감에 어머니는 울며 주저앉았지요. [……] 그 날 직후부터 어머니는 심한 병을 앓았고 결핵에 걸렸습니다. 어머니는 요양원으로 보내졌고……죽을 때까지 그곳에 있었습니다.

아버지는 몬태나 주 미졸라로 이송됐습니다. 아버지로부터 편지가 왔지요 ── 물론 검열된 것이었습니다. [……] 남은 건 여동생과 저뿐이었지요. 저는 열다섯, 동생은 열둘이었습니다. [……] 수용소의 학교라는 건 우스갯거리였지요. [……] 기본 과목 중 하나가 미국 역사였어요. 선생들은 수업시간 내내 자유에 관해 떠들어댔습니다. (웃음)

영국에서도 이와 유사한 집단적 히스테리가 있었다. 독일식 이름을 가진 사람들을 추려내어 구금했다. 그런 패닉 상태에서 독일식 이름을 가진 유태인 난민들 다수가 체포되어 같은 수용소에 수용됐다. 영국에는 수천 명의 이탈리아인들이 살고 있었는데, 1940년 6월 이탈리아가 제2차 세계대전에 참전하자 윈스턴 처칠은 명령을 내렸다. "전부 다 잡아들여라." 이탈리아인들 역시 체포, 구금됐고, 이탈리아인 상점과 식당의 유리창은 애국적 폭도들에 의해 박살났다. 이탈리아 수용자들을 캐나다로 이송하던 영국 선박 한 척이 독일 잠수함에 의해 격침되어 전원이 익사하기도 했다.

민주주의를 위한 전쟁?

제2차 세계대전은 자유를 위한 전쟁이라고 생각됐다. 그러나 미국에서 트로츠키주의자들과 사회주의노동자당 당원들이 전쟁을 공공연히 비판한 1943년, 미니애폴리스에서 그 중 열여덟 명이 기소됐다. 1940년에 통과된 스미스법은 제1차 세계대전 당시의 간첩법의 언론 자유 금지조항을 평화시까지 확대시킨 것이었다. 이 법은 혁명을 옹호하거나 군복무 거부를 주장할지도 모르는 단체에 가입하거나 그런 내용의 출판물을 간행하는 행위를 금지하고 있었다. 트로츠키주

의자들은 징역형을 선고받았고 대법원은 이 사건의 재심청구를 기
각했다.

전쟁 중에 많은 부자들이 생겨났고 부는 점점 더 소수의 수중에
집중됐다. 1941년경에는 군수계약 총액의 4분의 3이 56개 대기업에
의해 주물러지고 있었다. 노동조합들에는 파업을 벌이지 않겠다는
서약을 하라는 압력이 가해졌다. 그러나 노동조합 눈에는 임금은 동
결되고 기업들의 이윤은 치솟는 모습이 보였으며, 따라서 파업은 계
속 벌어졌다. 전쟁 동안 1만4천 건의 파업에 6백만여 명의 노동자가
참여했는데, 이는 미국 역사상 그 어느 때보다도 많은 것이었다.

전쟁 중에 기업들이 얼마나 큰 이윤을 남겼는지는 뒷날 존 F. 케
네디가 억만장자 존 맥콘을 CIA 국장으로 지명했을 때 잘 드러났다.
상원군사위원회는 국장 지명을 심사하는 과정에서, 맥콘과 그의 동
료들이 제2차 세계대전 중에 조선회사를 운영하면서 10만 달러를
투자해 4천 4백만 달러를 벌어들였다는 정보를 입수했다. 위원회의
맥콘 지지자들 중 한 명은 인준청문회에서 맥콘에 대한 비판에 분개
해 그에게 물었다.

시밍턴 상원의원: 자, 설사 이윤을 남기지 못하더라도, 적어도 이윤
    을 남기려고 노력하는 것은 미국에서 여전히 합법적이지요? 그
    렇지 않습니까?
맥   콘: 제가 알고 있기로도 그렇습니다.

언론인이자 역사학자로 전쟁 중에 워싱턴에서 일했던 브루스 캐
턴은 사회개혁이라는 새로운 세계를 약속하는 듯 보였던 전쟁의 명

분에도 불구하고, 실제로는 부와 권력이 같은 사람들의 손에 집중되고 있는 현실을 신랄하게 비판했다. 그는 다음과 같이 썼다.

우리는 추축국들의 패배에만 전념했을 뿐, 다른 어느 것도 얻지 못했다. [……] 전쟁의 성과가 사회 및 경제개혁을 가져오기 위해, 또 그런 개혁이 필요한 사람들을 위해 쓰여져서는 안 된다는 게 저들이 엄숙하게 내린 결정이었다.

그리고 다른 무엇보다도……사람들은 민주주의가……궁극적으로 기반을 두는 지성, 건전한 상식, 영혼의 본질적 고결함 등을 믿거나 그것들에 의지할 수 없었다. 극히 현실적인 측면에서 볼 때, 우리 정부는 전쟁기간 내내 히틀러와 에이브러햄 링컨 사이의 어딘가에 있을 안전한 중간지대를 필사적으로 찾았다.

드레스덴과 히로시마

전쟁의 양측 모두가 잔학행위를 저지른다면, 어느 한쪽이 상대방의 잔학행위가 자신들보다 더 심하다고 주장하지 않는 한, 자신들의 전쟁이 정당한 것이라고 계속해서 주장하기는 쉽지 않게 된다. 그렇다. 제2차 세계대전에서 연합국측이 저지른 어떤 행위도 6백만 유태인과 그 밖의 4백만의 인간 생명을 의도적으로 가스, 총, 그리고 불로 태워 죽인 나치의 극악무도한 죄악에는 미치지 못한다. 연합국들에 의해 초래된 죽음은 이보다 적지만, 그것 역시 매우 대규모로 이뤄진 행위였기 때문에 과연 그런 행위를 가져온 전쟁이 정당한가 하는 의문을 제기하기에 충분하다.

전쟁 초기, 세계 각국의 지도자들은 도시 민간인 거주지역에 대한 무차별적인 폭격을 비난했다. 이탈리아는 에티오피아의 민간인을 폭격했고, 일본은 중국에서, 또 독일과 이탈리아는 스페인내전에서 똑같은 짓을 저질렀다. 독일은 네덜란드의 로테르담과 영국의 코번트리를 비롯한 도시들에 폭탄을 떨어뜨렸다. 루스벨트는 이런 폭격을 "인류의 양심에 더없이 깊은 충격을 가져다준 비인간적인 야만 행위"라고 묘사했다.

그러나 얼마 지나지 않아 미국과 영국은 똑같은 행위를, 훨씬 더 큰 규모로 자행하게 됐다. 연합국 지도자들이 카사블랑카에서 회동한 1943년 1월, 그들은 "독일의 군사, 산업 및 경제 체계를 파괴, 해체시키고 독일 국민의 사기를 그들의 무장저항력이 치명적으로 약화되는 정도로까지 저하시키기 위해" 대규모 공습에 착수하는 데 동의했다. 처칠과 그의 보좌관들은 독일 도시의 노동자 거주지역을 폭격함으로써 바로 그와 같은 목적, 즉 "독일 국민들의 사기 저하"를 달성할 수 있다고 결론내렸다.

독일 도시들에 대한 집중폭격이 시작됐다. 쾰른, 에센, 프랑크푸르트, 함부르크 등지에 1천 대의 항공기가 공습을 가했다.

영국군은 야간에 출격해 '지역폭격'[목표 지역 전역을 향해 실시되는 폭격]을 수행했는데, 특정 군사목표물을 공격한다는 구실 따위도 아예 없었다.

주로 주간에 출격한 미군은 정밀폭격을 하는 척했지만, 높은 고도에서는 정밀폭격이 불가능했다. 해외로 파견되기 전에 뉴멕시코주 데밍에서 폭격 연습을 할 당시, 우리는 4천 피트 고도로 비행하면서 목표물 20피트 이내에 폭탄을 떨어뜨리는 게 자랑거리가 됐다. 그러나 1만1천 피트 상공에서는 목표물에서 2백 피트 이상 벗어나기가 일쑤였다. 또 전투임무 비행을 할 때는 3만 피트 상공에서 폭격을 했는데, 4분의 1마일 정도 벗어나게 마련이었다. '정밀폭격'이란 있을 수 없는 일이었다.

정밀폭격이란 엄청난 자기기만이었다. 독일군이 도시를 폭격해 수백 명, 아니 수천 명을 죽였을 때 우리는 분노했다. 그러나 이제 영국군과 미군이 단 한 차례의 공습으로 수만 명을 죽이고 있었다. 마이클 셰리는 공중폭격에 관한 그의 연구에서 "항공대에서 문제를 제기하는 이는 극히 드물었다"고 지적했다. 셰리에 따르면 폭격의 효과에 관한 분명한 생각이 전혀 없었다는 것이다. 일부 장성들은 이의를 제기했지만, 민간관료들은 그들의 문제제기를 무시해버렸다. 도덕적 고려사항은 기술에 의해 밀려나버렸다. 일단 비행기가 존재하는 이상, 목표물을 찾아야만 했던 것이다.

그것은 테러와도 같은 폭격이었으며, 독일 도시 드레스덴은 그 극단적 사례였다. (커트 보네깃의 코믹하면서도 신랄한 소설 『제5도살장』[16]은 이 도시와 폭격에 불멸성을 부여했다.) 드레스덴에 폭격이 가해진 때는 1945년 2월로, 당시 소련 적군은 동쪽 80마일 지점까지 와 있었고 독일이 패배로 나아가고 있다는 사실이 분명한 상황이었다. 미군과 영국군 항공기들이 하루 낮과 하룻밤 동안 퍼부은 폭격에서, 폭탄으로 인해 발생한 엄청난 열기가 진공상태를 만들어냈고, 당시 난민들로 북새통을 이뤄 인구가 백만 명까지 늘어나 있

16. Kurt Vonnegut, *Slaughterhouse Five*, New York: Laurel Book, 1969. [국역: 김종문 옮김, 『제5도살장』, 폴리미디어, 1993.]

던 드레스덴 시를 거대한 열폭풍이 휩쓸어버렸다. 10만여 명이 목숨을 잃었다.

영국군 랭커스터 폭격기의 한 조종사는 이렇게 회고했다. "내가 목격한 바로는 도시를 뒤덮은 불바다가 족히 40평방 마일은 되어 보였다. 우리는 그 무시무시한 섬광에 너무 놀라 지상에서 벌어지고 있을 참사를 머릿속에 떠올리면서 압도된 나머지, 도시 상공에는 우리밖에 없었음에도 오랫동안 서로 거리를 두고 도시 위를 비행하고 나서야 귀환할 수 있었다."

생존자들이 기억하는 또 다른 사건은 1945년 2월 14일 오후에 미군 전투기들이 엘베강 강둑에 모여 있는 피난민들에게 기총소사한 일이다. 한 독일 여성은 오랜 세월이 흐른 뒤에 이렇게 말했다. "우리는 시체를 밟으면서 엘베강을 따라 달렸습니다."

무차별 폭격이라는 자신의 정책에 관해 아무런 도덕적 가책도 느끼지 않는 듯 보였던 윈스턴 처칠은 전쟁회고록에서 드레스덴 초토화에 대해 간단하게 묘사했다. "우리는 그 다음달에 당시 독일 동부전선의 연락중심지였던 드레스덴에 대규모 공격을 가했다."

전쟁이 한창 진행 중이던 어느 날, 처칠은 탄저균 폭탄을 비밀리에 생산하고 있던 미국의 한 공장에 수천 발의 탄저균 폭탄을 주문했다. 그의 수석 과학보좌관이었던 셔웰 경[본명은 프레드릭 린드만]은 1944년 2월 처칠에게 다음과 같이 보고했다. "이 N(탄저균)포자를 극소량이라도 흡입한 동물은 거의 분명히 일주일 이내에 갑작스럽게 그러나 평화롭게 죽게 됩니다. 알려진 치료법도 효과적인 예방법도 없습니다. 인간에게도 똑같이 치명적일 것이라는 점에는 거의 의문의 여지가 없습니다." 그는 폭격기 여섯 대면 1평방 마일 이내

의 모든 사람을 죽이기에 충분한 양인 4파운드의 탄저균 폭탄을 실
어 나를 수 있다고 처칠에게 말했다. 그러나 생산상의 차질로 말미
암아 이 계획은 실현되지 못했다.

배우 리처드 버튼은 『뉴욕타임스』에 기고한 글을 통해 텔레비전
드라마에서 윈스턴 처칠 역할을 연기한 경험을 말한 바 있다.

> 연기 준비를 하는 과정에서……나는 내가 처칠과 그와 같은 부류의
> 모든 인간들을 혐오한다는 사실을 새롭게 깨달았다. 나는 그들을 지
> 독히 혐오한다. 그들은 전 역사를 통틀어 무한한 권력의 회랑을 으
> 스대며 활보하고 있다. [……] 제정신을 가진 사람이라면 영국군과
> 앤잭군[<오스트레일리아-뉴질랜드 연합군단 Australian and New Zealand
> Army Corps>의 약어로 원래는 제1차 세계대전 당시 구성된 통합군을
> 가리키는 말이지만, 여기서는 제2차 세계대전에 참전한 오스트레일리
> 아, 뉴질랜드 군대를 지칭한다] 전쟁포로들에 대한 일본인들의 잔학
> 행위를 다루는 청문회에서 "우리는 그들을, 남자, 여자, 어린이고 할
> 것 없이 전부 다 쓸어버릴 것이다. 지구상에 일본인은 단 한 명도
> 남지 않게 될 것이다"라고 말할 수 있겠는가? 이처럼 단순한 정신구
> 조를 지닌 복수에 대한 열망을 보면서 나는 단순 무자비한 만행에
> 대한 두려움과 동시에 마지못한 경외심을 갖게 됐다.

버튼의 글이 『뉴욕타임스』의 '예술·레저란'에 게재된 이후 그는
BBC에서 제작하는 방송물에 출연이 금지됐다. BBC 드라마 제작국
국장은 "내가 이 자리에 있는 한, 그는 다시는 우리와 함께 일할 수
없을 것이다. [……] 버튼은 직업상의 규칙에 위배되는 행동을 했다"

고 말했다.

전쟁을 시작한 대의가 (대중의 마음속에서나 정치인들의 입에서나) 아무리 도덕적이라고 해도, 그 도덕성이 부식되고 더 나아가 "눈에는 눈, 이에는 이"가 규칙이 되며, 또 얼마 지나지 않아 이런 등가성의 원칙마저도 사라지고 무차별적인 복수가 되어버리는 것이 전쟁의 본성인 듯하다.

B-29기는 우리가 유럽에서 사용하던 비행기들에 비해 두 배의 폭탄을 적재할 수 있었는데, 이 B-29기가 일본의 도시들을 소이탄으로 공격해 불지옥으로 만들어버리면서 집중폭격이라는 정책은 더욱 야만적으로 변했다.

1945년 3월 10일 자정 직후에 이뤄진 도쿄 공습에서는 3백 대의 B-29기가 강한 북서풍과 더불어 도시를 불길에 휩싸이게 만들었다. 150마일 떨어진 태평양 상공에 있던 조종사들도 불길을 볼 수 있을 정도였다. 백만 명의 사람들이 집을 잃었다. 그 날 밤 10만의 사람이 사망한 것으로 추정됐다. 그중 많은 수는 도망치려고 수미다隅田강에 뛰어들었다 빠져 죽었다. 당시 열두 살이었던 한 일본인 소설가는 훗날 그 장면을 이렇게 묘사했다. "불길은 마치 살아 있는 생명체 같았다. 그것은 무슨 생물처럼 우리 뒤를 쫓아 달려 왔다."

히로시마에 원자폭탄이 투하되고(1945년 8월 6일) 나가사키에 (3일 뒤) 또 하나가 떨어졌을 무렵이면, 유럽에서의 대규모 폭격과 도쿄를 비롯한 도시들에 대한 소이탄 폭격으로 도덕적 경계선이 이미 심리적으로 무너져 있는 상태였다.

히로시마에 투하된 폭탄은 14만 명을 목숨을 앗아갔고 나가사키에서는 7만 명이 죽었다. 그 뒤 5년 간 13만 명이 더 죽었고, 수십만 명이 방사능에 노출되어 불구가 됐다. 이 수치는 원폭이 야기한 결과를 밝힌 현존하는 가장 상세한 보고서에 근거한 것으로, 34명의 일본인 전문가들이 편집한 이 보고서는 1981년 출간됐다.

이런 잔학행위에 동반된 기만과 자기기만은 주목할 만하다. 트루먼은 국민대중에게 이렇게 말했다. "세계는 최초의 원자폭탄이 군사기지인 히로시마에 투하됐다는 점을 주목할 것입니다. 우리가 이 최초의 [원폭] 공격에서 가능한 한 민간인의 살상을 피하고자 했기 때문입니다."

이 폭격으로 미군 전쟁포로들이 죽을 수 있다는 가능성조차도 원폭 투하 계획에 전혀 영향을 미치지 못했다. 나가사키를 폭격하기 9일 전인 7월 31일, 괌에 있던 미 육군전략항공사령부(원자폭탄이 이륙한 비행장)는 전쟁부에 다음과 같은 전문을 보냈다.

전쟁포로들에게서 나온 보고서에 의하면 사진으로는 입증되지 않았으나 연합군 포로수용소가 나가사키 중심부에서 북쪽으로 1마일에 위치하고 있다고 함. 이것이 센터보드 작전17)에서 첫 번째 목표물로 이곳을 선정한 사실에 영향을 주는가? 즉시 회답 바람.

회답문이 도착했다. "센터보드 작전에서 앞서 지정된 목표물은 변경되지 않았음."

히로시마와 나가사키를 폭격한 이후에도 무시무시한 전쟁의 관

---

17. Centerboard operation. 원폭 투하 작전의 암호명. 교토, 히로시마, 고쿠라, 니가타 등의 원래 후보지 가운데 연합군 포로수용소가 없는 유일한 도시 히로시마가 1차로 선정됐고, 2차 원폭에서는 나가사키가 첫 번째 후보지로 새롭게 편입됐다.

성은 계속 굴러가고 있었다. 종전이 며칠 앞으로 다가왔는데도 불구하고 B-29는 폭격임무를 위해 계속 출격했다. 나가사키 폭격 5일 후이자 항복 조건을 수락하기 하루 전인 8월 14일, 449대의 B-29기가 주간 폭격을 위해 마리아나제도에서 출격했으며, 그 날 밤에는 372대가 또 출격했다. 통틀어 1천 대 이상의 비행기가 일본의 여러 도시를 폭격하기 위해 출격했다. 미군측의 손실은 하나도 없었다. 트루먼이 일본이 항복했다고 발표하는 순간에도 마지막 비행기는 아직 귀환하지 않은 상태였다.

일본인 작가 오다 마코토는 그가 살았던 오사카의 8월 14일을 묘사한 바 있다. 그는 소년이었다. 거리에 나가보니 시체가 쌓여 있는 가운데 폭탄과 함께 투하된 일본어로 씌어진 미군 전단이 있었다. "당신들의 정부는 항복했다. 전쟁은 끝났다."

이미 대규모 폭격에 길들여진 미국의 대중들은 원자탄 폭격을 침착하게, 사실상 기쁨으로 받아들였다. 나는 나 자신이 어떤 반응을 보였는지 기억하고 있다. 유럽에서 전쟁이 끝났을 때, 나와 동료 승무원들은 우리 비행기를 몰아 미국으로 돌아 왔다. 우리는 30일짜리 포상휴가를 가진 후 복귀신고를 하고, 다시 일본으로 가서 폭격을 계속하게 되어 있었다. 아내와 나는 그 시간을 시골에서 보내기로 결정했다. 1945년 8월 7일, 우리를 태우고 갈 버스를 기다리다가 아침신문을 집어들었다. 헤드라인은 「히로시마에 원자폭탄 투하되다」였다. 나는 즉시 의기양양하게 외쳤다. "전쟁이 끝날 거야. 태평양으로 가지 않아도 된다고."

나는 원자탄의 폭발이 히로시마의 남자, 여자, 어린이들에게 어떤 결과를 가져왔는지 전혀 알지 못했다. 그것은 내가 유럽에서 고도 6마일 상공을 날며 떨어뜨린 폭탄으로 죽어간 사람들처럼 추상적이고도 먼 것이었다. 저 아래 지상에는 아무 것도 보이지 않았고, 눈에 보이는 핏자국도 들려오는 비명소리도 없었다. 또 나는 일본의 항복이 이미 코앞에 닥쳐와 있었다는 것도 전혀 모르고 있었다. 존 허시의 『히로시마 *Hiroshima*』를 읽고 나서, 일본인 생존자들의 증언을 읽고 나서, 그리고 원폭 투하 결정의 역사를 공부하고 나서야, 나는 비로소 그때 저질러진 일에 분노하게 됐다.

일단 처음에 전쟁이 정당한 것이라고 판단하게 되면, 그 뒤로는 사고하는 것을 중지한 채 승리를 위해 행해지는 모든 일이 도덕적으로 타당하다고 가정하는 경향이 있는 듯이 보인다. 나 자신도 도시를 폭격하는 일에 가담하면서 내가 하고 있는 일과 세계에서 파시즘을 제거하는 것 사이에 어떤 관계가 있기나 한 것인지 생각조차 해보지 않았다.

그리하여 외견상 '선의의' 명분 —— 침략을 저지하고 희생자를 도우며 잔인한 행위를 벌하는 것 —— 으로 시작된 전쟁이 자기 자신의 침략으로 귀결되고 양측 모두에서 전보다 더 많은 희생자와 더 잔인한 행위를 발생시키게 된다. 제2차 세계대전의 흉포한 분위기에서 수립되고 실행된 계획인 유태인대학살과 역시 전쟁의 광란 속에서 만들어진 집중폭격은 그 증거이다.

제2차 세계대전의 선의의 명분은 파시즘을 물리친다는 것이었다. 그리고 실제로 전쟁은 파시즘의 패배로 끝났다. 무솔리니의 주검은 밀라노의 광장에 매달리게 됐고 ,히틀러는 자신의 지하 벙커에서 불에 타 죽었으며, 도조는 체포되어 국제재판소에서 사형을 선고받았다. 하지만 4천만의 사람이 목숨을 잃었으며, 파시즘의 요소들

(군사주의, 인종차별주의, 제국주의, 독재, 극악한 민족주의, 전쟁)은 여전히 전후 세계에 널리 자리잡게 됐다.

항공대 시절 나와 가장 가까운 동료였던 조 페리와 에드 플라트킨은 그 4천만 가운데 두 사람이다. 우리는 함께 기초훈련을 받으면서 말을 타기도 했고, 버몬트주 벌링턴에서는 파이퍼컵[제2차 세계대전 당시 미군의 훈련용 경비행기]를 같이 몰았으며, 각자 다른 전투지역으로 배치되기 전에는 샌터애너에서 함께 야구를 하기도 했다. 그 둘은 모두 전쟁이 끝나기 불과 몇주 전에 죽었다. 그들은 그 뒤 오랫동안 내 꿈에 등장했다. 깨어 있는 동안에는 의문이 커져갔다. 그들은 정말 무엇을 위해 죽었는가?

우리는 파시즘에 맞서 승리를 거뒀지만, 그 결과 남은 것은 세계를 지배하는 두 초강대국이 다른 나라를 장악하기 위해 서로 다투면서 파시스트 강국들이 기도했던 것보다 훨씬 큰 규모로 새로운 세력권을 개척하는 세계였다. 두 초강대국 모두 전 세계에 걸쳐 독재정권을 지지했다. 소련은 동유럽에서, 미국은 라틴아메리카와 한국, 그리고 필리핀에서.

추축국들의 군사력은 파괴됐지만, 소련과 미국은 세계가 일찍이 보았던 그 어느 것보다 더 거대한 군사력을 구축하며 가공할 수효의 핵무기를 쌓아올렸고, 얼마 지나지 않아 히로시마형 원폭 백만 개에 필적하는 규모에 이르게 됐다. 두 나라는 평화를 지키려 전쟁을 준비한다고 말했지만(제1차 세계대전 전에도 이런 말을 했다), 만약 그 정도의 전쟁준비 상태에서 전쟁이 일어난다면(우연히? 그릇된 판단에 의해?) 유태인대학살 정도는 보잘것없는 규모가 될 것이다.

히틀러의 침략은 끝났지만 전쟁은 계속됐으며, 이 전쟁들은 두 초강대국 중 하나가 직접 일으키거나, 군사원조를 하거나, 막으려는 시도도 하지 않은 채 지켜보기만 한 것이었다. 한국전쟁에서는 2백만 명이 죽었고, 베트남·캄보디아·라오스에서는 2백만~5백만이 죽었으며, 인도네시아에서 백만, 나이지리아내전에서 약 2백만, 이란-이라크 전쟁에서 백만, 그리고 라틴아메리카, 아프리카, 중동 등지에서 많은 사람들이 죽었다. 1945년 이후 40년 동안 150차례의 전쟁이 일어나 2천만의 사망자가 발생했다고 추산되고 있다.

제2차 세계대전 후 세계에서 수백만의 사람들이(히틀러의 유태인대학살로 죽은 것보다 더 많은 사람들이) 기아로 죽어갔지만, 승리자이자 도덕적으로 정당한 두 초강대국은 수수방관했다. 그들은 이런저런 제스처를 취하기는 했지만, 국가적 야욕과 강대국간 경쟁관계 때문에 결국 굶주림으로 죽어 가는 사람들을 방치했다. 유엔의 한 관리는 비통함을 금치 못하며 이렇게 보고했다.

나이지리아내전에서 영국과 미국 등 여러 크고 작은 국가들은 각자의 정치적 목적을 좇느라 비아프라 반란지역의 굶주리는 어린아이들에게 식량 및 의약품이 공급되는 것을 가로막았다.

대부분의 사람들은 세계에서 파시즘을 몰아낸다는 성전의 명백한 정당성에 휩쓸린 나머지 자신들의 생명을 내거는 위험을 무릅쓰고까지 그 성전을 지지하거나 직접 가담했다. 그러나 전쟁에 회의적인 이들도 있었으니, 그 가운데서도 전 세계 비백인종들 —— 미국의 흑인과 대영제국 식민지의 수많은 사람들 —— 들이 특히 그러했다(간디는 제2차 세계대전에 대한 지지를 유보했다).

비범한 흑인 작가 조라 닐 허스턴은 제2차 세계대전이 발발하던 시점에 『길 위의 먼지자국 *Dust Tracks on a Road*』이라는 회고록을 썼다. 책이 출간되지 직전 일본의 진주만 공격이 있었고, 그녀의 책을 출판하기로 한 리핀코트 출판사는 그녀가 서구의 '민주주의'와 위선에 관해 신랄하게 쓴 한 절을 삭제했다. 그녀는 말했다.

> 내 주위는 온통 네덜란드, 벨기에, 프랑스, 영국의 운명에 대해 비통의 눈물을 뿌려대고 있다. 내 눈자위는 약간 말라 있다고 고백하지 않을 수 없다. 네덜란드에서 독일이 세금을 징수하고 있다는 생각에 사람들이 전율을 느끼며 부들부들 떨고 있다고 들었다. 나는 네덜란드가 아시아의 가난한 사람들의 임금에서 12분의 1을 징수하고 있는 것에 대해서 목소리를 높이는 말은 한 마디도 들어보지 못했다. 히틀러의 범죄란, 실은 그가 그와 같은 행위를 자신과 같은 종류의 인종에게 하고 있다는 데 있다.
>
> 내가 보는 바로는, 민주주의의 원칙은 인간 영혼의 열망을 다루고 있지만, 그 실제적인 적용은 사물과 관련되어 있다. 한 손은 다른 사람의 주머니 속에 집어넣고 다른 손에는 총을 쥐고 있으면 고도로 문명화된 것이다. [……] 오로지 자신이 사용할 만큼만 바란다면 미개인이다. 문명화된 사람들은 그들의 이웃에게 보여줄 무언가가 있어야 하는 것이다.

리핀코트 출판사의 편집자는 그녀의 원고 위에 "자서전과 무관한 국제문제에 관한 의견은 삭제 바람"이라고 썼다. 1984년에 책이 재판을 찍을 때에야 검열된 구절들이 제자리를 찾게 됐다.

허스턴은 1946년 한 언론인 친구에게 보낸 편지에서 전쟁이 수반하는 위선에 대해 분노를 나타내고 있다.

나는 흑인 언론과 대중의 자기만족에 놀라지 않을 수 없습니다. 트루먼은 괴물입니다. 나는 그가 아시아의 도살자라는 것말고는 그에 관해 어떤 것도 생각할 수 없습니다. 일본에 원자폭탄을 떨어뜨리라고 명령하면서 승리의 미소를 지어 보인 것 말고요. 또 한줌의 양식을 훔쳤다고 해서 굶주린 중국인들을 총으로 쏘아대는 군대를 중국에 계속 주둔시키고 있는 것말고는요.

백인 작가들도 전쟁의 광기에 저항했다. 종전 뒤, 조지프 헬러는 신랄하면서도 재기발랄한 풍자소설 『캐치22』를, 보네것은 『제5도살장』을 썼다. 1957년의 영화 『콰이강의 다리』에서 일본군은 다리를 세우는 데 집착하고, 영국군은 그 다리를 파괴하는 데 집착한다. 마침내 다리는 폭파되고, 가까스로 살아남은 한 영국군 중위는 시체로 뒤덮은 강을 둘러보며 중얼거린다. "미쳤군. 미쳤어."

미국에서는 제2차 세계대전에 참전하느니 감옥행을 택한 평화주의자들이 있었다: 미국 내에 총 35만 명의 병역기피자가 있었다. 6천 명의 남성이 양심적 병역거부자로 감옥에 갔고 연방교도소의 재소자 여섯 명 중 한 명은 양심적인 전쟁반대자였다.

하지만 미국의 전반적인 분위기는 전쟁 지지였다. 자유주의자, 보수주의자, 공산주의자 모두 정당한 전쟁이라는 데 동의했다. 유럽과 미국에서는 참전국들의 동기, 전쟁 수행 수단, 달성하려는 목표 등에 대해 오직 소수의 목소리만이 공개적으로 의문을 제기했을 뿐이다. 전쟁에서 한 발 물러서서 긴 안목으로 바라보려 노력한 사람은 극히 소수였다. 그 가운데 한 명은 프랑스의 노동자이자 철학자인 시몬느 베이유였다. 1945년 초 그녀는 『정치 *Politics*』라는 신생 잡지에 다음과 같이 썼다.

> 그 가면이 파시즘이라 불리든 민주주의라 불리든, 아니면 프롤레타리아 독재라 불리든, 우리의 최대의 적은 기구(관료제, 경찰, 군대)이다. [……] 구체적 상황이 어떠하든 간에, 항상 최악의 배신은 우리 자신을 이 기구에 종속시키는 것이며, 그런 복종을 통해 우리 자신과 다른 이들의 모든 인간적 가치를 유린하는 것이다.

『정치』의 편집자는 드와이트 맥도널드라는 미국의 비범한 지식인으로, 그와 그의 아내 낸시는 비정통적인 시각을 소개하는 일종의 표출구로 잡지를 창간한 것이었다. 히로시마 폭격 이후, 맥도널드는 사회 전반을 휩쓰는 환호의 물결에 합류하기를 거부했다. 그는 격노해 다음과 같이 썼다.

> ‘전쟁’과 ‘진보’라는 개념은 이제 시대에 뒤진 폐물이 됐다. [……] 현대전의 무익함을 이제는 분명히 깨달아야 한다. 이제 시몬느 베이유와 같이 오늘날 정치적 요인과는 무관하게, 전쟁의 기술적 측면은 악이다, 라고 결론내릴 수 없단 말인가? 원자폭탄이 ‘선의의 명분 아래’ 사용될 수 있으리라고 누군들 상상이나 할 수 있는가?

그러나 독일이 유럽으로 진군해 오고, 일본이 아시아 전역을 사납게 유린하며, 이탈리아가 제국이 되려 호시탐탐 넘보고 있는데, 전쟁말고 무엇이 대안이었을까? 이것은 예상할 수 있는 가장 어려운 질문이다. 일단 한 시대의 역사가 자신의 경로를 설정하게 되면, 다른 사건들을 상상한다는 것, 어떤 한 차례나 여러 번의 행동을 통해 완전히 새로운 일련의 상황을 작동시키고, 그 결과 다른 방향으로 이끌어갈 수 있는 가능성을 상상하기는 어려운 일이다.

인간 생활의 시간과 영토를 교체하는 게 가능한 일이었을까? 가장 현대적인 대량살상무기를 사용하는 것말고 다른 대안이 있었을까? 6년간의 전쟁 대신에, 게릴라전, 파업, 비협력 같은, 또는 지하운동, 사보타지, 주요 통신 및 교통시설의 교란 같은, 또는 점점 더 대규모로 반대운동을 조직해 나가는 은밀한 선전 같은, 10년이나 20년이 걸리는 저항을 상상해보려 노력할 수는 없을까?

전쟁이 한창인 가운데서도 나치에 점령당한 몇몇 국가는 저항할 수 있었다. 가령 덴마크, 노르웨이, 불가리아 사람들은 자국 내 유태인들을 저버리지 않았다. 진 샤프는 제2차 세계대전 시기의 저항운동에 관한 자신의 연구에 기초해 다음과 같이 적고 있다.

제2차 세계대전 당시 —— 네덜란드, 노르웨이, 덴마크 등의 점령된 국가에서 —— 애국자들은 나치 지배자와 자국의 꼭두각시들에 맞서, 지하신문, 태업, 총파업, 협조 거부, 독일군과 매국노[quisling. 이 단어 자체가 1940년 나치가 노르웨이에 침입한 뒤 일시적으로 괴뢰정부를 세웠던 나치당 당수 크비슬링(Vidkun Quisling)의 이름에서 유래한 말이다] 등에 대한 배척운동, 사회제도를 장악하고 재구성하려는 파시스트의 시도에 대한 비협조 등의 방법으로 저항했다.

　게릴라전은 정규전에 비해 훨씬 선별적이고 폭력 면에서도 좀더 제한적이고 차별적이다. 게릴라전은 그 본성상 덜 중앙집중화되고 훨씬 민주적이며, 징집에 의해서가 아니라 자유와 정의를 향한 자기 자신의 열망을 통해 동기를 부여받은 보통 사람들의 헌신과 자발성, 협력을 필요로 한다.

　역사는 (비록 우리에게는 그다지 많이 알려져 있지 않지만) 파업과 보이코트, 선전, 그 밖의 10여 가지의 각기 다른 창조적인 저항 방법을 사용해 폭력 없이도 폭정에 맞선 사람들의 성공적인 저항사례들로 가득 차 있다. 진 샤프는 자신의 저서 『비폭력행동의 정치학 *The Politics of Non-Violent Action*』에서 수백 가지 사례와 수십 가지 행동양식을 기록해 두고 있다.

　제2차 세계대전 뒤 우리는 이란, 니카라과, 필리핀, 아이티에서 대규모로 조직화된 대중운동이 독재정권을 타도하고 마침내 폭정자들을 해외로 도망치게 만든 모습을 봐 왔다. 그렇다. 나치 지배세력은 무시무시하고 효율적이며 무자비했다. 그러나 정복에도 한계가 있다. 정복자가 너무 많은 영토를 집어삼킨 나머지, 너무 많은 사람들을 통제해야만 하는 시점이 오게 마련이다. 거대 제국들은 그 존재가 영원히 지속되리라고 생각되던 시점에 무너져 내렸다.

　우리는 80년대 들어 철저하게 통제된 동유럽의 공산주의 국가들에서 대규모 저항운동이 일어나 헝가리, 체코슬로바키아, 폴란드, 불가리아, 루마니아, 동독 등지에서 극적인 변화를 강제한 모습을 봐 왔다. 스페인 사람들은 내전에서 백만 명의 목숨을 잃었음에도 프랑코의 시대가 끝날 때까지 꿋꿋하게 기다렸다. 누구나 그렇듯, 프랑코는 죽었고 독재도 끝났다. 포르투갈의 경우, 머나먼 땅 포르투갈령 아프리카 제국에서 저항이 일어나 지배력이 약화되고 부패가 심화되면서 살라자르의 오랜 독재는 무혈혁명으로 타도됐다.

독일의 극작가 베르톨트 브레히트가 쓴 한 우화는 거칠게 요약하자면 다음과 같은 이야기를 담고 있다. 홀로 사는 한 남자가 문 두드리는 소리에 나가본다. 문을 열어보니 강건한 체구에 잔인한 얼굴을 한 폭군이 문 앞에 버티고 서 있다. 폭군은 묻는다. "복종할 테냐?" 남자는 대답하지 않는다. 그는 옆으로 비켜선다. 폭군이 들어와 남자의 집을 차지한다. 남자는 몇 년이고 그의 시중을 든다. 폭군은 독극물이 든 음식 때문에 병에 걸린다. 그는 죽는다. 남자는 시체를 싸고, 문을 열고, 내다버리고, 집으로 돌아와 문을 닫고는 단호하게 말한다. "안 하겠다."[18]

폭력이 권력의 유일한 형태는 아니다. 때로 폭력은 가장 비효율적이다. 폭력은 그 희생자뿐 아니라 가해자에게도 항상 가장 나쁜 악이다. 또한 폭력은 부패한다.

전쟁 직후, 나치에 맞서 지하에서 싸웠던 프랑스의 위대한 작가 알베르 카뮈는 프랑스 레지스탕스의 일간신문 『전투 *Combat*』에 글을 한 편 썼다. 「희생자도 처형자도 아닌」이란 제목의 이 에세이에서 카뮈는 전쟁으로 초래된 수천만의 죽음을 생각하면서 광신과 폭력에 대해 재고할 것을 전 세계에 호소했다.

살육의 세상 한가운데에서 내가 요청하고자 하는 것은, 살인에 대해 다시 성찰해 보고 선택을 내리는 데 동의해 보자는 것뿐이다. [……]

18. 베르톨트 브레히트, 서경하 옮김, 「코이너 씨의 이야기」, 『좋지 않은 시대의 사랑 노래: 베르톨트 브레히트 대표시집』, 서교출판사, 1998.

다가올 여러 해 동안 드넓은 오대륙 곳곳에서 폭력과 우호적인 설득 사이를 오가며 끝없는 투쟁이 벌어질 것인 바, 이 투쟁에서 전자의 방법은 후자보다 그 성공의 가능성이 천 배나 높을 것이다. 그러나 인간 본성에 바탕해 희망을 갖는 사람이 바보라면, 상황에 굴복해 포기하는 사람은 겁쟁이라고 나는 줄곧 주장해 왔다. 앞으로는 모든 것을 하나의 엄청난 도박에 거는 것, 즉 말이 탄약보다 강하다는 믿음에 거는 것이 유일하게 명예로운 길이 될 것이다.

우리가 제2차 세계대전과 그 시체의 산을 대신할 그 어떤 대안적 시나리오를 상상하든, 사실상은 더 이상 문제가 되지 않는다. 전쟁은 이미 끝났다. 제2차 세계대전이 정당했다는 주장의 실제 효력은 이미 끝난 그 전쟁이 아니라 앞으로 있을 전쟁들에 미치는 것이다. 그리고 그 효력은 위험한 것이었는데, 왜냐하면 제2차 세계대전에 수반된 정당성의 광채가 그릇된 비유와 감정적 전이에 의해 다른 전쟁들로 이전됐기 때문이다. 달리 말하자면, 아마 제2차 세계대전이 낳은 최악의 결과는 전쟁이 정당할 수도 있다는 생각을 계속 존속시켜 줬다는 점일 것이다.

제2차 세계대전을 전체적으로 조망해 보면서, 또 그 전쟁이 만들어낸 세계와 우리 세기를 사로잡고 있는 공포를 바라보면서, 정당한 전쟁이라는 생각을 영원히 묻어버려야 하지 않을까?

그 '좋은 전쟁'에 참전한 사람들 중 일부는 생각을 다시 하게 됐다. 미군 병사로 참전했고 종전 뒤 미시건 주에서 경찰관이 된 토미 브리지스는 스터즈 터클에게 자신의 느낌을 털어놓았다.

모든 전쟁이 그렇듯이, 그것[제2차 세계대전]은 헛된 전쟁이었습니다. [……] 전쟁이란 정말 망할 놈의 어리석은 짓이지요. 세상 어디에도 싸울 만한 가치가 있는 전쟁이란 없습니다, 어디든 상관없이 말예요. 저한테는 그 모든 전쟁이 아무 차이가 없어요. 돈, 돈이야말로 전쟁을 일으키는 유일한 이유입니다. 전쟁을 일으키고 또 조장하는 사람들이 돈을 버는 사람들이라는 사실, 탄약을 만들고, 군복을 만들고, 또 다른 여러 가지를 만드는 사람들이라는 사실을 들어도 조금도 놀라지 않을 겁니다. 아시아나 세계 곳곳에서 굶어죽어 가고 있는 불쌍한 아이들이 대형 포탄 하나 만들 돈으로도 음식을 먹을 수 있다는 사실을 생각해 보세요.

그보다 계급이 높은 해군 제독 진 라로크 또한 스터즈 터클에게 전쟁에 관해 말해줬다.

저는 13회의 교전에 참여했고 잠수한 한 척을 침몰시켰고 로이섬 상륙19) 때는 맨 처음으로 뭍에 오르기도 했습니다. 그 4년 동안 저는 생각했지요, 이 무슨 빌어먹을 사나이 인생의 낭비란 말인가. 많은 친구를 잃었습니다. 제 동료의 부모님께 우리가 함께 보낸 마지막 며칠 동안의 이야기를 들려드리는 임무를 부여받은 적도 있습니다. 팔다리를 잃고 시력을 잃고 생의 일부를 잃습니다 —— 무엇 때문입니까? 늙은 자들이 젊은 남자들을 전쟁터로 보냅니다. 깃발, 플래카드, 애국심에 가득 찬 발언…….

우리는 군사주의를 제도화했습니다. 제2차 세계대전에서 생겨난

---

19. 1944년 1월 31일~2월 22일 미 해병대가 수행한 마셜제도 상륙작전 중의 하나. 이 작전으로 미국은 나무르, 로이, 콰절런, 에니웨톡 등의 섬을 차례로 접수했다.

거지요. [……] 그 때문에 국가안전보장회의가 태동했습니다. CIA도
생겨나 지금 이 순간에도 당신과 나를 염탐하고 있을지도 모릅니다.
인류 역사상 최초로 한 나라가 전 세계를 군사구역으로 분할해버린
겁니다. [……] 제2차 세계대전은 마땅히 응전해야 했다, 히틀러는
막아야 했다, 라고 주장할 수도 있습니다. 불행히도 우리는 오늘날
의 상황에도 이런 주장을 변함 없이 적용하고 있습니다.

"그는 조국의 위해 자신의 생명을 바쳤다"라는 말을 들을 때마다
혐오감이 치밀어 올라요. 어떤 것을 위해 자신의 생명을 바칠 수 있
는 사람은 아무도 없습니다. 우리가 이 아이들로부터 목숨을 훔치는
거예요. 그냥 빼앗아버리는 거라구요. 그들은 자기 나라의 명예와
영광을 위해 죽지 않습니다. 우리가 그들을 죽이는 겁니다.

우리가 비록 정당한 전쟁이라는 관념을 가지고 금세기를 시작했
다 하더라도, 그 관념을 계속 갖고 있을 필요는 없다. 우리 사고의
전환은 1986년의 부고란의 첫머리를 이렇게 장식했던 한 프랑스 장
군의 생애만큼이나 극적이고 명확한 것이 될 수 있다. "자크 파리 드
볼라디에르, 평화주의자가 된 전쟁영웅, 향년 78세."

그는 제2차 세계대전 시기에 아프리카에서 활동하던 자유프랑스
군에서 복무했고 나중에는 레지스탕스를 조직하기 위해 프랑스와
네덜란드에 낙하산으로 잠입했으며 1946~53년에는 인도차이나에
서 공수부대를 지휘했다. 그러나 부고기사에 따르면, 1957년 그는
"알제리 반군들에 대한 고문에 항의해 당시 알제리에 주둔하고 있던
자신의 지휘권을 박탈해달라고 요청함으로써 프랑스군 내에서 소동
을 일으켰다." 1961년 그는 군사주의와 핵무기에 반대해 공공연히

목소리를 높이기 시작했다. 그는 '비폭력을 위한 대안운동'이란 이름의 조직을 결성했고, 1973년에는 프랑스가 핵실험을 실시한 남태평양에서 현장 시위를 벌인 항의 원정대에 참가하기도 했다.

동시대를 살고 있는 이들 중 얼마나 많은 사람들이 그처럼 전쟁에서 반전 비폭력 운동으로 돌아서는 기나긴 여정에 동참할 것인가 하는 것은 여전히 두고 볼 일이다. 어떻게 전쟁 없이, 투쟁해 정의를 쟁취할 것인가 하는 것은 우리 시대의 가장 큰 과제이다.

옮긴이의 말

이 글을 쓰고 있는 지금, 미국의 새로운 이라크 전쟁을 앞두고 온 세계가 숨을 죽이고 있다. 아프가니스탄 보복전쟁의 불길이 채 가라앉기도 전에 또 다른 전쟁이 기정사실이 되고 있는 것이다. 이 책이 세상의 빛을 볼 때쯤이면 이미 전쟁이 벌어지고 있을지도 모르겠다. 책에서 다루고 있는 전쟁 이후에도 이미 한 번의 전쟁을 겪고, 다른 또 하나의 전쟁을 목전에 둔 상황에서 나오게 될, 어떻게 본다면 시의성이 한참 떨어지는 이 책이 과연 어떤 의미를 가질 수 있을까?

이 책은 세븐스토리즈 프레스에서 2001년에 출간된 『*Howard Zinn On War*』를 완역한 것이다. 거의 동시에 발간된 자매서의 제목이 『*Howard Zinn On History*』인 것에서 알 수 있듯이, 저자는 미국의 역사와 전쟁에 관해 가장 큰 관심을 기울이면서 집요하게 탐구해 왔다. 또 그는 이런 역사를 펜으로 기록했을 뿐 아니라 민중운동과 반전운동에 몸으로 뛰어드는 데도 주저하지 않았다. 이 책은 전쟁에 관한 저자의 글을 모두 모은 셈인데, 목차만 살펴보아도 그가 미국이 벌인 모든 전쟁에 관해 발언했음을 알 수 있다. 아울러 저자는 눈앞에서 벌어지고 있는 전쟁에 반대하며 끊임없이 과거의 역사, 과거의 전쟁을 환기시킨다. "만약 역사적 관점을 갖지 못한다면, 마치 어제 태어난 듯이" 전쟁 이데올로기에 맹목적으로 현혹되어 앞뒤 안 가리고 전쟁에 뛰어들게 마련이라는 것이 저자의 지론이기 때문이다.

마찬가지로 역사상 가장 정당한 전쟁이라는 제2차 세계대전의 후광을 벗겨내지 못한다면 지금 벌어지는 전쟁도, 앞으로 벌어질 그 어떤 전쟁도 막아내지 못하리라는 우려가 그로 하여금 스스로가 열성적인 폭격수로 참여했던 이미 끝난 전쟁에 관해 치열하게 탐구하게 만들었다. 자신이 직접 폭격을 수행한 르와양을 찾아가 폭격의 근거를 추적하고 정부 기록을 뒤져가며 원자폭격의 이유를 집요하게 따져본 노력 등이 모두 이런 이유에서였다. 결국 어떤 전쟁도 정당할 수 없다는 사실을 입증하는 것이 저자의 가장 큰 과제라 하겠다.

사실이 그러하다면 제2의 9·11 사건을 막겠다는 것도 전쟁의 정당한 대의명분이 되지 못한다. 더 이상의 테러를 막으려면 전쟁과 지배, 착취로 점철된 미국 대외정책의 역사를 되짚어보고 미국이 세계에서 어떤 역할을 해야 할 것인지를 다시금 생각해 봐야 할 것이다. 그렇게 된다면 미국으로서는 진정한 안보를 보장받을 것이고, 우리를 비롯한 세계인들은 평화로운 세계라는 희망을 가질 수 있게 될 것이다.

아프가니스탄에서 시작된 전쟁이 이라크에서 끝나리라고 예상하는 사람은 아마 없을 것이다. 부시 행정부가 공언한 것처럼 모든 테러 위험이 종식될 때까지 보복전쟁은 멈추지 않을 것이고, 전쟁은 테러의 씨앗을 새롭게 뿌리는 결과를 낳을 것임이 분명하다. '깡패국가'이자 '악의 축' 가운데 하나인 북한과 화해와 공존, 나아가 통일을 모색하고 있는 우리로서는 이와 같은 테러와 보복전쟁의 악순환이 한반도에까지 다다르기 전에 막아야 하는 과제가 더없이 절박하다. 그러할진대, 미국이 전쟁을 벌이는 길목마다 자리잡고 앉아 전쟁 반대의 목소리를 높인 하워드 진에게 귀기울이는 것은 우리의 몫이 되어 마땅하지 않을까? 그는 전쟁을 기획하는 이들, 폭탄을 떨어뜨리는 이들의 시각에서가 아니라 지상에서 방공호를 찾아 허둥거리는 사람들의 시각에서 전쟁을 바라보라고 우리에게 권유한다. 이 책이 지금 우리에게 의미를 갖는다면 바로 이런 점에서가 아닐까 한다. 또 9·11 사건으로 세계무역센터가 미국 본토로는 처음으로 폭탄낙하점(Ground Zero)이 된 이후, 이제 많은 수의 미국인들과 더불어 우리 또한 충분히 그와 같은 시각을 가질 수 있게 됐다.

거친 원고를 번듯한 책으로 만들어준 출판사 이후의 식구들에게 고마운 마음을 전해야겠다. 번역 초고를 꼼꼼히 읽고 아낌없이 조언을 해준 엄혜진은 함께 옮긴 것이나 다름없는 수고를 마다하지 않았다. 아무쪼록 이 책이 "동시대를 살고 있는 많은 사람들이 전쟁에서 반전-비폭력 운동으로 돌아서는 기나긴 여정에 동참하는 계기"가 됐으면 좋겠다. 옮긴이의 작업이 "전쟁 없이, 투쟁하여 정의를 쟁취하는 우리 시대의 가장 큰 과제"에 조금이나마 도움이 된다면 더할 나위가 없겠다.

2003년 1월
옮긴이